AS MELHORES LENDAS CHINESAS

CARMEN SEGANFREDO

AS MELHORES LENDAS CHINESAS

L&PM 40 ANOS

Texto de acordo com a nova ortografia.

Capa: Marco Cena
Preparação: Marianne Scholze
Revisão: Lia Cremonese

CIP-Brasil. Catalogação na publicação
Sindicato Nacional dos Editores de Livros, RJ

S456m

Seganfredo, Carmen, 1956-
    As melhores lendas chinesas / Carmen Seganfredo. – 1. ed. – Porto Alegre, RS : L&PM, 2014.
    264 p. ; 21 cm.

    ISBN 978.85.254.3174-5

    1. Mitologia chinesa. 2. Lendas. I. Título.

14-15969   CDD: 299
                                  CDU: 2-264

© Carmen Seganfredo, 2014

Todos os direitos desta edição reservados a L&PM Editores
Rua Comendador Coruja, 314, loja 9 – Floresta – 90220-180
Porto Alegre – RS – Brasil / Fone: 51.3225.5777

Pedidos & Depto. comercial: vendas@lpm.com.br
Fale conosco: info@lpm.com.br
www.lpm.com.br

Impresso no Brasil
Primavera de 2014

Sumário

Prefácio 9

Quem manda na corte é o imperador................................... 13
As sepulturas dos três reis... 15
A engenhosa batalha de Feishui 19
A construção da Grande Muralha da China........................ 21
Como convencer um cavalo a vencer a corrida 33
Os três genjias: o carpinteiro, o mordomo e o patrão 35
O potro de ouro e o quimono do dragão 42
O velho tolo da montanha.. 54
O sapo que virou imperador 57
A busca da pedra mágica 64
Com o objetivo de ir para o sul.. 67
O vinho que embriaga por mil dias 69
Kuafu, o inimigo do astro rei 71
O gigante Dongfang Shuo passa trote nos anões 74
O ministro sábio e o rei preguiçoso..................................... 77
Tao Yuanming, o intelectual rebelde 79
A concubina caprichosa.. 81
A bolsa e o navio mágico 83
O sábio imortal da montanha Laoshan 87
A caça ao lobo e o senhor Dongguo..................................... 92
A sedução da serpente do lago oeste encanta um mortal,
    mas é descoberta 94
O melhor arqueiro do mundo.. 97
O cavalo mágico de madeira 100
Tática brilhante do estrategista salva cidade sem defesa..... 125
O astuto e atrevido guerreiro que conseguiu 100 mil
    flechas poucas horas antes do confronto....................... 127
A estranha proposta de casamento do príncipe à pobre
    porém honesta donzela que virou imperatriz................ 130

As pupilas dos dragões	132
O exército que naufragou em chamas	134
Um crime desvendado por um cão	136
Uma lebre astuta tem três tocas	139
Os conselhos confucianos da esposa	142
O célebre general Han Xin	144
O lenhador que ascendeu aos céus	147
Acrescentando valor ao papel em Luoyang	150
O burro que assustou o tigre	152
O jade do senhor He traz, depois da desgraça, a glória	153
O civil que exauriu o Qi do reino Qi	155
A estratégia certa para ser temido	160
Casado com uma morta	162
O cata-vento de Zhan Heng que detecta terremotos	164
A lenda trágica dos três guerreiros	166
O magistrado que desbancou os nobres e os feiticeiros	169
O sonho do sonhador Nanke	171
A perda pode vir a ser um ganho	173
A vítima que desejava ser capturada	174
A dança do protesto	176
Uma guerra e dois estrategistas	178
A batalha decisiva de Jingjing e seu quartel-general	181
A flauta do pastor Aniz	183
A sedutora mulher da pintura do quadro da parede se transforma em mulher de verdade	189
Duas feiosas concubinas imperiais	192
Oferecer-se como Mao Sui	195
O astuto Zong que vendeu um fantasma	197
Tecelã do céu casa-se com um mortal	199
Zhou Ji aconselha o rei Qi a aceitar crítica	201
Mo Zi, o filósofo chinês e suas convincentes metáforas	204
A promessa não cumprida que fez uma noiva se dividir em duas	206
Dar ao inimigo um raio de esperança faz baixar as salvaguardas	210
Colocar uma trave entre os inimigos	211
Cavalo morto x talentos	213

Ouvem-se melodias Chu pelos quatro cantos do mundo 214
O banquete da conspiração causa guerra de quatro anos 216
Batalha de Baiju 218
Crime e arrependimento 220
A cinderela chinesa 222
A queda de um estado 225
Teorias não ganham guerras 226
O sonho do bêbado que virou ditado 228
O mistério dos dedos das mãos 230
Ninguém engana uma raposa 231
Fez porque não sabia que era impossível 232
A triste separação 233
Uma honra ter o nome pichado
  na grande torre de ganso bravo 235
O grande guerreiro caça o rei dos tigres 237
Astúcias diplomáticas 243

Glossário 247

Referências 258

Prefácio

É incontestável, na China, a profunda influência de Confúcio (forma latina de Kung Fu Tsé), o personagem histórico mais célebre dessa nação, como mestre, filósofo e teórico político. Sua doutrina, o confucionismo, tem sido por mais de dois milênios o alicerce do sistema ético, social e religioso daquele país, e seu legado é intrínseco ao que significa ser um legítimo chinês, segundo a tradição da sabedoria oriental. A importância do célebre filósofo e alquimista Lao Tsé também é notória. A ele é atribuída a autoria de uma das obras fundamentais do taoismo, o *Tao Te Chin*, uma das mais traduzidas no mundo atualmente.

A tradição milenar da China baseia-se em elementos originários das três principais religiões chinesas: o taoismo, o confucionismo e o budismo, numa combinação dos elementos que torna suas lendas e mitos misteriosos para os ocidentais, que não estão familiarizados com a cultura e as particularidades desse povo.

As histórias da civilização chinesa tiveram início por volta do século XII a.C. e foram passadas de forma oral durante cerca de mil anos antes de serem registradas por escrito nos livros *Shui Jing Zhu* (Comentários sobre o Pergaminho da Água) e *Shan Hai Jing* (Pergaminho da Montanha e do Mar). O primeiro descreve os mitos, a magia e a religião da China Antiga, e o segundo documenta a geografia, a história e as lendas a elas associadas. Há também *Hei'an Zhuan*, o "Épico da Escuridão", uma coleção de poesias sobre as lendas preservada pelos habitantes montanheses de Hubei.

Como a China foi o berço do florescimento da sabedoria milenar, relatando as mais antigas lendas, temos aqui muito com que nos deliciar, partindo das histórias deste povo que nos deu como modelo e legado a paciência e também suas exímias estratégias de guerra.

No decorrer da história, essa grande nação venceu inimigos poderosos fazendo uso das premissas contidas no eterno livro *A arte da guerra*, do célebre Sun Tzu. Essa grande obra foi utilizada posteriormente por diversos estrategistas militares, entre eles

Gengis Khan, Napoleão Bonaparte, Zhuge Liang, Cao Cao, Takeda Shingen, Vo Nguyen Giap e Mao Tsé Tung. As páginas de *A arte da guerra* mostram como abordar os aspectos das estratégias ao modo Sun Tzu, de forma a ter uma visão atilada e racional das sangrentas batalhas.

Os chineses foram um povo muito sofrido, mas nunca desanimado, pois sempre acreditaram em seus deuses e na força de cada um, além de apresentarem disposição natural a um *modus operandi* semelhante ao da sociedade das formigas, na qual o todo é composto por pessoas simples, mas muito sábias, que se reuniam sem alarde e trabalhavam incessantemente em prol de uma nação livre dos comandos estrangeiros. Essa predisposição culminou no século XIX com o choque entre China e Ocidente nas chamadas Guerras do Ópio.

Esse gigante oriental representado pelo dragão e pelo tigre, que se prepara para ser a maior potência mundial num breve futuro, manifesta seu poderio econômico acrescido à força de um povo coeso e comedido, apesar de manter-se humilde a ponto de não ostentar aos quatro cantos do mundo a sua grandiosidade. Nem o profundo sofrimento da miséria alternada às calamidades naturais (as eternas secas e enchentes) conseguiu abatê-los. Nem a opressão os fez desistir da pátria, nem o desdobramento do país dividiu o seu povo.

São recontadas aqui as bravuras e as grandes estratégias dessa forte raça, que se manteve com o espírito suave de quem ainda conta lendas, mesmo que a maioria delas sobre guerras. A falta de prepotência desse povo em seus enredos revela uma brandura de alma que, por vezes, faz com que inimigos se solidarizem, atitude inconcebível no mundo ocidental:

> *Su Qin enviou esse assistente secretamente para Qin, levando consigo uma grande soma de dinheiro com o propósito de criar, no estado de Qin, as condições necessárias à ascensão de Zhang Yi. Foi assim que ele se tornou um ministro de confiança do duque de Qin.*
>
> *Quando o homem de Su Qin lhe revelou a real intenção deste, Zhang Yi ficou tão comovido que não pode conter as lágrimas.*
>
> *– Su Qin é mais inteligente do que eu – disse ele –, jamais esquecerei*

o que fez por mim. Enquanto viver, tudo farei para que seu plano seja bem-sucedido.

(Texto extraído da página 246 deste livro)

Para os chineses, os valores, como o respeito ao ser humano e às leis dos tempos a que se referem as lendas, são bem característicos e delimitados. É de grande valor moral, nesse país, a palavra dada e a lei e a confiança de que o universo dá retorno aos atos, sejam eles dignos ou indignos:

– Você faltou com a palavra – entristeceu-se ela. – Se não tivesse espiado, eu iria reviver em breve. Deveria ter esperado por mais um ano, conforme o combinado, em vez de me expor à luz agora.
– Desculpe-me – desfez-se ele, corroído por arrependimento, acreditando que assim anularia os efeitos da sua insensatez.
– É tarde demais. Vou partir para sempre, mas antes venha comigo: dar-lhe-ei um presente que o ajudará a sustentar nosso filho.

(Texto extraído da página 162 deste livro)

Com a inclusão desta obra fundamental da cultura chinesa, cremos haver reunido, em dois volumes, os principais mitos e lendas relativos à riquíssima e milenar cultura dos povos do extremo oriente, servindo de introdução a todos aqueles que apreciam estes verdadeiros devaneios poéticos das raças que são as mitologias e lendas de todos os povos.

A autora

Quem manda na corte é o imperador

QUEM MANDA NO QUARTEL É O GENERAL

A dinastia Han surgiu no século II a.C. O governo dos Han e a nobreza dos hunos no Oeste mantinham a paz por meio de laços matrimoniais e não promoviam guerras de grande envergadura. No entanto, o rei dos hunos, sob a intriga de conspiradores, interrompeu as relações com a dinastia Han e ordenou uma expedição, no ano 158 a.C., para fazer incursões nas regiões fronteiriças.

As notícias sobre as invasões foram transmitidas a partir das torres de almenara ao longo da Grande Muralha. Três generais eram encarregados da defesa da capital, Chang'an (atual Xi'an): Liu Li, em Bashang; Xu Li, em Jingmen; e Zhou Yafu, em Xiliu.

O imperador Wen inspecionou os acampamentos das três tropas e resolveu primeiramente ir a Bashang. Foi visto de longe pelo general Liu Li, que lhe preparou uma faustosa e solene recepção. Ao chegar aos portões de Bashang, as carroças do imperador e a comitiva entraram diretamente no acampamento, sem encontrar impedimento algum. Depois, o imperador visitou o acampamento de Jingmen, sendo recebido da mesma maneira que em Bashang.

No terceiro acampamento, porém, o soberano e sua corte foram recebidos de forma muito diversa. Assim que os avistou, o general de Xiliu, Zhou Yafu, pôs suas tropas em alerta, prestes a atacar. Quando o comboio se aproximou do portão, o guarda ordenou que parassem. Mas o soldado da comitiva do imperador retrucou, com ar arrogante:

– É o imperador que chega, não está vendo, imbecil? Abra imediatamente os portões, antes que decepemos suas mãos.

– No acampamento – respondeu o guarda calma e firmemente –, obedeço apenas às ordens do general.

E os portões permaneceram cerrados.

Sem outra saída, o imperador viu-se obrigado a mostrar a carta imperial, mandando transmitir seu recado ao general Zhou Yafu. Só assim, sob a ordem do general, foi que o guarda abriu os portões. Mas avisou à corte, com autoridade:

– É proibido galopar no acampamento!

Ao encontrar-se com o imperador, o general Zhou Yafu, trajado com sua armadura, disse:

– Vossa majestade, fico impossibilitado de lhe fazer reverência com esta armadura, permita-me fazer-lhe uma continência militar.

No caminho de volta, aqueles da comitiva do imperador estavam indignados.

– Que petulância, a do general Zhou Yafu! – queixaram-se, em todos os tons e caretas, os soldados do imperador.

– Ele é um verdadeiro comandante militar – ponderou o soberano. – Com as tropas relaxadas, como em Bashang e Jingmem, seria de se estranhar se não fossem feitas prisioneiras na eventualidade de um ataque surpresa do inimigo, dissimulado de comitiva do imperador.

E considerou Zhou Yafu um talento militar.

No ano seguinte, o imperador ficou gravemente doente. Antes de morrer, recomendou ao príncipe herdeiro:

– Se houver situações de perigo no país, nomeie o general Zhou Yafu como comandante em chefe das forças armadas. Você estará seguro, e o reino estará bem servido.

Após a morte do imperador, o príncipe herdeiro subiu ao trono. Os reis de sete principados aproveitaram a oportunidade para urdir uma traição, com o objetivo de usurpar o poder, julgando o reino enfraquecido devido à morte do soberano. Lembrando-se das recomendações do pai, o jovem imperador enviou o general Zhou Yafu para reprimir as invasões.

Perante os ataques conjuntos dos sete principados, Zhou Yafu adotou a estratégia de defender-se, e não se atirar sobre os inimigos. Depois de uma análise detalhada sobre a situação, recusou várias vezes a ordem imperial para tomar a iniciativa. Zhou Yafu obrigou as tropas rebeldes a se retirarem e, só nesse momento, mandou sua força de elite perseguir os inimigos. Assim, conseguiu derrotá-los.

A partir da vitória contra a rebelião dos sete reis, a dinastia Han do Oeste fortaleceu a unificação e o poder centralizado, criando um dos períodos mais prósperos na história chinesa, graças à pertinência e iniciativa do general que tivera o atrevimento de se impor no seu acampamento militar, mesmo à custa de averiguar a comitiva do imperador antes de abrir-lhe os portões.

As sepulturas dos três reis

UM CRIME PERFEITO

Certo dia, o rei ordenou a Gangjiang – um ferreiro que vivia com sua mulher, Mo Ye, no estado de Chu – que lhe forjasse duas espadas. O forjador imediatamente pôs mãos à obra, de acordo com a vontade do soberano. No entanto, por mais lenhas e brasas que colocasse no grande forno, o metal não derretia. O tempo passava, e as espadas não eram forjadas conforme a vontade de Sua majestade.

– É preciso *qi* humano para esquentar o forno – opinou certo dia Mo Ye, querendo dizer que necessitava de energia humana.

Assim, o casal cortou os longos cabelos e as unhas, lançando-os à fornalha enquanto as crianças da vizinhança ajudavam, assoprando ar com o fole. O fogo ardeu em poderosas chamas, e o ferreiro se pôs então a fazer a encomenda do rei. Mas tanto bateu na bigorna chinesa e fez e refez as espadas que demorou nada menos do que três anos para concluir o trabalho.

Os dois artefatos ficaram prontos justamente quando Mo Ye, a esposa do ferreiro, estava prestes a dar à luz. Como tratava-se de uma espada masculina e de outra feminina, o casal batizou-as com seus próprios nomes. Assim, a feminina chamou-se Mo Ye e a masculina, Ganjiang. Feito isso, o marido saiu de casa, escondeu a espada Ganjiang e retornou.

– Minha querida – disse ele à mulher –, há rumores de que o rei está enfurecido com a demora com que forjei as armas e pretende mandar me decapitar quando eu for entregá-las. Se o nosso filho que vai nascer for menino, diga-lhe estas palavras quando ele estiver crescido: "Vá para fora de casa e procure o local onde um pinheiro está crescendo sobre uma rocha, nas montanhas do sul. A espada masculina se encontrará dentro do tal pinheiro".

Após estas palavras, Ganjiang partiu rumo ao palácio com a espada Mo Ye, para entregá-la ao soberano. Conforme o esperado, o rei ficou furioso ao vê-lo.

— Demorou três anos para fazer esta espada, bastardo molengão! Cadê a outra que mandei forjar? – e como o ferreiro nada respondeu, ordenou: – Cortem-lhe a cabeça.

Ganjiang foi decapitado e, neste mesmo dia, seu filho nasceu. Mo Ye deu-lhe o nome de Chibi.

O garoto cresceu e, certo dia, disse à mãe:

— Minha mãe, fale-me de meu pai.

— Ele era um homem bom e tudo estava muito bem na nossa vida, até que o rei lhe ordenou que forjasse duas espadas – contou Mo Ye. – Seu pai assim o fez e levou três anos para terminá-las. O rei ficou enfurecido pela demora na entrega e mandou decapitá-lo. Antes disso, porém, seu pai me pediu para guardar uma mensagem até que você crescesse: que vá para o pátio da casa e olhe para a montanha do sul. Ali, deve procurar por um pinheiro plantado sobre uma rocha e tentar encontrar dentro dele a espada masculina que leva o nome de seu pai.

Mal a mãe terminou de falar, o menino correu para fora da casa e olhou para o sul, mas não viu montanha alguma. Tudo não passava de uma infindável planície. Olhou em volta de si demorada e atentamente, e então seus olhos pousaram sobre um pedestal de pedra em frente à casa, com um tronco de pinheiro em cima. Chibi foi até o tronco e procurou avidamente até encontrar dentro dele o artefato.

O jovem empunhou a espada Gangjiang, forjada por seu pai, sentindo-a como uma extensão de seu braço. Jurou solenemente:

— Eu juro, pela honra de meu pai, que hei de encontrar, seja como for, um modo de vingar a sua morte!

A partir deste dia, nunca mais Chibi teve paz. Planejava, dia e noite, uma forma de matar o rei tirano e restaurar a honra de seu pai.

O rei, no entanto, alheio a tudo mais que não a sua soberana vontade, vivia muito satisfeito em seu palácio, rodeado de bajuladores, até que uma noite teve um sonho que lhe tirou o sossego e o sorriso do rosto gordo. Sonhou que um jovem jurava solenemente matá-lo, dizendo querer vingar a morte do ferreiro, seu pai, que havia sido decapitado pelo rei por não ter forjado duas espadas em tempo hábil. O soberano acordou banhado em suor e, após uma crise de chiliques, ordenou que seus servos divulgassem, com toda urgência, que o rei oferecia uma recompensa de mil taéis de ouro para quem capturasse o filho do forjador de espadas.

Chegou até Chibi esta notícia, e o filho do ferreiro se viu obrigado a se esconder nas montanhas. Durante longo tempo lá permaneceu foragido, perseguido como um animal caçado. Desesperado com os obstáculos que se interpunham no caminho de sua vingança, o rapaz pediu ajuda aos deuses e resolveu que precisava agir, mesmo correndo risco de vida. Armou-se de toda a coragem que tinha e desceu a montanha, pronto para o que desse e viesse. No caminho, encontrou um desconhecido que se aproximou dele e perguntou:

– Que mal o aflige, rapaz? Vejo profundo desespero estampado em seu jovem rosto.

– Eu sou o filho de Ganjiang e Mo Ye – respondeu o filho do ferreiro. – O rei matou meu pai, e eu jurei vingá-lo. Mas o canalha tirano soube, de alguma forma, de minha intenção e está me caçando.

– Ah, você é o filho do ferreiro, por cuja cabeça o rei estabeleceu um preço de mil taéis de ouro? – perguntou-lhe o estranho e, a um aceno positivo de cabeça do filho do ferreiro, acrescentou: – Como você não pode chegar até o rei para se vingar, dê-me sua cabeça e sua espada, e eu prometo encontrar um modo de vingar seu pai em seu nome.

– Agradeço imensamente enquanto ainda tenho vida! – disse o rapaz em uma longa, lenta e solene reverência.

Assim dizendo, desembainhou a espada e cortou fora a própria cabeça, segurando-a pelo rabicho e entregando-a ao estranho, juntamente com a Espada Ganjiang. Seu corpo, no entanto, permaneceu firme no mesmo lugar até que o estranho renovasse a promessa, com profunda e solene deferência:

– Vá em paz, filho do ferreiro. Prometi vingar a morte de seu pai em seu lugar e assim o farei, nem que isso traga a minha morte.

Após uma última inclinação de agradecimento, o tronco do jovem caiu por terra para todo o sempre. O estranho levou a cabeça ao rei, que ficou exultante de alegria.

– Há algo que preciso dizer a Vossa Excelência – disse o homem ao rei. – Como esta é a cabeça de um homem corajoso e vingativo, ela deve ser fervida em um caldeirão para evitar que lhe traga desgraças.

– Assim será feito – respondeu prontamente o rei, ordenando a seus lacaios que a cabeça do jovem fosse fervida num caldeirão.

Três dias e três noites a cabeça ficou fervendo. Contudo, permanecia intacta, rodopiando no sopão, boiando na água com seus olhos vivos ardendo de ódio, e assim prosseguiu.

– A cabeça continua intacta e parece mais viva do que nunca – comunicou o homem ao rei. – Venha só dar uma olhada, Vossa majestade.

– Isso é deveras estranho e sobrenatural! – exclamou o soberano, inclinando-se para a frente para ver melhor.

Tão logo o rei dobrou o pescoço, o estrangeiro brandiu a espada e cortou-lhe a cabeça, que caiu diretamente no tacho. Após fazer isso, o homem se posicionou em frente ao tacho, inclinou-se e cortou também sua própria cabeça, que caiu diretamente no caldo. Em poucos segundos, as três cabeças estavam boiando num emaranhado de carne, totalmente irreconhecíveis.

Mais tarde, o sopão de carne, com o que restava dos crânios, foi dividido em três partes e enterrado em três sepulturas, chamadas de "A Tumba dos Três Reis". O túmulo ainda pode ser visto no norte do condado de Yichun Runan, na província de Henan.

A ENGENHOSA BATALHA DE FEISHUI

OITENTA MIL SOLDADOS VENCEM OITOCENTOS E SETENTA MIL

No início do século IV, a China estava dividida em dois regimes: Norte e Sul. O regime de Jin do Leste, no Sul, controlava o vale do rio Yangtsé com a capital em Jiankang (atual Nanjing). E o regime de Qianqin controlava o vale do rio Amarelo no Norte, com a capital em Chang'na (atual Xi'an).

O imperador de Qianqin, Fu Jian, desejava reunificar a China eliminando Jin do Leste. No ano 383, formou uma força de 870 mil soldados e promoveu uma expedição ao Sul. Naquele momento, Jin do Leste tinha um efetivo de cerca de 100 mil, por isso, Fu Jian afirmou com a arrogância da supremacia:

– Se meus cavaleiros jogarem os chicotes no rio, estes podem cortar a corrente das águas. Quem vai duvidar, então, de que poderemos eliminar Jin do Leste?

Informado da invasão, o imperador de Jin do Leste mandou seus dois generais, Xie Shi e Xie Xuan, para enfrentar os inimigos à frente de 80 mil soldados de elite. Os dois generais mobilizaram uma força leve composta de 5 mil cavaleiros e promoveram um ataque surpresa à vanguarda do inimigo, derrotando-o. A vitória estimulou grandemente os soldados de Jin do Leste, que avançaram chegando por caminhos terrestres e fluviais ao leste do rio Feishui, centro da atual província de Anhui, dispostos para uma batalha subsequente.

Inteirado da derrota de sua vanguarda, Fu Jian dirigiu pessoalmente uma expedição e chegou à margem oeste do rio Feishui. Vislumbrou a formação bem organizada das tropas inimigas, a perder de vista, e as bandeiras e os estandartes militares tremulando por toda parte no quartel-general do Jin do Leste. Escutou, pasmo, o retumbar dos tambores que transpunha o rio e chegava aos seus ouvidos com resoluta insistência. Voltou à costa e observou o monte de Bagong, de um momento para outro tomado pelas bandeiras inimigas que vinham em sua direção.

– As tropas de Jin do Leste são poderosíssimas, com tantos soldados e cavalos, mas vocês me afirmaram que eram fracas – disse nervosamente aos seus subordinados antes de sair a passos largos, não querendo observar e nem ouvir mais nada.

A dupla de generais, Xie Shi e Xie Xuan, que administrava o exército de 80 mil soldados, analisou os prós e os contras do inimigo e concluiu que, apesar da superioridade numérica no exército, os soldados haviam sido recrutados forçadamente de minorias étnicas, miseráveis e despreparadas, e que ficariam exauridos nos longos percursos. Tomaram, então, coragem de atacar o exército inimigo, pois estavam certos de que era a qualidade, e não a quantidade, que valia neste caso. Com uma excelente estratégia, promoveriam um ataque relâmpago.

Em função deste plano enviaram uma mensagem a Fu Jian e exigiram que ele retirasse suas tropas da margem do rio, recuando e deixando espaço para que a armada dos Han atravessassem até eles para uma batalha decisiva.

Fu Jian considerou um atrevimento essa proposta, mas aceitou com a intenção de eliminá-los enquanto atravessassem o rio. Ordenou, assim, o recuo de suas tropas de vanguarda, que obedeceram. Porém, inesperadamente, os soldados de retaguarda de Qianqin, ao receber a ordem de atacar, se negaram a obedecer: sem saber da estratégia do general, acreditaram que as tropas à frente tinham sido derrotadas e se puseram em debandada.

Com os soldados inimigos desordenados, o exército de Han avançou, atravessou o rio e perseguiu-os em fuga. Nesta balbúrdia, muitos soldados de Qianqin foram pisoteados e morreram sem luta, e o próprio general Fu Jian ficou ferido. Com tão estrondosa derrota, o regime de Qianqin não durou dois anos.

Foi assim que a batalha de Feishui tornou-se famosa na história da China, porque os exércitos de Jin do Leste com 80 mil soldados venceram as tropas de Qianqin com mais de 870 mil combatentes.

A Construção da Grande Muralha da China

A MULHER DO CONSTRUTOR ILUDE O IMPERADOR SHIH HUANG

Nesta lenda Han não vamos falar da grandiosidade da Muralha da China, já conhecida por todos como uma das sete maravilhas do mundo. Aqui, vamos falar sobre o sofrimento dos construtores que a ergueram à custa de trabalho escravo e de vidas humanas. A edificação, que envolveu mais de um milhão de pessoas, foi realizada no decorrer de dois milênios, abrangendo muitas dinastias. No entanto, toda essa ostentação e segurança não conseguiram conter o grande inimigo Gengis Khan, guerreiro destemido que a venceu sem dificuldades.

Tudo começou quando o déspota imperador Qin Shi Huang decidiu construir uma sólida muralha para proteger o império das tribos nômades oriundas da Mongólia e da Manchúria, obrigando homens de todas as partes da China a virem construí-la.

– Esta muralha será tão colossal que poderá ser vista da lua! – almejava o imperador Shi Huang, entalado em seu trono. – E tão extensas serão suas descomunais escadarias que os visitantes só conseguirão subir os degraus de quatro, com as mãos no chão como quadrúpedes.

Dia e noite, os trabalhadores transportavam cargas pesadas de terra, pedras e tijolos sob açoites dos terríveis chicotes e maldições de seus mestres. Mal recebiam para comer, as roupas que usavam viravam farrapos e muitos deles morriam soterrados ali mesmo, quase todos os dias, em meio a pedras, tijolos, terra batida, madeira e demais caliças.

Mas a construção prosseguia, impiedosa e prosperamente. Entre os sofridos trabalhadores do grande imperador Shi Huang havia um jovem chamado Wan Hsi-liang-se. De rara beleza e ainda mais rara virtude e lealdade, sua mulher chamava-se Meng Chiang-nu. Desde que seu marido fora arrancado à força de junto de si em prol da muralha, Meng Chiang-nu nunca mais soube dele – e nunca mais teve paz.

– Ah, se meu marido tivesse sido designado a construir torres, ou templos, ou pontes, em vez dessa interminável muralha, eu teria esperança de tê-lo um dia novamente junto ao meu seio – lamentava-se ela, revirando-se na cama, solitária. Na proporção em que aumentava sua saudade, crescia junto seu ódio contra o tirano imperador.

Chegou a primavera. As árvores e as cerejeiras estavam magnificamente floridas, a grama era de um verde luxuriante e as andorinhas voavam em pares no céu. Meng Chiang-nu saiu a andar pelo campo e, quanto mais via a beleza da primavera, mais triste ficava. Era lá que ela se aconchegava para expurgar as mágoas, catar os gravetos do seu eu e refazer a fogueira do seu ódio contra todos os déspotas de toda a China. Onde se sentia forte e reavivava sua estrela, que reluzia como nova, malgrado os resquícios de dor e estragos feitos pela solidão e saudade. Então cantou, lembrando com amor e pesar de quando ela e o marido caminhavam juntos pelos campos floridos.

> Em março, a flor do pêssego se veste;
> Andorinhas acasalam e constroem o seu ninho.
> De par em par, elas voam alegremente...
> Somente eu vivendo só, oh, o quão triste estou!

O outono chegou, e Meng Chiang-nu ainda não tinha notícia alguma do seu amado Wan Hsi-liang-se, e também quase nada sabia sobre a sua rival, a muralha. Mas, certo dia, ouviu alguém dizer que a Grande Muralha estava sendo construída em algum lugar bem acima do Norte, onde era terrivelmente frio. Pegou às pressas roupas de algodão, acolchoados e calçados, disposta a encontrar alguém que os entregasse ao marido. Mas quem poderia levá-los, uma vez que o caminho para a poderosa construção era tão distante e todos os homens ativos já estavam lá, trabalhando, se acabando e morrendo? Não havia um único mensageiro disposto a tal loucura.

Num gesto impensado, prontificou-se a ir ela mesma entregar em mãos as roupas e os sapatos para seu amado Wan Hsi-liang-se. Largou tudo pela metade, como só um coração aflito é capaz de fazer, e afastou-se do lar, dando os primeiros passos na neve do campo em direção à longínqua e incomensurável muralha.

As árvores estavam todas desfolhadas e, como a safra de cereais já tinha sido colhida, os campos se mostravam completamente vazios. Era muito solitário para Meng Chiang-nu andar por aquela paisagem nua e triste. As árvores ao seu redor tornaram-se, para ela, seres pensantes, e os rios, rumos que cantavam para redescobrir caminhos.

Começou seus primeiros passos timidamente, buscando informações pelo caminho, dormindo nas estalagens ou ao relento. Nessas horas, a lua acalentava e velava seu sono, o sereno a acariciava, e o seu mundo de andarilha se tornava a fonte de suas mais inocentes necessidades. Nunca fora afeita a riquezas, de nada sentia falta. Seu alforje carregava o pouco de que necessitava: o resto, a natureza lhe oferecia. Ela seguia no rumo certo sem se questionar: montanha acima e despenhadeiro abaixo, sem nem ao menos sentir seu peso e quase sem tocar o chão. Tão ágil e rápido ia que às vezes se examinava para ver se não havia criado asas.

A fantasia a assaltava de quando em vez, e com um tatear imaginário tocava o corpo quente e nu do marido ausente, via seus olhos límpidos e vidrados postos nos seus e acariciava o seu rosto bem-talhado. A ideia de rever seu amado valia a pena, verdadeiro ou não, sonho ou realidade.

– Eu não sei bem por onde estou indo, mas sinto que estou no caminho certo – consolava-se ela, especialmente porque nunca saíra de casa em toda a sua vida, e o único caminho que conhecia era o da intuição.

Havia vezes em que ficava dias a circular, perdida nos mesmos lugares, mas a dúvida não a assustava e não a perseguia jamais. Parecia afeita às coisas boas que vinham na suavidade da brisa e na vontade cega de chegar até o seu desejo. Nem ao menos cogitava estar certa ou errada: a sua era uma atitude de puro impulso, que surgia de dentro de si com a espontaneidade de um soluço.

Sem novas escolhas, seguia ela no seu novo sentir, às vezes muito atenta e desperta, às vezes como uma sonâmbula, sem muito entender, aceitando o que surgia no caminho como um colibri aceita as flores. Parecia-lhe, nessas horas, que despertar seria um desserviço a si própria, e permanecia nesse estado de contemplação.

Uma noite, não conseguiu chegar à aldeia seguinte como pretendia antes do anoitecer. Assim, precisou passar a noite em um pequeno templo num bosque ao lado da estrada. Deitou-se exausta sobre uma pedra e logo adormeceu, apesar da noite gélida. Sonhou que seu marido estava vindo em sua direção.

– Wan Hsi-liang-se! – ela gritou em júbilo, correndo para abraçá-lo. – Você está vivo!

– Estou morto, Meng Chiang-nu – disse ele, sem respiração e com o olhar fixo no teto.

– Ó, desgraça das desgraças! – lamentou-se Meng Chinag-nu, acordando num sobressalto e chorando copiosamente.

A manhã a encontrou prostrada em tão grande dor que não teve forças para se erguer, muito menos para prosseguir na sua longa jornada. Com o pesadelo, suas prioridades se esvaíram numa fumaça do passado, e ela chorou de fome, cansaço e abandono.

– Éramos tão felizes nós dois, antes da construção da muralha! – lembrou Meng a felicidade perdida. – Preciso continuar para conferir se o meu sonho é verdadeiro – decidiu-se, por fim, encontrando na dúvida motivação, e foi subindo, como um autômato, pela estrada montanhosa, seca e árida. – Ah, se pelo menos chovesse!

Passaria pelo que tivesse que passar e pronto. Mesmo que não fosse um dia de chuva, ainda assim ela poderia ser feliz. Dizia o ditado chinês que a alegria e a dor não vinham por si só, mas respondiam ao chamado dos homens. Ela não evocara jamais a dor: se esta havia respondido a alguém fora ao chamado do imperador, que lançara saraivadas de setas venenosas nas vidas alheias e em todas as direções da grande China.

Certo dia, a peregrina chegou a uma pequena pousada na beira da estrada e entrou para passar a noite. A estalagem era mantida por uma velha que, ao ver o rosto exausto de Meng Chiang-nu e as vestes empoeiradas, perguntou-lhe para onde ia.

– Vou levar roupas e calçados para meu marido, que foi convocado para construir a Grande Muralha – respondeu.

– Pobre mulher! – suspirou a velha, profundamente penalizada, apesar de encantada pelo destemor e pela determinação com que a via se mover até ali. – O que faz não parece muito lógico ou lógico o suficiente. A Grande Muralha é absurdamente longínqua, há montanhas e rios para cruzar. Você não tem pés para percorrer tão longa distância. Aconselho que desista e retorne sobre seus próprios passos, pois está longe do meio do caminho.

– Chegarei lá – afirmou Meng, serena e determinada. – Darei um passo após o outro, até alcançar a muralha.

Na manhã seguinte, impressionada com a determinação da mulher que não se irritava nem implicava com o cruel destino, a velha caminhou por solidariedade com ela durante algum tempo, incentivando-a com sua simpatia. Depois retornou, desejando-lhe boa sorte em sua solitária e incerta aventura.

Assim prosseguiu a peregrina em sua jornada, até que, num dia frio de bater o queixo, chegou a um vale profundo entre as montanhas. O céu estava fechado por nuvens cinzentas, e um vento forte esfriava ainda mais o ar.

Andou pelo vale escuro à procura de pouso, mas nada encontrou. Não havia uma única casa num raio de milhas de distância. Tudo o que podia ver eram ervas daninhas, arbustos e rochas. Estava ficando tão escuro que ela já não podia ver a estrada à frente. Ao pé da montanha havia um rio com a água turva, da qual ela bebeu avidamente antes de deitar-se à margem para dormir. Mas não conseguia tirar da cabeça o marido desperdiçando sua juventude num trabalho escravo, longe dela. Ante o sombrio pensamento, seu coração se contraiu numa dor profunda. Começou a chorar, com pena dele, de si e de todos os desgraçados que, de alguma forma ou outra, estavam subjugados pela vontade e tirania alheia. À mercê das ordens de loucos, famintos por ambição.

Acordou na manhã seguinte e viu-se ainda participante do mundo dos vivos. Todo o vale estava coberto por um denso manto de neve. Não havia estrada, nem indícios de que caminho seguir. Lá estava ela, como uma estrangeira no seu próprio país, bolsa vazia às costas já curvadas e numa magreza que saltava aos olhos até dos animais. Atraía um corvo, que já vinha em sua direção. Não, ela não morreria enquanto o marido precisasse dela.

– Que caminho tomo agora para chegar aonde quero? – perguntou-se, procurando algum sinal que lhe desse uma luz.

O corvo pousou diante dela, grasnou e sobrevoou sobre sua cabeça duas vezes em uma curta distância. Pousou, então, novamente à sua frente e grasnou mais duas vezes.

O que queres, ave atônita?
De vida nada entendes.
Não sabes que a vida ainda palpita
neste meu corpo sem alma?

O corvo grasnou outra vez, e Meng entendeu que ele a convidava a seguir o seu caminho. Seria seu guia. Prosseguiu a mulher sua viagem e se pôs a cantar no caminho:

Enormes e redondos flocos de neve do inverno, em velozes redemoinhos:
Eu, Meng Chiang-nu, marcho, com roupas de inverno,
Desgraçadamente, só tenho um corvo faminto como meu único guia
até a Grande Muralha, e eu ainda tão distante dela!

Meng Chiang caminhou, caminhou, passando por cordilheiras, atravessando largos rios e pequenos riachos. Um dia, finalmente, avistou sua grande rival: a Muralha da China. Era tanta a saudade de ver o marido que, apesar do ódio que tinha pela maldita construção, ainda assim sorriu de contentamento ao avistá-la serpenteando o topo das montanhas.

– Ó, justos céus, finalmente vou vê-lo, meu amado! – exclamou Meng Chiang-nu, subindo trôpega e esperançosa, esquecendo até o sonho de mau agouro, sem caber em si de alegria.

O majestoso muro cobrejava sobre vales e montanhas à sua frente até perder de vista. Sibilava um vento forte e gelado que aumentava à medida que ela escalava o monte, coberto apenas por grama seca, sem uma única árvore em qualquer lugar para onde olhasse.

As filas de trabalhadores pareciam formigas subindo e descendo as montanhas, interminavelmente, carregando pesos maiores do que suas forças. Moviam-se como autômatos, olhos baixos postos na sua eterna missão e gestos mecânicos impulsionados pelo chicote que estalava no ar e nas costas dos mais lentos, mais exaustos, mais desgraçados.

– Mexam-se, lacaios! Mexam-se! – ordenavam os mestres da obra, em berros ríspidos e tonitruantes que impressionavam até o imperador, e ninguém se importava se os infelizes resfolegavam e bufavam na sua estafante e humilhante lida.

Como se impunham com crueldade, esses mestres de obra, assumindo para si o comando do projeto do soberano. Ordenavam e chicoteavam. Chicoteavam e ordenavam. Não faziam outra coisa, esses chefes – era da sua natureza. E o cerco ia se fechando em volta da China.

Meng Chiang-nu foi chegando, vacilante, e se aproximando num misto de esperança e dor, mas animou-se mais ao ver que surgia um brilho no olhar daquela gente assim que ela apontou, intrigando-se com a sua presença. Cada um desses homens, ao ver a jovem, lembrou-se da mulher que havia deixado no leito quente, de onde haviam sido brutalmente arrancados para construir o paredão. Mas logo voltaram à dura realidade com os açoites nas espáduas e os berros histéricos dos mestres de obra, obrigando-os a prosseguir empilhando tijolos e pedras. Era um rio de gente que se sobrepunha em levas, verdadeiras ondas de um oceano revolto.

Meng Chiang caminhou no início da construção, seguida pelos olhares de soslaio dos homens: constrangeu-se com seus semblantes pálidos e sofridos, os ossos das maçãs do rosto salientes através da pele, as mãos calejadas sangrando. Viu homens exauridos caírem mortos, bem diante de si, sem que ninguém lhes desse a mínima.

Na sua simplicidade, Meng Chiang-nu foi perguntando um por um pelo marido. Explicava como era sua aparência, dizia o seu nome. Falava com tanto amor e doçura e sorria-lhes de tal modo que todos se sentiam amados e felizes, como se eles mesmos fossem o marido procurado.

– Quando uma mulher é encantadora e lhe sorri, você pensa que ela o está amando – disse ao colega um jovem forte e desdentado, seguindo-a com os olhos.

A visão daquela linda mulher encantava os olhos de todos. O som de sua voz doce como mel ecoava nos ouvidos dos homens como uma linda música, contrastando com as batidas das marretas nas pedras, único som ouvido dia e noite, fora os xingamentos, as pragas e as chicotadas. Era encantador ver Meng Chiang-nu andando daqui, andando dali, em sua louca busca. O seu grande amor a fazia ganhar a estima dos trabalhadores, mas isso não trazia consolo a seu espírito conturbado.

Ninguém sabia nada sobre o marido, nem tampouco sobre eles mesmos. Ali, havia muito tempo, ninguém olhava para ninguém, apenas para as pedras que se acumulavam à sua frente, como se estivessem emparedando a si mesmos. Era a primeira vez que, por instinto, haviam espiado por sobre os ombros em anos, pressentido uma presença feminina, balbuciado alguma palavra.

À medida que todos meneavam a cabeça negativamente ante suas perguntas a respeito de qual teria sido o destino de seu marido, a angústia de Meng aumentava. Era com amargas lágrimas nos olhos e calos nos pés que prosseguia na sua busca, que já pressagiava infrutífera.

Surpreendeu-se e se emocionou quando encontrou, enfim, alguém que o conhecia. Mas logo toda esperança se transformou em aflição ao ouvir:

— Minha senhora, ele morreu soterrado sob a Grande Muralha — informou-lhe um homem esquálido e lívido, quase acrescentando "morreu pouco antes de mim".

A viúva deu um grito lancinante:

— Ó, Guan Yin, deusa da Compaixão, tenha piedade de mim e de todos estes desgraçados! Acolha meu marido, deusa Guan Yiiiinnnn!!! — exortou ela o poder dos céus no clamor de seus ais, e gritou com tanta força e tanta dor que seu brado ecoou fortemente pelas montanhas, se fazendo ouvir até o céu de Tian.

A muralha desabou pedra por pedra em efeito dominó, num comprimento de mais de duzentas milhas. Seguiu-se uma surpreendente tempestade de areia, que fez girar os tijolos no ar, como se levados por um violento furacão. Destruiu em minutos anos de miséria e trabalho, deixando a todos os operários estupefatos e confiantes de que havia um ser superior a olhar por eles.

Os deuses, enfim, se manifestavam e se mostravam contra a maldita muralha e seus idealizadores. Desandava tudo como um castelo de cartas, vales, campos e montanhas. Nada havia ficado no lugar. Os intelectos e engenhos dos arquitetos de nada adiantavam. Parecia um tsunami que não deixaria nada no lugar. Tudo num turbilhão de poucos minutos.

Podia-se acreditar que este era um dia feliz e cheio de esperanças para os construtores. Hora de voltarem para seus lares, suas mulheres e seus filhos graças a este anjo enviado pelos céus para salvá-los. Esse pensamento fez com que todos se unissem em fuga. Corriam e sorriam num imprevisto elo de união. Ninguém ficou para trás. Era um povo, um só coração que batia em uníssono na debandada.

– O que houve com MINHA muralha? – urrou o tirano ao ver o paredão transformado em uma nuvem de pó que tomava meio céu e toda a terra, fazendo os fugitivos estacarem o passo. – Como pode ter acontecido isso? Não vejo tempestades nos céus. Não vejo furacões nos ares. Tampouco terremotos na terra!

– Foi o triste e profundo lamento de Meng Chiang-nu que desintegrou a Grande Muralha! – disse alguém, num discreto sorriso que fez sangrar seus lábios secos e rachados.

A frase ecoou pelos ares, passou de boca em boca, de um trabalhador para outro, até chegar aos ouvidos do imperador.

– A causadora disso tudo foi uma única mulher? – abismou-se o monarca, concatenando novas ideias ante tal novidade. – Que mulher?

– Aquela lá – delatou um chefe de obra, apontando para Meng Chiang-nu seu dedo-duro empoeirado.

– Tragam-na até mim, para que tenha uma morte tenebrosa! – ordenou o tirano, crispando-se de ira dos pés até a ponta dos bigodes.

Urgia saciar sua sede de vingança. Assim que teve a mulher diante de si, entretanto, esvaiu-se a sua ira. Dois olhos negros como a noite fixavam-no sem reverência e sem nem ao menos piscar.

Nada ali intimidava essa mulher de uma inefável beleza, que transparecia através de seus andrajos quase em farrapos. Ele agora era um imperador perplexo e confuso perante uma mulher que o encarava de cabeça erguida, sustentando impassível a ávida curiosidade de todos. Como podia existir alguém assim, tão simples, forte e inocente? Que tipo de olhar era aquele que penetrava sua alma, decompunha sua vontade, enfraquecia seus comandos? Só interrogações substituíam suas certezas, e ser um sábio e poderoso imperador nada lhe rendia diante de tal inocência, mesmo que se vestisse de púrpura e falasse todas as línguas dos homens.

Contrariando a sua índole, o soberano não a interpelou. Ao contrário: seu coração exigiu-a para si, em delírio embriagado. Fremiam-lhe os lábios de prazer numa volúpia carnal, e sua cabeça explodia em um movimento circular de vertigem. Voltou-se todo para ela, dando as costas à muralha. Tomou-lhe as mãos e disse com uma voz que não sabia que tinha, como se proviesse de suas entranhas, e não da sua razão:

– Quero-a! Quero-a agora! Quero-a como minha concubina! – e acrescentou, falando com seus conselheiros, sem desgrudar os olhos da mulher: –Vocês entenderam? Mexam-se!

Diante de tal manifestação do imperador, Meng conteve sua verdadeira índole, pois um ardil não revelado serviria melhor a seus propósitos do que a sua habitual e ingênua franqueza e transparência que tanto desdenham os déspotas.

– Serei sua concubina, se o senhor satisfizer três de meus desejos – ela respondeu serenamente.

Nem cogitava o poderoso soberano que uma mulher como ela jamais se aliaria a alguém que sequer sabia o que lhe ia na alma.

– Diga o que deseja, e eu o farei – disse a voz de seu instinto.

– Quero que encontre o corpo do meu marido, que o enterre em um caixão dourado com uma tampa de prata. Que todos os seus ministros e generais entrem em luto por sua morte e compareçam ao seu funeral, assistindo-o do início ao fim do ritual de sepultamento, como um filho faria se meu marido tivesse tido a chance de ter um.

– Seus desejos são os meus desejos! – disse o monarca, despertando para a realidade.

Não vendo uma alternativa disponível, ordenou que tudo fosse feito e organizado conforme a vontade da viúva.

Finalmente, após longa procura, o corpo do seu marido foi encontrado sob os escombros. A muito custo Meng reconheceu os restos mortais. Chorou amargamente sobre ele, beijou-o com doçura como se estivesse vivo e acariciou-lhe os cabelos empastados de terra, sangue e desgraça.

No cortejo fúnebre, Sua majestade Shi Huang seguiu logo atrás do caixão, ao longo do rio que ladeava o cemitério. Caminhava com toda a pompa e circunstância, ainda sem vontade alguma, escoltado por uma procissão de entediados cortesãos e generais. O monarca havia seguido criteriosamente todas as vontades da concubina, sempre antevendo o gozo da noite que se aproximava. Sujeitara-se, momentaneamente, ao desejo dela em favor do seu, a ponto de prestar culto ao paspalhão do marido. Mas, assim que tudo terminasse, administrar-lhe-ia o seu querer. O rei já a exigia com o olhar.

"Toda esta chatice terá larga recompensa entre os lençóis", pensava no seu passo cadenciado, que enquadrava (a mando dele próprio, para poder suportar tal imposta incumbência) na sua frente perfeitamente a figura sedutora de Meng Chiang-nu, bela e produzida como uma rainha. "Mal dá para reconhecer a mulher que chegou aqui toda simples e esfarrapada."

Quanto mais a olhava, mais ardentemente a desejava. Que o mundo desaparecesse, que ele não fosse o imperador, mas que ela fosse sua. Queria apenas estar a sós com ela. Livrar-se do manto escarlate cheio de dragões que sempre fora todo o seu orgulho. Livrar-se dos palacianos que lhe sorriam sempre, das amebas frequentadoras dos banquetes. Da falta de direito de ser ele próprio a qualquer hora do dia.

Abanou-se, relutante, com seu leque, os olhos postos na viúva que seguia o féretro determinada no seu passo das certezas. O olhar da beleza da vida, de quem viveu solta nos campos e se perfumou nas flores e se banhou nas águas cristalinas. A certeza de que o valor intrínseco da pessoa era maior do que tudo. A sabedoria do intuito, de que sem ela a vida perderia o encanto e o sentido. Não resistia e a olhava como se nunca tivesse visto alguém antes. Como se naquele dia tivesse nascido o homem que hibernava dentro dele. Como se essa novidade fosse tudo o que pretendia em seu reino e crescimento.

Pousou demoradamente seus olhos nos cabelos dela e balbuciou consigo mesmo doces palavras de amor que não eram suas, e acariciou-lhe o corpo todo com as mãos em gestos imaginários. Ela era pequena, perdida em meio ao féretro, mas de uma dignidade de fazer inveja às imperatrizes. Saberia como domá-la, faria com que ela desejasse o supérfluo, submetê-la-ia às mãos implacáveis da concorrência das belas da corte e logo a teria na sua mão firme. E ela se renderia, trêmula e insegura como um pássaro apanhado no voo. Era o prazer por prazer. Isso pensava o imperador enquanto margeava o rio no ritual de sepultamento, cheio de imaginação e de vontades.

Indiferente ao quimono de seda, aos mantos e sobremantos que lhe caíam elegantemente ao longo do corpo e ao ostentoso colar de pedras que resplandecia em seu magnífico colo, Meng só fazia chorar, reforçando sua vingança enquanto acompanhava o féretro, lembrando dos dias e das noites felizes com seu amado marido. O mundo sem ele não tinha graça e nunca teria. Como riam os dois, como caminhavam pelos campos e corriam e brincavam na neve, como o amor dele tornava a vida dela leve e fascinante.

"O tal traste está enfim enterrado; agora, às delícias com a viuvinha!", suspirou de alívio e prazer o soberano no fim do ritual, dando as costas à morte e já todo aceso para gozar a vida. Precisava domá-la rapidamente para retomar o seu controle e prevenir-se para nunca mais deparar com situações tão embaraçosas, sobre as quais não tinha comando total.

Mas eis que então, diante de seus olhos dilatados de desejo, Meng Chiang-nu, tão logo viu o marido enterrado, fez uma lenta, longa e profunda reverência diante do túmulo e, de repente, precipitou-se com um salto nas águas escuras e profundas do rio. Foi tragada pela correnteza num piscar de olhos, com seus magníficos trajes, joias e leques, e desapareceu antes que alguém pudesse fazer um único gesto.

Como se atingido por um raio, no choque da surpresa, o imperador sequer conseguiu articular uma ordem. No tempo de um relâmpago ele se perdeu, sem definição, nem lógica, de saudades do que não acontecera. Os deuses decidiram que ele não a teria para toda a eternidade, deixando-lhe na boca um gosto amargo de quem não comeu o doce. Desvaneceu-se então a imagem, como num sonho, e a realidade brindou-o com a dura razão. Tomou prumo e se refez do susto e da emoção, vociferando numa voz alta e rascante:

– Peguem-na, seus imbecis! Incompetentes! Tirem-na já da água! Eu a quero aqui! Agora! – gritava histericamente, recusando-se a acreditar nas evidências.

Muitos se jogaram, mesmo que de nada adiantasse. Debalde a procuravam, e nenhum retornou. Sumiram todos com a viúva, transformada em um peixe prateado e sumindo da vista de todos nas profundezas das águas verde-azuladas. Assim, Meng Chiang-nu encontrou uma saída contra a muralha da tirania.

Como convencer um cavalo a vencer a corrida

REI PERDE MONOPÓLIO DE VITÓRIAS

No século IV a.C., a China encontrava-se no Período dos Reinos Combatentes, época em que, como o próprio nome diz, sofreu terríveis e sucessivas guerras.

Funcionário do Reino Wei, Sun Bin foi perseguido por seu colega Pang Juan e salvo pelo enviado especial do reino Qi. Logo após a chegada ao reino Qi, o enviado especial apresentou-o ao general Tian Ji, e este pediu que Sun Bin lhe ensinasse a arte de guerra. Durante três dias e três noites, Sun Bin repassou seus conhecimentos ao general, sem qualquer espécie de arrogância, como costuma ser com aqueles que detêm o verdadeiro saber.

– Você conquistou o meu respeito, Sun Bin – disse Tian Ji, numa profunda e lenta reverência ao seu professor.

A partir de então, Tian Ji passou a tratar Sun Bin como seu respeitável hóspede, e este, em contrapartida, elaborava as estratégias do general. Suas diversões prediletas como nobres do reino Qi eram as corridas de cavalo. O rei e seus ministros eram afeitos a esse esporte e costumavam apostar alto. Muito alto! Tian Ji já era reincidente em perder e sempre retornava para casa abatido e triste. Da última vez, entretanto, ficara inconsolável como se tivesse perdido um ente querido.

– É apenas uma corrida de cavalos – animou-o Sun Bin ao vê-lo tão arrasado.

– Mas é tão importante para mim ganhar a corrida ao menos uma vez na vida... – respondeu ele, os olhos úmidos.

– Da próxima vez, vou junto para ajudá-lo a garantir a vitória – decidiu-se o discípulo, pronto a ajudar o mestre.

Assim, na vez seguinte, Sun Bin acompanhou Tian Ji para assistir à corrida. No local onde todos se aglomeravam, Sun Bin ficou sabendo que os cavalos eram divididos em três categorias: superior, médio e inferior, de acordo com a sua velocidade. O que ganhasse duas das três corridas obteria a vitória na competição.

Depois de uma observação detalhada, Sun Bin descobriu que os cavalos de Tian Ji não tinham importantes diferenças: eram bons. Ruim era a tática dele.

– General, o senhor pode ficar tranquilo – disse a Tian Ji. – Já tenho uma saída para que vença.

Tian Ji ficou muito satisfeito e convidou o soberano para a competição, fazendo um lance de mil taéis de ouro. O rei nunca havia perdido para Tian Ji e aceitou a aposta sem hesitar. Antes da competição, seguindo a instrução de Sun Bin, Tian Ji enfeitou seu cavalo, de categoria inferior, com adornos de equino da superior. Na competição de categoria superior, o cavalo do rei abriu grande vantagem sobre o de Tian Ji. O rei ganhou a primeira. Na segunda, Tian Ji enviou seu cavalo da categoria superior para enfrentar o cavalo da categoria média. Aos brados dos espectadores, o cavalo de Tian Ji correu na frente daquele no qual o rei apostara e cruzou a linha final em primeiro lugar. Na prova final, Tian Ji mandou o cavalo médio para rivalizar com aquele da categoria inferior do rei. Desbancando o rei, Tian Ji ganhou por 2 a 1.

O rei, muito surpreso, questionava de onde o general havia obtido cavalos tão eficientes. Tian Ji disse que sua vitória fora tática, atribuída à sabedoria de Sun Bin. O rei, então, convocou este imediatamente, para que fosse ao palácio esclarecer seus métodos.

– Simples: no caso do equilíbrio de forças entre rivais, uma boa estratégia faz uma grande diferença – respondeu, angariando assim um alto cargo de conselheiro militar do rei.

Os três Genjias: o carpinteiro, o mordomo e o patrão

O FEITIÇO VIRA CONTRA O FEITICEIRO

Esta lenda tibetana que faz parte da cultura chinesa originou-se em Sichuan – província no Sudoeste da China.

Certa vez, em certo lugar, viviam três homens com o mesmo nome. Chamavam-se Genjia. Um deles era carpinteiro; o outro, mordomo; e o terceiro era o patrão de ambos. Genjia, o carpinteiro, era casado com uma mulher belíssima, o pivô da história, já que Genjia, o mordomo, estava apaixonado por ela e a cobiçava dia e noite. Já Genjia, o patrão, foi o responsável, ainda que involuntariamente, pelos acontecimentos a seguir.

– Preciso encontrar uma forma de manter esta belezura presa a mim, nem que seja por uma dívida de gratidão, por necessidade financeira ou por culpa – repetia, dia e noite, o mordomo. – Hei de inventar uma forma de deixá-la tão confusa, desgarrada e na miséria que será obrigada a recorrer a mim e vir comer bem aqui na minha mão, como um cão faminto.

Mas a mulher do carpinteiro Genjia era muito honesta e mantinha-se sempre a uma respeitável distância desse suspeito admirador, recusando seus presentes e suas investidas com firmeza. Se antes o mordomo era apaixonado pela esposa do homônimo, com a recusa dela passou a ficar obcecado. Parecia alimentar-se da indiferença e da atitude distante da bela senhora. Sua obsessão chegou a tal ponto que, vendo frustradas todas as suas investidas, decidiu matar o marido, acreditando que assim a teria para si. Então passou a matutar, dia e noite, uma forma de cometer o crime perfeito.

Certo dia, morreu o pai do patrão Genjia, e o mordomo viu nisso uma oportunidade de ouro para eliminar o carpinteiro. Fazia parte de seu macabro plano estudar, em segredo, a caligrafia das escrituras budistas até reproduzir com perfeição o estilo da época em que foram escritas. Redigiu, então, um documento neste mesmo estilo e o entregou ao chefe, dizendo:

— Mestre, encontrei aqui um antigo documento. Dele nada entendi, então o trouxe aqui para que o senhor mande decifrar.

Impressionado por ter em mãos um pergaminho que parecia tão antigo, Genjia, o chefe, passou-o solenemente para ser interpretado pelo seu secretário, encarregado de decodificar documentos.

— Esta mensagem é do velho chefe, seu pai — disse o secretário, após a leitura. — Ele diz aqui que subiu ao céu e lá se encontra servindo aos deuses. Avisa que está tudo bem, mas que lhe falta uma mansão oficial. Pede ao senhor, Mestre, que lhe envie um carpinteiro, o mais hábil dentre todos, para dirigir a construção da tal mansão celestial.

Emocionado até as lágrimas, Genjia, o chefe, mandou chamar Genjia, o carpinteiro, e mostrou a ele a mensagem:

— Neste documento — disse ele —, meu pai pede que eu envie o mais hábil dos carpinteiros para lhe construir uma mansão lá no alto. É você, Genjia, o escolhido. Peço que vá para o céu imediatamente, para construir a mansão de meu pai.

— Como eu ousaria desobedecer a uma ordem sua, Mestre? — disse o carpinteiro, no impacto do inaudito. — Apenas peço um tempo para me despedir dos meus familiares e me preparar para tão longa viagem.

— É justo, de quanto tempo precisa?

— Sete dias está perfeito. Após esse tempo, pode-se fazer um ritual de queima de galhos de cânhamo atrás da minha casa e então subirei aos céus.

Genjia, o chefe, considerou esse pedido razoável e de boa vontade concordou.

O carpinteiro saiu dali aparvalhado e tonto, como se tivesse caído de cabeça, e foi imediatamente fazer investigações por sua própria conta, para ver de que raios se tratava tudo aquilo. Acabou descobrindo que o tal documento antigo fora encontrado por Genjia, o mordomo. Somou dois e dois e concluiu que devia ser uma sinistra conspiração do mordomo contra ele. Mas por que ele faria isso? Não tinha resposta alguma a essa pergunta.

— A coisa mais absurda que você pode imaginar aconteceu comigo hoje – disse o carpinteiro a sua mulher assim que chegou em casa. – O chefe quer que eu vá ao céu construir uma mansão para o seu velho pai.

— Bem, chegou a hora de dizer não ao chefe, então – disse ela muito tensa, pois sabia que o marido não faria isso.

— Seria inútil tentar desobedecê-lo. Fui investigar e descobri que foi tudo uma armação de Genjia, o mordomo, contra mim.

— Ah! O maldito canalha! – disse a mulher, avermelhando-se de indignação e sentindo uma onda de emoções em relação ao mordomo ao mesmo tempo, ainda que nenhuma delas envolvesse piedade. – Ninguém pode obrigar você a aceitar tão estapafúrdia tarefa.

— Pensei muito e descobri que há um caminho para sair dessa emboscada com vida. Concordei em ir, mas pedi um prazo de sete dias ao mestre e também que, na minha ascensão aos céus, fosse realizada uma cerimônia de queima de galhos de cânhamo atrás de nossa casa. Durante este período, nós dois teremos tempo de ir cavando um túnel, na calada da noite, que vá do quintal até o nosso quarto. Assim que se efetuar a queima dos galhos eu desapareço em meio à fumaça pelo túnel abaixo e me oculto no nosso quarto durante um ano, enquanto encontro uma maneira de me vingar desse bastardo traidor.

— A ideia é ótima e tem tudo para dar certo! – disse a mulher, com a sadia cor amarela voltando-lhe às faces, e planejaram tudo em detalhes.

Assim, a cada cair da noite, o casal cavava com avidez o túnel, em segredo. No sétimo dia o trabalho foi plenamente concluído. Fecharam a entrada com uma laje de pedra e espalharam terra sobre ela, de modo que ninguém percebesse nada.

— Chegou o seu dia de ascender aos céus! – disse o chefe Genjia ao carpinteiro Genjia no oitavo dia.

Todo o povo da cidade aglomerou-se em volta da casa do carpinteiro para assistir ao singular evento. À frente de todos, o mordomo Genjia, muito satisfeito. O chefe chegou em seguida, acompanhado de uma comitiva de anciãos e pessoas importantes da região para comprovar a veracidade e a validade do fato. Tudo ao som retumbante de trombetas e tambores.

Assim que o chefe chegou, ordenou que fosse feita uma pilha de madeira de cânhamo atrás da casa e que o carpinteiro Genjia levasse sua caixa de ferramentas por cima do ombro, carregasse sua mala e entrasse na armação, pronta para virar fogueira. O mordomo assistia a tudo disfarçando sua satisfação, mas sem conseguir tirar os olhos acesos da futura viúva, que já considerava sua mulher.

"A quem sabe esperar, o tempo abre as portas", pensava o trapaceiro. "Logo, logo você vai perder essa pose de mulherzinha difícil e inatingível. Quando as dificuldades de uma viúva começarem a surgir, ficará dócil como um cordeirinho faminto. E então entrarei eu, gentil e generoso. Mas tudo tem um preço: a minha humilhante espera de agora terá uma desforra quadriplicada amanhã", pensou, já sentindo esfriar um pouco seu ardor por ela e perdendo um pouco do seu interesse ao sabê-la brevemente à mão. Por um momento, chegou mesmo a enjoar dela. "Tomara que não seja daquelas mulheres que grudam na gente e das quais não conseguimos nunca mais nos livrar. Já pensou se eu me apaixono por outra e fico com esta no meu pé, viúva e sem ter aonde ir?"

Foi solicitado ao carpinteiro que ficasse no meio do pátio e, assim que ele o fez, atiçaram fogo na lenha. Todos observavam com curiosidade a fumaça que levaria o bom carpinteiro diretamente ao céu.

"Só falta o covarde começar a gritar de terror e desistir na última hora, estragando todos os meus planos", cogitou o mordomo, com sua cara deslavada, tão logo a fogueira foi acesa. A ideia reacendeu seu desejo pela viúva com tal intensidade que o impulsionou a gritar com histeria, atiçando a multidão a se inflamar mais do que a fogueira:

– Vamos lá, pessoal! Soprem suas cornetas! Rufem os tambores! Riso e alegria, gente! Alegria! O carpinteiro está em seu caminho para o céu, a fim de construir a mansão do nosso velho chefe. Não é uma coisa maravilhosa? Regozijem-se! – extasiava-se o mordomo, imperturbável em sua arrogância, menosprezando a capacidade do adversário: saboreava o fato de que, neste crime, nem uma mancha de sangue lhe seria imputada.

O chefe Genjia notou o entusiasmo do mordomo com curiosidade enquanto ele apontava alegremente para a fumaça e dizia, com olhos esbugalhados:

– Mestre, alegre-se, Genjia, o carpinteiro está a caminho do céu!

O chefe ficou encantado.

A fumaça subia diretamente ao céu, ao encontro do seu velho pai. Mas o carpinteiro Genjia descia discretamente pelo túnel e voltava para o seu próprio quarto. Vestiu o pijama durante um ano, e os quimonos de passeio ficaram jogados num canto, às traças. Confinou-se em casa durante um ano inteiro, o marido da suposta viúva, praticando diligentemente a caligrafia das escrituras budistas, com o intuito de preparar um documento escrito com um estilo autêntico. Agora, valia a lei do mais arguto e perspicaz.

A esposa, por sua vez, além de ter que se livrar constantemente do assédio do mordomo, viu-se obrigada a trabalhar duramente para conseguir o leite, o arroz e os demais alimentos, para ela e o marido, uma vez que o dinheiro não entrava mais na casa pelas mãos do antigo provedor.

– Ah, canalha-infame-bastardo! – repetia ela a cada investida do mordomo, fugindo apressada, descabelada, alvoroçada e exausta: que os deuses a salvassem e que nunca fosse vencida.

Mas o mordomo a considerava ainda mais sedutora após ter concluído que, com marido ou sem marido, ela jamais seria sua. Na sua frustração, serpenteava enfadado pelas camas alheias, com o pensamento voltado para a mulher ausente.

* * *

No dia em que se completou um ano da sua "subida aos céus", o morto retornou, surgindo no exato lugar onde hipoteticamente havia sido queimado. Voltava com o mesmo conjunto de ferramentas em seu ombro, a mesma roupa e o mesmo saco na mão.

– Ei, pessoal! – ele gritou. – Voltei do céu!

A esposa saiu de casa e, com lágrimas nos olhos, fingiu estar no auge da emoção e surpresa, atraindo um aglomerado de curiosos em volta da novidade.

Logo a boa-nova chegou aos ouvidos do chefe, que correu exultante até a casa do funcionário, curioso e aflitíssimo para saber as novidades sobre o reino celeste e seu velho pai. Deu ao recém-chegado uma recepção de herói, com cornetas, tambores e tudo a que tinha direito, e convidou-o para passar uma temporada em sua mansão. Ele queria saber tudo *tim-tim por tim-tim.*

– Durante todo o tempo em que estive construindo a mansão oficial no céu – disse Genjia, o carpinteiro, numa voz grave e solene –, o velho chefe me tratou com todo carinho e respeito, assim como o senhor sempre fez comigo, mestre. É por isso que estou tão bem. A construção foi concluída com sucesso absoluto. Seu pai tem agora lá no céu uma belíssima mansão, dez vezes o tamanho de um castelo aqui na terra. Mas uma coisa lhe falta lá: um mordomo, ou seja, seu antigo e fiel criado Genjia. Seu pai deseja ardentemente que o criado suba ao céu e vá gerir a sua casa durante um período suficiente até que tudo fique em ordem. Depois, como aconteceu comigo, ele poderá retornar. Seu pai mandou-lhe isto – e estendeu-lhe o documento que ele mesmo redigira.

Com mãos trêmulas de emoção, o patrão Genjia pegou o documento e passou-o ao seu secretário, que o leu e deixou o chefe totalmente convencido da veracidade da história.

– Bem, caro mordomo, chegou sua hora de ir trabalhar para o seu velho chefe em sua mansão recém-construída no céu – disse o patrão, todo feliz, para o criado.

Quando o vigarista viu o carpinteiro em pé à sua frente, inteiro e feliz após sua "subida ao céu", e quando ouviu a descrição vívida do céu dada por ele, ficou confuso, sem saber bem o que pensar, e passou a duvidar da própria sanidade. A pluralidade da perfídia o fez temeroso.

"Devo ter algum tipo de poder mágico, talvez", cogitou, por fim. "Foi ideia minha o carpinteiro ir para o céu, e isso ele fez. Vi com os meus próprios olhos! Se aquele idiota pode voltar, eu também posso. Parece ser algo muito simples e natural, e tudo indica ter mesmo o velho chefe uma nova mansão lá. Logo estarei de volta, após uma aventura de tirar o fôlego e ainda com a possibilidade de descobrir no céu uma forma infalível de fazer aquela mulher ser minha."

– Irei, conforme a sua vontade – respondeu por fim o mordomo, resoluto. – Peço, apenas, sete dias para ficar pronto e uma cerimônia de queima de galho a ser realizada no campo de cânhamo atrás de minha casa para que eu ascenda ao céu – disse, imitando os passos do rival, para garantir.

No oitavo dia, arremedando o ritual do carpinteiro Genjia, o mordomo Genjia ficou no meio dos feixes de lenha com uma caixa no ombro, uma mala na mão e um sorriso cínico na cara. Como na ocasião anterior, houve um grande estrondo de cornetas e tambores, quando então o chefe deu ordem para acender a fogueira e fazer a fumaça subir, levando o mordomo ao céu.

Assim que as labaredas tocaram o corpo do mordomo, o sorriso morreu-lhe nos lábios e, entre gritos de desespero e pavor, em nada imitando o silêncio e a abnegação do Genjia carpinteiro, seu corpo foi consumido pelas chamas. Quando a fogueira se apagou, uma pilha de ossos carbonizados foi encontrada entre as cinzas, e o mordomo nunca mais retornou.

Um ano depois, o povo se aglomerou em frente à casa do mordomo à espera de sua volta – em vão.

– Deve ter gostado tanto de ser mordomo de meu velho pai no céu que não quis mais retornar – deduziu o chefe, com os olhos marejados de emoção, falando ao carpinteiro que também aguardava ali.

– Sim, deve ter gostado muito de lá – respondeu Genjia, numa piscadela de cumplicidade para a mulher.

Pensando bem, o mal viera em seu benefício.

Foi assim que restaram na terra apenas dois dos três Genjia, pois aquele que era desleal não teve como fugir da força dos deuses e virou fumaça – literalmente. Seus infortúnios foram fruto da sua ignorância e traição.

O POTRO DE OURO E O QUIMONO DO DRAGÃO

O ENGANADOR É ENGANADO

Esta seria apenas mais uma história comum da tirania subjugando os desavisados, os fracos e os menos favorecidos, não fosse por um singular personagem apelidado de Língua Afiada, que deu uma guinada na sua sorte e na dos camponeses famintos.

Nos duros tempos na Antiga China, uma terrível seca assolava a terra, intercalada com as enchentes e os incêndios. Os camponeses viviam eternamente entre a cruz e a espada, lutando de sol a sol para ganhar o arroz de cada dia, sem nunca conseguir juntar um único grão de reserva.

Como costuma acontecer nos momentos de desgraça, há sempre uma ave de rapina por perto para se beneficiar. Nesta lenda, o abutre atendia pelo nome de vossa excelência, o senhorio. Esse ilustre senhor cobiçava o dinheiro e as riquezas, ainda mais do que Pi Xie – o descendente de dragões que tinha tal apetite pelo metal dourado que chegava a devorá-lo, literalmente. Esse senhor, no caso, litigava por uma moeda e, aos seus cobiçosos olhos, a menor delas parecia tão grande como uma pedra de moinho. Surrupiava até seus próprios pertences, para não perder o hábito. Estava sempre à cata de uma nova forma de ganhar dinheiro e encher os seus celeiros, desde que fosse às custas dos outros, principalmente dos pobres e oprimidos. Inteirava-se sobre tudo e todos, soltando a corda para cada um se enforcar por deliberação própria. Para isso dependia de manter os camponeses sob seu jugo, e as calamidades do tempo vinham sempre em seu favor. Jamais se viu país com mais flagelo nem alguém usufruir disso em seu favor com tamanha desfaçatez e abuso. Seus apelidos eram muitos, mas o que mais pegou foi "Avarento".

Num certo ano, o período de seca foi além da mais negra perspectiva: devastou regiões inteiras, destruindo todas as colheitas, os animais e esterilizando a terra. Era inesperado, ninguém tinha sequer resquício de experiência de como agir em tal calamidade. Bastava ver os movimentos confusos e inesperados daquela gente. Iam de cá para lá e de lá para cá quase mudos diante da desgraça que os abatia. As mulheres imploravam ajuda aos deuses enquanto catavam raízes na terra, mais seca e árida que areia de ampulheta.

– Tu Di Gong, deus das boas colheitas, não permita que nossa desgraça chegue ao ponto de ficarmos nas mãos do Avarento. Nem mesmo um de nós suportaria isso! – suplicavam a uma só voz, cavando a terra com a avidez dos cães desenterrando os últimos ossos.

Mas, com o tempo, até mesmo esses míseros víveres, raízes e cascas de árvores, foram sumindo. A fome os levou a deixar de lado o orgulho e fazer exatamente o que mais temiam: pedir um empréstimo de grãos ao mais mesquinho dos homens, cujos celeiros de todos os tamanhos estavam abarrotados dos mais magníficos cereais, além de grande quantidade de grãos de rebrota e até farinha cheia de vermes.

– Malditos vagabundos maltrapilhos, sumam daqui! – foi o que lhes jogou nas barbas o pão-duro, batendo a porta com estrondo, assim que soube a que vieram. – Se querem meus víveres, paguem o preço que peço.

– Empreste-nos ao menos os grãos estragados e bichados que estão nos celeiros – implorou alguém, metendo as unhas na porta como um gato encurralado, mas a voz lhe saiu tão baixa que o verme do senhorio nem ouviu.

Vencidos e humilhados na sua indigência, retornaram sobre seus próprios passos, de barriga e mãos vazias, com os desaforos ainda ecoando em seus ouvidos.

– A fome está tirando toda a nossa dignidade, eis a verdade – concluíram, por fim.

– Vamos reagir, gente... – disse um deles, que tinha o apelido de Língua Afiada, ao ver todos arrastando os trapos, de olhos postos no chão como um exército que retorna à pátria vencido e sem armas.

Ninguém respondeu. Sequer se deram ao trabalho de erguer os olhos ante o otimismo sem fundamento daquele camponês falante, cujo papo rendera-lhe tal codinome. Corriam boatos de que era tão bom de conversa que convencia até os mortos nas suas tumbas. Os falecidos se deixavam convencer porque estavam descansados do sono eterno, mas esses homens só dariam ouvidos ao som de um prato de arroz posto diante da boca esfomeada de seus filhos.

– Tive uma ideia! – disse o Língua Afiada, estalando dois dedos no ar, indiferente à apatia dos demais. – Mas é preciso reunir alguns lingotes de prata e conseguir um cavalo.

Ninguém se moveu ou respondeu. Amealharam uma vida para perder tudo em uma seca e uma enchente e era só nisso que pensavam. Mas o eloquente não necessitava do aval de ninguém, e fazer justiça era o seu ponto forte. Isso ninguém tirava dele. Com as mãos tão ligeiras como a língua, logo deu um jeito de conseguir um jumento magro e mal nutrido como eles mesmos. Era só saber tirar proveito de tudo, afirmava a cada passo. Mesmo desgostosos acabariam por aderir a sua ideia. Era afeito às interações sociais.

Fracassaria, todos sabiam. Assim que tiveram o animal diante de si, salivaram, quase devorando-o com os olhos, e não foi sem grande esforço e lábia que o Língua Afiada os convenceu a suportarem a fome por mais algumas horas apenas e que o gosto da vingança seria mais saboroso do que mil pratos de arroz e macarrão frito juntos.

– Uma reviravolta nos fará vitoriosos – afirmou ele, confiante em suas artimanhas e em sempre ter respostas à ponta da língua.

Assim, num avesso ao ditado que diz que cão que ladra não morde, se foi o Língua Afiada, auxiliado por alguns gatos pingados, pôr mãos à obra no plano que fervilhava na sua mente: recheou de prata o traseiro do espantado jumento e depois rolhou-o com um chumaço de algodão. Em seguida, montou no animal e saiu, pisando macio e a lento trote, para fazer uma visita ao Avarento.

Ao vê-lo entrar com o sujo e velho jumento no seu magnífico jardim, o sovina foi tomado de uma fúria tão insana que o fez tremer dos pés até o seu longo e torcido bigode à Dali. Apoplético, gritou a seus criados:

– Retirem do meu território esses dois asnos imundos e matem--nos.

– Por favor, mestre, fale baixo – sussurrou o Língua Afiada, serenamente. – Se assustar o meu cavalo sagrado e ele fugir, o senhor não terá como reparar os prejuízos sem ter que vender tudo o que possui e ainda haverá de se ver com os deuses.

– Feche esta matraca, falastrão desgraçado! – urrou o Avarento. – Esse animal fedorento não vale o capim que come, e os deuses nada têm a ver com suas maracutaias.

– Aparentemente não vale nada mesmo, exceto quando defeca, liberando os lingotes de ouro e prata que carrega em suas valiosas entranhas – disse Língua Afiada com a picardia de um jogador de palavras, fazendo estacar os dois gigantes que já iam linchá-lo porta afora.

Bateu forte o coração do senhorio. Sua fúria evaporou-se no mesmo instante, cego a tudo o mais que não aquela maravilhosa novidade: ouro. Paspalho às raias da complacência, seus olhos ficaram vidrados, sua boca emudeceu, mas em compensação seu coração não tinha mais paredes e se expandia até os limites.

– Parem aí! Não os expulsem ainda! – conseguiu, enfim, gritar aparvalhado. – O que você disse? Ouro?

– Sim, ouro – respondeu o Língua Afiada, sentindo que os ventos tinham mudado a seu favor, baseado nas experiências da linha dura da sua vida e na convivência com ventos em contrário. – Ocorre que sonhei com um velho de barba branca e longa, como de um imortal, que me disse: "Língua Afiada, o jumentinho celeste que foi usado para transportar prata e lingotes de ouro para o Deus da Riqueza foi enviado para a Terra. Vá para o nordeste e encontre-o que você fará grandes fortunas. Quando o animal evacua, de suas entranhas saem ouro e prata". Dizendo isso, o velho me deu um safanão, e eu acordei.

– Como assim? – perguntou o sovina, aproximando-se, mãos e dedos pululando ávidos de ganância.

O camponês respirou fundo e soltou o verbo:

– Como eu ia dizendo, virei para o outro lado e adormeci novamente. Mas assim que tornei a fechar os olhos, o barbudo reapareceu no sonho e deu-me um cutucão, dizendo: "Corra para lá agora mesmo antes que o cavalo caia em outras mãos!". E deu-me tal sacudidela que me acordou de vez.

– E você quer que eu acredite nisso?

– Também não levei o sonho a sério – acrescentou, e foi dizendo palavra por palavra como numa leitura, mal parecendo um mero lavrador. – Mas, meio atarantado, enfiei minhas roupas às pressas e saí. Vi, então, do lado nordeste uma bola de fogo. Segui nessa direção e eis que avistei um jumentinho, pastando tranquilo. Levei-o para casa e imediatamente queimei incenso. Assim que o acendi, o potro começou a defecar lingotes de ouro e prata.

– Por Fu Hsing, o deus da sorte e da riqueza! Esta fera produz lingotes de ouro e prata, de verdade? – e se pôs a fitar cobiçosamente o traseiro do jumento: era bom demais para ser verdade.

– Para saber se o saquê é bom, é preciso prová-lo – respondeu o Língua Afiada. – Vou provar agora mesmo que este nobre animal celeste está tão recheado de ouro e prata como a arca de um arquimilionário. Basta dar-me um acendedor para que eu acenda um incenso e ele evacuará.

– Tragam um acendedor, não ouviram o que mandou o Língua Afiada? – gritou para dentro de casa, e logo o dono do jumento tinha em mãos um acendedor e uma grande plateia a assisti-lo.

Mesmo diante de estranhos, ele não se intimidava: havia construído seu caráter dia a dia para enfrentar todo tipo de entraves que surgissem, tendo viajado o bastante para proclamar-se grande conhecedor. Assim, discorria em perfeito mandarim as vantagens daquele burrico à sua frente, e todos assentiam a suas eloquentes palavras. Sua verdade era uma vestimenta. Dizia a que vinha. Soltava o verbo. Calavam-se todos, hipnotizados pelo seu tom lento e grave.

Calou-se, enfim, o Língua Afiada e queimou o incenso, puxando discretamente o chumaço de algodão do traseiro do bicho – e os lingotes de ouro e prata tilintaram no prato, um por um.

– Por Zhao Gongming e seu tigre da riqueza! Ouro e prata! – extasiou-se o Avarento, invocando o deus da fortuna, cego para tudo mais. – Quanto ele produz por dia? – perguntou, já totalmente crédulo.

– Três ou quatro taéis diários. Isso para mim, que sou gente do povo, sem muita sorte. Mas o velho do meu sonho afirmou que se o animal conhecer um nobre de sorte poderá produzir de trinta a quarenta taéis.

"Eu sou este sortudo, por Qilin!", pensou o Sovina, sem conseguir conter sua ansiedade. "Com a minha facilidade em acumular dinheiro, tenho certeza de que assim que comprar este animal o dinheiro virá até mim, bem mais do que vinte taéis por dia. Isso significa 600 taéis em um mês e 7,2 mil por ano", calculou bem rapidinho.

Quanto mais aumentava o seu montante, mais ele acreditava no fato e mais crescia sua afeição pelo jumento, que já recebia suas carícias mesmo sujo e emporcalhado. "Se Wong Tai Sin pode transformar pedras em ovelhas, porque um imortal não pode fazer um animal defecar ouro e riquezas?", era sua dedução.

– Vamos negociar. Quanto quer por ele? – e tascou um beijo no animal com a ternura de um mago com seu corvo de estimação.

– Desculpe, mas não posso vender um presente que ganhei dos céus! Espero que o senhor entenda... O sonho demonstra claramente isso.

– O velho do sonho por um acaso lhe ordenou que não o vendesse? – retrucou o Sovina, praguejando a altos brados, como de hábito.

– Bem... ordenar, ordenar... não ordenou – disse o camponês, fingindo-se atemorizado com os berros. – Mas... presente é presente.

– Dê-me o seu preço, Língua Afiada, e não se fala mais nisso – negociou, numa obstinação ferrenha. – Você está fazendo um negócio da China, pois receberá de mim um monte de dinheiro de uma vez só em vez de uns pingados do seu jumento. Quanto incenso haverá de gastar para que o bicho lhe pingue umas moedinhas?

– Não sei, não... Isso me parece um terrível conspurco aos deuses – respondeu o outro, coçando a barba negra, fingindo má vontade.

O vacilo do outro acendeu a vontade do Sovina, que cobiçou o asno com todo o seu ser e, na urgente ânsia, usou de todos os argumentos possíveis para convencer o manipulador, prometendo pagar-lhe qualquer preço.

O Língua Afiada suspirou, resignado:

– Minha sorte é evidentemente pior do que a sua. Vou vendê-lo. Mas não quero prata ou ouro. Basta que me dê trinta alqueires de arroz.

– Negócio fechado! – disse o comprador, que, sabendo-se bom político com a negociação do produto, acrescentou: – Não há risco algum para ti e nem como voltar atrás.

– *Chih Nii*! – disse o Língua Afiada, desejando-lhe boa sorte.

Apoderou-se dos grãos e foi-se embora para distribuí-los com parcimônia entre os sofridos camponeses.

Nunca, em performance alguma, tantos homens e mulheres abriram os olhos e a boca em tão perfeita sintonia. Eram a surpresa e a reabilitação juntas, numa gratidão coletiva.

– Nosso herói! Nosso salvador! – falavam a uma só voz. – Você é genial!

– Que é isso! – respondia ele todo ancho, afirmando que geniais eram os que trabalhavam de chuva a chuva, ele era apenas um simples tagarela.

Comeram todos e tão bem que os ânimos voltaram aos corpos, a alegria ao coração e os sorrisos aos rostos. O seu arroz, embora parco, dava-lhes forças incalculáveis. De ânimos refeitos, sentiam-se agora mais felizes e unidos. Quem diria que daria para tirar proveito da desgraça! Quem diria que um vento insano viria em seus socorros! Nunca pensaram em ver resultados bons na desgraça. E o agradecimento de todos ao Língua Afiada brotava de seus lábios como torrente: era o espírito de solidariedade que se manifestava e que valia tanto.

Colocaram os chapéus de cone e saíram para o campo a arar a terra, sem o luxo de repousos requintados. Seriam mais previdentes no futuro e amealhariam provisões com o benefício de seu amado benfeitor, prometiam todos em silêncio.

– Estou tão agradecido aos deuses – disse alguém, de súbito, com as mãos na terra e os olhos no céu – que não me espantaria se desabasse hoje uma chuva daquelas que encharca e fertiliza a terra, fazendo brotar o arroz.

Os camponeses estavam satisfeitos, mas não chegavam aos pés da euforia do comprador do asno. Ele ria à toa andando em volta de sua última aquisição. De repente, estacou, tomado de um verdadeiro pavor, e seu coração quase parou no peito ante um temor que brotou ali: e se alguém lhe roubasse esta galinha dos ovos de ouro?

Esta dúvida lhe deu ligeireza nos pés e ele se pôs a andar de um lado a outro no pátio, ora amarrando o burro num lado, ora em outro que considerava mais seguro. Finalmente, decidiu-se a levá-lo para dentro de casa e amarrá-lo em sua própria sala, onde estaria seguro sob sua vigilância. Ordenou que colocassem um tapete vermelho no chão e trouxessem um queimador de incenso.

Tudo a postos, mandou toda a família reunir-se em volta do jumento.

– Vocês terão o prazer de serem os primeiros a ver o meu último e maior investimento – disse numa chuva de perdigotos, contando em poucas palavras tudo sobre aquele bicho que produzia ouro e prata.

Todos ficaram em volta, de olhos vidrados no traseiro do animal, na expectativa de que a qualquer momento fosse ter início a valiosa produção. Mas como o pobre jumento não se alimentava há dias, nada evacuava. Após uma pequena espera, o Avarento se pôs a sacudir o asno, com as duas mãos na sua anca como uma parteira em trabalho de parto. O jumento arreganhava os dentes sujos e podres, parecendo sorrir-lhe com escárnio, e nem uma única moeda caía daquele cofre de portas fechadas.

Finalmente, à meia-noite, o cofre abriu as pernas, e a alegria do Avarento foi maior do que se fosse a sua concubina preferida a fazê-lo.

– Prestem atenção! Assistam! – disse o senhorio, fazendo figura para a plateia – Esta criatura dos céus vai defecar ouro e prata.

As caras eram de incredulidade e ele, afoito para provar o que dizia, voltou-se inteiramente para o som que vinha do traseiro do animal. Ao primeiro ruído, prontamente estendeu uma bandeja laqueada, segurando-a logo abaixo do rabo do jumento. Esperou por longo tempo. Mas nada aconteceu.

– Defeca! Defeca, meu queridinho! – implorava numa ansiedade incontida de criatura com prisão de ventre, fazendo surgir um sulco de desconfiança na testa por parte dos que o cercavam, duvidando de sua sanidade mental.

Mas a demora era tanta que o Avarento, sem conseguir conter sua aflição, levantou a cauda do bicho, curvou-se e olhou para cima. Houve um súbito "splash", e antes que o Sovina pudesse fazer um único gesto o jumento já tinha se esvaziado sobre sua abismada cara. O "ouro negro" correu-lhe pescoço abaixo e por trás da cabeça, cobrindo todo o seu corpo e infestando a sala com um insuportável cheiro que fez todos recuarem, tapando o nariz com a mão.

Foi um banho tão malcheiroso que o Avarento, após o choque da surpresa, se pôs a vomitar até as tripas, enquanto o cavalo urinava rios de líquido, encharcando o magnífico tapete vermelho, fedendo o assoalho, as paredes e o teto. Quando teve fim seu descontrolado vômito, mas não o acesso de fúria, o Avarento tomou da sua afiadíssima espada e decapitou o cavalo com uma única cutilada.

– Por Yanluo, o juiz infernal! – berrou o avarento. – Tragam-me imediatamente o Língua Afiada para que eu o mate também, como fiz com seu asqueroso animal! – ordenou a seus homens.

Os serviçais saíram à caça do trapaceiro, procurando por ele de cima a baixo da aldeia. Mas voltaram de mãos vazias, dizendo que se havia uma coisa que Língua Afiada sabia fazer melhor ainda do que papaguear era enganar e se esconder.

— Eu quero aquele vigarista morto e empalado! — berrava o Avarento, em vão, com um ódio mortal que lhe tomava até a medula dos ossos.

O embusteiro havia se evaporado no ar como a fumaça do incenso, com o apoio de todos os camponeses. Não havia nada que o sovina pudesse fazer a não ser mandar espiões e uma escolta de homens no seu encalço, dia e noite, e ficar aguardando, espumando de ódio e praguejando, na espera de que, mais dia, menos dia, trouxessem-no até ele.

Mas os dias se passavam, sua vontade não era satisfeita, e seu dinheiro estava todo sendo gasto nessa busca inútil. O inverno chegara, e o Língua Solta ainda não havia sido encontrado. O Avarento já estava quase cancelando as buscas, desanimadamente, quando, certo dia, trouxeram-lhe o foragido, de língua de fora.

Assim que se viu frente a frente com seu arqui-inimigo, o Sovina cuspiu, rangeu os dentes, gargalhou na sua cara e dançou à sua volta. Não sabia qual tortura impingir-lhe primeiro. Tudo lhe vinha à mente, desde decepar-lhe a língua até outros mais importantes órgãos. Mas o frio daquele rigoroso inverno era tão forte que o lembrou das torturas dos tártaros infernais. Entre grosseiras gargalhadas, ordenou a seus lacaios que o deixassem nu de todas as suas roupas quentes para que o bastardo congelasse até a morte.

— Trancafiem-no no moinho. Congelará até se quebrar todo, como no Tártaro da Perdição — urrou o Avarento, com olhos luzindo.

— Brrrrrrr! — fez o Língua Afiada, assim que ficou a sós, encolhendo-se todo como uma aranha morta.

O sol se foi e deixou em seu lugar uma lua gélida, oculta pela névoa. Lá fora a neve caía silenciosa e ininterrupta, sendo levada de um lado a outro pelo vento furioso que uivava como mil lobos. Lá dentro o prisioneiro batia os dentes, praticamente nu, exceto por um fino quimono de seda.

"Estou congelando", tiritava ele, envolvido na sua finíssima veste, mal conseguindo mover a língua e os dedos das mãos e dos pés.

De repente ocorreu-lhe uma ideia. Teria pouco para falar, mas muito para fazer naquela noite. Embora faltando-lhe os recursos, sobrava-lhe criatividade. Ergueu-se de um salto, pegou um mó (pedra de moer grãos) do chão e começou a andar freneticamente de um lado a outro carregando a pedra. Foi se aquecendo cada vez mais e não demorou nada para começar a suar. Passou a noite inteira, assim, andando com a mó e ocasionalmente parando para um descanso.

Na manhã seguinte, o Avarento correu para o moinho na certeza de encontrar o prisioneiro morto. Mas, quando abriu a porta, estaqueou. Lá estava o maldito enganador, de cócoras, encharcado em suor, envolto em uma nuvem de vapor. Tão logo viu o senhorio, ele se ergueu e disse, abanando-se com as mãos.

– Mestre, tenha compaixão de mim! Traga-me um leque para me abanar ou vou me incendiar!

– Se não visse com meus próprios olhos, não acreditaria! – disse o Avarento, com a ira amainada pela estupefação. – Além de não estar morto de frio ainda está afogueado. Como pode ocorrer tal fenômeno?

– É tudo graças a este meu Quimono do Dragão de Fogo – veio ele com a novidade, apontando a roupa que vestia.

– Seu o quê!? – disse o avarento atarantado, rendido ante às evidentes provas.

– Meu quimono é uma relíquia de valor inestimável. Quanto mais frio estiver, mais calor se desprende dele. Se tirar o quimono, morro de frio; se o colocar, morro de calor.

– Cuidado com o que diz, pois uma língua afiada pode cortar a própria garganta. Diga-me a verdade, como foi que conseguiu esse quimono, Língua Solta? – interrogou-o o Avarento.

– Originalmente era a pele do Dragão de Fogo, com a qual a Rainha do Céu Ocidental teceu este quimono – disse ele sem papas na língua, e não findavam aí suas perícias. – Esta joia rara foi parar nas mãos de meus ancestrais e se tornou uma relíquia de família. Foi passando de geração a geração, até que finalmente chegou a minhas mãos.

– Que prodígio! – embasbacou-se o Sovina, olhando o suor que jorrava copioso da testa do inimigo e pingava congelando no ar, já premeditando uma forma de se apoderar da valiosa peça. – Troco-a por minhas peles de raposa – disse ele, já totalmente esquecido do episódio do jumento de ouro.

– Absolutamente – respondeu. – Que filho desnaturado seria eu se entregasse assim, sem mais nem menos, o meu tesouro, herança de meus antepassados?

– Dou-lhe, além das minhas peles de raposa, cinquenta taéis de prata – prometeu o ricaço, vermelho da excitação de cobiça, já tirando do bolso o dinheiro prometido e desvestindo o rico traje de pele de raposa.

Sem mais barganhar, o eloquente homem tirou o quimono, vestiu a pele de raposa, embolsou os cinquenta taéis de prata e foi embora.

A alegria e o regozijo do Sovina não tinham limites.

– Que sorte a minha, logo hoje que é aniversário do meu sogro e que toda a região vai estar presente! – e vestiu o quimono, tomado pelo fogo da excitação. – Vão todos morrer de inveja! Enquanto estará todo mundo encapuzado, desaparecendo em meio às grossas roupas, eu estarei exibindo meus músculos, vestindo nada mais do que este leve e belo quimono feito da pele do dragão pela Rainha do Paraíso Celeste. Vou tirar hoje a desforra das humilhações que todos me impingiram ao longo dos anos.

Montou no seu mais belo cavalo e partiu a todo galope, fazendo voar as largas mangas da veste. No meio da viagem, porém, surgiu um vento forte e começou a nevar fortemente. O frio se tornou intolerável. A morada de seu sogro ficava distante da aldeia, e não havia no caminho nenhuma estalagem. Olhou em volta de si e não encontrou abrigo algum, tampouco uma casa num raio de cinco quilômetros. Por sobre os ombros, divisou uma queimada na mata. Uma das árvores estava à beira do caminho e metade dela tinha sido queimada no incêndio. Era oca, e o espaço dentro dela amplo o suficiente para uma pessoa ficar em pé. O Avarento correu até lá e adentrou o tronco para se aquecer e fugir do vento. O pouco calor que havia na árvore logo desapareceu, e seu corpo todo ficou dormente e congelado até a morte.

Após muitas buscas a família encontrou, finalmente, o corpo sem vida do Avarento oculto dentro do tronco, todo preto da fuligem.

– É um crime do Língua Solta – lamentava-se a viúva. – Aquele assassino enganou-o mais uma vez, e agora suas trapaças o levaram à morte – sentenciou, ordenando que seus homens fossem prendê-lo o mais rápido possível.

– Onde está a minha culpa? – defendeu-se o Língua Afiada assim que foi preso e interrogado. – A culpa é do Avarento que foi se esconder justo dentro de uma árvore. Eu tinha deixado claro que o Quimono do Dragão do Fogo esquentava. Conforme eu avisei, a veste é tão quente que queima assim que entra em contato com a madeira, capim, ou qualquer coisa inflamável. Vocês puderam comprovar isso, pois a metade da árvore incendiou-se e o mestre morreu queimado por sua própria culpa, e não minha.

Quando a família examinou a árvore e viu que era realmente conforme o Língua Afiada havia descrito, não tiveram outra alternativa se não libertá-lo, por falta de provas.

Foi assim que um homem, apenas com sua lábia e destemida astúcia, minimizou o sofrimento dos camponeses.

O VELHO TOLO DA MONTANHA

A MISSÃO IMPOSSÍVEL

Esta célebre lenda, extraída do livro taoista Liezi (Livro do Mestre Lie), faz parte de uma coletânea de contos e lendas populares produzidas por volta do século IV a.C.

As montanhas Taihang e Wang Wu, cuja circunferência era de 7 mil li e que mediam 100 mil pés de altura cada uma, ficavam ao sul de Jizhou e norte de Heyang.

O Velho da Montanha do Norte, de quase noventa anos de idade, residia atrás dessas montanhas que bloqueavam seu caminho para o sul, obrigando-o a contorná-las cada vez que precisava viajar. Certo dia, cansado dos dois gigantescos entulhos à sua frente, resolveu dar um basta. Convocou uma reunião em família e disse, apontando:

– Decidi remover estes dois montes que impedem nossa passagem e nos obrigam a dar uma imensa volta para chegar aonde queremos. Quem me ajuda?

Suas quimeras iam além de todas as fronteiras. Todos ficaram surpresos por alguns momentos, digerindo a espantosa novidade. Então, a mulher do velho Yu Gong disse:

– É uma tarefa impossível. As montanhas são absurdamente gigantescas e, mesmo que fosse possível removê-las, não teríamos onde colocar os entulhos.

– Sempre vivemos aqui com estas duas montanhas atravancando nosso caminho, por que raios agora iremos mudar as coisas? – perguntou um terceiro.

Os demais subiram e desceram a cabeça, concordando, pois as palavras do velho não tinham grande fundamento. Surgiu, no entanto, alguém que também era da espécie que não deixa as coisas como estão e não descartava a ideia de remover as montanhas. Argumentou com veemência a favor do velho e, após uma calorosa discussão e muitas propostas, todos chegaram a um consenso: não era totalmente impossível, como parecera de início, retirar as montanhas. Afinal, como diz o provérbio chinês, não importa o tamanho da montanha: ela nunca será tão grande que possa tapar o sol.

– Caso concordássemos, como faríamos? – perguntou um dos filhos do velho.

– Tirando um pouco de terra por dia até que o caminho fique nivelado para seguirmos sem obstáculos ao sul de Yu Prefeitura e do Rio Han.

– Por que não? – disse outro de seus filhos.

– Não vai ser fácil remover uma montanha como Taihang e Wang Wu – ponderou a velha –, e ainda não foi dito onde vamos depositar a terra e as pedras.

– Podemos levá-las para as margens do Mar de Bohai e para o norte do Yintu – disse um dos filhos.

Todos concordaram.

– Vamos lá, mãos à obra! – disseram então os filhos e netos e todo o pessoal que se encontrava reunido.

Assim, os homens começaram a quebração das rochas com golpes de picareta, enquanto os mais jovens carregavam os entulhos em cestos e caixotes de lixo até as margens do Mar de Bohai.

– Posso ajudar? – prontificou-se um garotinho de sete anos, filho de Jingcheng, uma vizinha viúva.

– Por que não? – respondeu o velho, passando a mão suja na cabeça do pequeno.

No afã do trabalho surgiu um ancião, chamado Zhi Sou, "velho sábio" em chinês, que os vendo desatou a rir:

– O que meus velhos olhos de sábio não são obrigados a ver nesta vida!? Tolices e mais tolices! Vocês, sozinhos, jamais conseguirão arrasar essas duas montanhas enormes.

– O senhor é tão arrogante e presunçoso que fica cego para a razão – respondeu o Velho da Montanha, num sinal de quem afasta uma mosca do nariz. – Nunca ouviu o sábio mestre falar: "Transportai um punhado de terra todos os dias e fareis uma montanha"? Ora, eu pretendo fazer o inverso. Tirar um punhado de terra por dia da montanha até fazer uma planície. Qualquer viúva ou criança sabe mais do que você! Quando eu morrer, meus filhos continuarão, e depois os filhos de meus filhos, e assim por diante até o infinito. Minhas futuras gerações estarão sempre aumentando, ao contrário destas duas montanhas, que já não podem crescer e a cada golpe de picareta tornam-se menores. Por que razão, então, não poderemos, no final das contas, eliminá-las?

O Velho Sábio da Curva do Rio coçou a cabeça e não soube o que responder. Refutados os presunçosos pontos de vista de Zhi Sou, Yo Gong continuou, inabalável, a escavar dia após dia a montanha, o que chamou a atenção do deus da serpente, no céu de Tian, que foi relatar ao Deus Celestial o que andava acontecendo na terra:

– Há um velho maluco que não sabe que é impossível ao homem mover montanhas e está fazendo isso. Ele e seus herdeiros carregam um pouco de terra por dia, inverno vai e verão vem. Mas a montanha continua mais firme do que nunca.

– Vá até Yaochi e traga até mim dois dos Oito Imortais, filhos de Kua'ershi que lá habitam – ordenou o Deus Celestial, após ouvir as palavras do deus da serpente.

Tão logo o mensageiro retornou com os dois, disse Deus Celestial:

– Desçam vocês dois à terra, coloquem nas costas uma montanha cada um e removam-nas, uma para o leste de Shuo e a outra para o sul de Yong.

Assim foi feito e, com a determinação do velho e a ajuda dos deuses, sumiram as duas montanhas entre Jizhou e o Rio Han. Tudo graças ao Velho Maluco que não sabia que era impossível e ousou fazer.

O SAPO QUE VIROU IMPERADOR

O IMPERADOR QUE VIROU SAPO

Havia outrora um casal de camponeses que vivia na mais triste miséria, como a maioria deles, pois os tempos eram difíceis devido às constantes secas e às inundações que dizimavam as colheitas. A mulher ficou grávida, e o marido se viu obrigado a deixar sua casa em busca de alimentos. Despediu-se dela, estreitando-a fortemente entre seus braços, e, então entregou-lhe as poucas peças de prata que ainda tinha.

– Somos tão pobres que não há mais esperança para nós – disse ele com o coração encolhido no peito. – Mas nosso filho poderá vir a ser alguém na vida se tentar a sorte pelo mundo. Quando e se chegar a ficar grande e eu ainda não tiver voltado, você deve dizer que vá pelo mundo em busca da sorte, seja de que sexo for.

A mulher concordou, e o marido saiu mais confiante. Três meses depois da partida do marido, a esposa deu à luz. Não a um menino, nem a uma menina, mas a um sapo. Ao ver o esverdeado filho coaxando com sua horrível boca, a pobre mãe chorou amargamente, de coração partido.

– Ah, pari um animal, e não uma criança! – constrangia-se ela. – Nossas esperanças vão por água abaixo. Como o pobrezinho vai sobreviver? Em vez de amigos, terá os vizinhos que vão rir dele... Saberei eu cuidar de tão estranha prole?

Agora, ficava a encantar-se com este sapo como se fosse o primeiro de sua vida. Talvez até daqueles que viravam príncipe. Mas não, ele era um sapo mesmo. Nascera assim de pais humanos e normais e nem estranhava nada. Ela se via um tanto desconfortável de alimentá-lo. Era até reconfortante não se preocupar com o assunto. Às vezes, ele a fitava com ar compreensivo, tão compreensivo que ela entendia.

Assim matutava a pobre mulher quando decidiu, contrariando as palavras do marido, manter o filho escondido embaixo da cama. Desta forma, ninguém saberia que ela tinha dado à luz um filho-sapo.

Mas dentro de dois meses o filhote crescera e desenvolvera tão forte personalidade que ela não conseguiu mais mantê-lo ali. Foi obrigada a deixá-lo circular pela casa, e logo também pelas redondezas da vizinhança.

Nosso personagem não debatia nem se altercava com o que quer que fosse. Tudo lhe dava imenso prazer, especialmente a chuva. Cantava com todo ímpeto em dias assim, e era seguido automaticamente por um coro que lhe causava uma satisfação imensa. Compartilhava também dos víveres da casa da sua mãe, e ela não se importava: mãe, mesmo de sapo, é um ser à parte do universo.

– Mãe, meu pai chega hoje à noite – profetizou, certo dia, o garoto. – Vou esperá-lo à beira da estrada.

Viera ele com os olhos postos no futuro, e o presente era uma espera para o dia de sua ação definitiva. Com efeito, o marido voltou para casa exatamente naquela mesma noite.

– Você já viu o seu filho? – a esposa perguntou ansiosamente assim que ele surgiu à porta.

– Não vi. Onde está ele? – perguntou o recém-chegado, todo sorrisos.

– Ele estava esperando por você ao lado da estrada.

– Não vi nem sinal de gente – respondeu o marido, surpreso. – Tudo o que vi foi um sapo horrível, que me deu um baita susto.

– Esse sapo era o seu filho – disse a esposa, um tanto sem jeito.

– Ora... um sapo... e por que raios você o mandou ir ao meu encontro? – perguntou ele, quando na verdade suas dúvidas eram bem outras.

– Ele foi por sua própria conta, afirmando que você chegaria hoje à noite.

– Como ele adivinhou que eu estava vindo? Se fosse uma tartaruga ainda poderia ter tais poderes de adivinhação, mas um simples sapo...?

– Ele não é um simples sapo, acredite em mim.

Num rompante, a porta se abriu e entrou o pivô da conversa, com um sorriso de orelha a orelha (força de expressão, uma vez que sapo não tem orelha, mas tampouco sorri, e assim fica um disparate pelo outro). Pulou para o colo do pai:

– Eu estava esperando por você na estrada, meu pai.

– Como sabia que eu estava voltando hoje à noite? – perguntou, olhando perplexo para aquele sapo descomunal.
– Eu sei tudo o que acontece sob o céu e sobre a terra – respondeu-lhe convicto o filho.

Entreolharam-se o pai e a mãe, admirados por suas palavras e mais espantados ainda ficaram quando ele afirmou:
– Nosso país está em grande perigo, pois não temos condições de resistir aos invasores que chegarão em breve. Quero, pai, que me leve até o imperador, pois preciso salvar a China.
– Como você quer dar uma de herói? – disse o pai. – Em primeiro lugar, você não tem cavalo; em segundo, você não tem armas; e, em terceiro lugar, você nunca esteve num campo de batalha. Como, então, se propõe a salvar a China?

Disse isso, mas o que pensou ante as pretensões oníricas do filho foi: "Você é jovem demais, ingênuo demais e tem beleza de menos".
– Só me leve até o imperador – pediu ele. – A sua tarefa é esta, meu pai, o resto deixe por minha conta. Respostas ainda não tenho, mas haverei de achá-las no desenrolar dos acontecimentos. Confie em mim: vencerei o inimigo.

O pai não sabia como dissuadir um sapo e fazê-lo recuar diante do que pretendia . Mesmo sem entender nada, tomou-o nos braços, porque filho é filho, e levou-o à cidade em busca de uma audiência com o imperador.

Após dois dias de viagem, chegaram à capital. Ali depararam com um decreto imperial exposto:

A capital imperial está em perigo. O país foi invadido.
Estou disposto a dar a mão de minha filha para aquele que afugentar o inimigo.

O sapo pegou o decreto e engoliu-o, alarmando o soldado guardião da convenção imperial, que ficou sem ação. Não sabia como poderia levar um sapo ao imperador, diante do acontecido, e acusá-lo de ter engolido o decreto.
– Leve-me ao imperador – ordenou-lhe o sapo, vencendo sua hesitação.

Assim, o guardião, chegou temeroso no cumprimento de seu dever e apresentou-se ao soberano, que perguntou:

— Que deboche é esse? – disse o imperador, olhando para o sapo e descartando-o num veredito prejulgado, pois nem cogitava o rei o que lhe ia na alma, ou mesmo se tinha aquele horrendo animal uma.

O sapo respirou fundo e foi direto ao ponto:

— Possuo meios e capacidade para derrotar o inimigo que está chegando para invadir o país. Confie em mim. Não tenho pontos fracos – ponderou, tão seguramente que confundiu o imperador e chamou a atenção de todos os que se encontravam presentes.

— Quantos homens tem o seu exército e quantos cavalos você tem? – questionou o soberano, reavaliando a situação.

— Nem um único cavalo, nem um único homem – respondeu prontamente o sapo, imperativo, complicando ainda mais a situação inusitada. – Preciso apenas de um monte de brasas ardentes.

Atônito ante tal circunstância, o imperador se viu dominado por uma consternação nunca antes experimentada. Buscando toda e qualquer possibilidade de salvar o seu país, mesmo sem entender patavina, o imperador por fim ordenou que uma grande porção de brasas fosse trazida imediatamente até o sapo.

Assim foi feito. O sapo sentou-se diante dos carvões acesos e ficou devorando brasas e chamas até que sua barriga ficou tão grande e redonda como uma bexiga cheia de gordura. Na terceira noite o alarido foi grande, pois os inimigos se aproximavam e já estavam às portas da cidade, espalhando pânico e apreensão.

— Estamos todos em perigo – disse o imperador, indo até o sapo como sua última esperança.

Não afeito às preocupações humanas, o sapo nada respondeu e continuou engolindo calmamente fogo, chamas e brasas, como se nada de anormal estivesse acontecendo. Somente após o terceiro dia ele foi para o topo da muralha da cidade para avaliar a situação diante da expectativa da multidão, que aguardava alvoroçada os seus movimentos. Lá de cima, o sapo viu milhares de soldados e cavalos, tantos quanto seus olhos podiam ver, avançando a todo galope para a cidade que se debatia e desandava. Mas ele não se abalou, absolutamente.

— Senhor sapo – disse o imperador, em tom de quase súplica –, como pretende fazer o inimigo recuar?

Ao que ele respondeu, confiante:

– Ordene para as suas tropas que estão empunhando os arcos para que abram o portão da cidade.
– Como ousa proferir tal disparate? Com o inimigo nas minhas barbas você me pede para abrir o portão? – perguntou o imperador, ainda mais pálido.
– Sua alteza imperial me ordenou para conduzir o inimigo para longe – disse o sapo. – Para que isso ocorra, é mister prestar atenção a minhas palavras.

O imperador vacilou, mas não tinha outra alternativa ao lembrar que havia realmente dito e ordenado ao sapo que mandasse para longe o inimigo.

– Cessem a operação de armar os seus arcos, deponham as setas e abram o portão de par em par – se viu o imperador ordenando aos seus soldados quando sua vontade era que atirassem e redobrassem a segurança das portas.

Assim que o portão se abriu e os invasores pretenderam invadir o castelo, o sapo, que estava acima deles na torre do portão, começou a cuspir fogo, despejando brasas sobre os guerreiros e incendiando homens e cavalos abaixo dele, fazendo debandarem espavoridos os demais, muitos em chamas. Era uma visão do inferno dantesco.

– Viva o sapo! – gritaram todos ao ver o país salvo.
– Viva o sapo! – gritou o imperador.
– O sapo derrotou os nossos inimigos! Estamos salvos!

O imperador ficou satisfeito e, no ímpeto da emoção do primeiro momento, nomeou o sapo general. Ordenou, então, na mesma hora, que todos viessem a celebrar a vitória, numa festa que duraria vários dias.

Passada a empolgação, o soberano recobrou inteiramente o senso. Deu-se conta do decreto em que prometia dar a mão de sua filha em casamento a quem salvasse a pátria e buscou, então, dentro de seu cérebro uma forma de se livrar da promessa. Nem cogitava a ideia de entregá-la a um batráquio, pois este não preenchia os quesitos exigidos para ser seu genro e futuro rei e menos ainda correspondia às perspectivas do rei e seu intento.

– É claro que eu não posso fazer de um sapo meu genro! – era sua certeza. – Para me livrar da promessa vou casá-la com outra pessoa com toda urgência. Mas com quem... e como?

Pôs o bestunto a funcionar e saiu esta ordem:

— O casamento da princesa deve ser decidido por vazamento da Bola de Bordado. Será lançada a bola bordada! – bradou o imperador, referindo-se a um jogo popular no império, e a notícia se espalhou imediatamente por todo o país.

Em pouco tempo a cidade estava em tumulto. Homens chegavam de longe para tentar a sorte, e todo o tipo de pessoas aglomerava-se na capital. Chegou o dia tão esperado. O sapo estava presente, mas não se meteu entre a multidão. Ficou observando os acontecimentos na lateral da praça lotada. Para o evento, havia sido construído um pavilhão de uma grande altura, que fora alegremente enfeitado. O imperador levou a princesa e seu cortejo para os seus respectivos lugares de honra no alto da tenda.

Chegado o momento, a princesa jogou no ar a bola bordada, que foi flutuando suavemente e descendo até a multidão competitiva, que disparou rugindo como um mar revolto. Cada qual se esticava o mais que podia, desesperados para pegar a bola, ao modo das donzelas que se jogam para pegar o buquê em um casamento.

Mas quem pegou a bola foi o sapo. Na sua tranquilidade, respirou fundo e, num gesto rápido, aspirou a bola diretamente para si. Abocanhou, assim, o quinhão que seria dado como prêmio aos concorrentes ignaros, cheios de força bruta, competindo entre si. Nada entendiam estes brutos do que ia na alma de uma jovem princesa.

— A princesa é do sapo! – foi a voz do povo. – A princesa é do sapo! Os deuses que determinaram! Não há como fugir disso!

— Alguém mande que esta gentalha se cale – gritou ao seu imediato o imperador, que não se conformava com a sorte e estava disposto a encontrar uma nova alternativa.

Declarou, então, imperativamente, agora que os guerreiros inimigos estavam bem longe de sua muralha e sua coroa não corria mais nenhum risco:

— Um animal pegar a bola de bordado por uma princesa não conta. Só pode ser feito por uma mão humana.

E ordenou à princesa que derrubasse uma segunda bola. Ela obedeceu e, desta vez, foi um belo e valente jovem quem pegou a bola com as duas mãos. Neste tipo de história é comum que o sapo vire príncipe, e foi isso que ocorreu tão logo o sapo pegou a primeira bola, predestinado a ser o escolhido da princesa.

— Este é o noivo perfeito! — exclamou o imperador, feliz.— Eis o homem certo para ser meu genro imperial!

Logo em seguida, foi preparado um banquete suntuoso para celebrar o casamento do casal perfeito. Durante a festa, no entanto, ora o príncipe era um sapo, ora tirava a pele verde e se transformava em um jovem belo e forte: ao contrário das outras histórias, ele podia ir e vir em sua metamorfose. Os espiões a postos foram levar esta novidade ao rei tão logo a descobriram. Surpreso e assustado, o imperador foi ter com o genro:

— Se você tem o poder de se transformar em príncipe, como já é do meu conhecimento, por que raios volta a ser aquele sapo nojento? Gosto de gente linda. Jogue fora, de uma vez por todas, esta horrível casca verde e torne-se para sempre um belo rapaz — ordenou o rei de gosto apurado, mas de alma nem tanto.

— Ah, majestade! — respondeu o sapo —, esta peça de vestuário exterior é de valor inestimável. Quando eu a uso no inverno, ela é quente e acolhedora. No verão, fresca e doce. Sem falar que é à prova de vento e chuva. Nem mesmo as mais ferozes chamas podem atingi-la. Dentro dela, torno-me imortal.

— Deixe-me experimentá-la — exigiu o imperador, com olhos cobiçosos.

— Se este é o seu desejo, alteza — respondeu o sapo, retirando a pele escamada, e entregando-a ao imperador, que a tomou com gana e repulsa.

Despiu-se o monarca de seu manto real, bordado com figuras de dragões, e colocou sobre seu corpo a pele do sapo. Esta se grudou nele como se sua verdadeira pele fosse, e ele nunca mais conseguiu tirá-la.

O sapo, então, com sua habitual tranquilidade, vestiu o manto real e se tornou o imperador de toda a China. Seu sogro era agora só uma figura, e não mais um poder, e permaneceu sapo para sempre. Teve que assistir, coaxando, aos gloriosos festejos do sapo monarca que, juntamente com seus velhos pais e todo o povo que o clamava de herói, não se cansavam de se congratular com o novo rei.

A BUSCA DA PEDRA MÁGICA

O REI DRAGÃO E O MONGE DA MONTANHA WUTAI

Na China, há quatro famosas montanhas sagradas do budismo: Wutai, Putuo, Jiuhua e Emei. Segundo as lendas, era nessas montanhas que os quatro grandes budas, Manjusri, Samantabhadra, Avalokitesvara e Ksitigarbha, professavam sua crença.

A montanha Wutai situa-se na província do Shanxi, centro da China, e é composta por cinco cumes planos ao modo de um planalto. Por essa razão é chamada de Wu Tai (Cinco Plataformas). Houve um tempo distante em que esse monte apresentava um clima muito diferente do atual e também outro nome: chamava-se Montanha Wufeng (Cinco Picos).

Essa mudança de clima ocorreu graças ao buda Manjusri. Ele tomou para si a tarefa de ajudar aquele povo quando esteve, certa feita, na Montanha Cinco Picos para divulgar o budismo e deparou com uma gente sofrida, atingida durante pelos caprichos da natureza que os castigava dia e noite: no inverno, com o torturante frio; na primavera, com as sufocantes tempestades de areia; e no verão, com o calor escaldante.

– Ah...! Se eu pudesse minimizar o sofrimento destes pobres infelizes! – desejou o buda com ardor, tomado de compaixão ao ver homens, mulheres e crianças trabalhando ininterruptamente sem resultados. – Tanto trabalho por nada. Como posso minimizar os flagelos causados a essa gente?

A solução chegou ao saber que o Rei Dragão do Mar Meridional tinha uma pedra mágica com poderes capazes de modificar o clima de seco para úmido. De imediato, Manjusri transformou-se num monge e foi até o imperador a fim de pedir a pedra emprestada. Chegou ao Mar Meridional e logo divisou a maravilhosa e imensa pedra em frente ao palácio imperial. Ao se aproximar, foi atingido por um ar fresco que se espalhava por toda a região – como um ar-condicionado natural – e imaginou todos os chineses trabalhando, sem sofrimento, sobre a montanha neste clima abençoado.

Assim que se viu diante do soberano, o monge fez as devidas reverências e foi direto ao assunto:

– Majestade, sou o monge da montanha Wufeng e viajei até aqui com o propósito de pedir-lhe emprestada a pedra mágica para amenizar o sofrimento do povo que vive na Montanha dos Cinco Picos.

– Pode pedir o que quiser do meu reino, venerável monge, exceto a pedra mágica – foi a resposta seca do rei. – Trata-se de uma joia rara que foi retirada das profundezas do mar após centenas de anos de busca, e eu a trouxe aqui especialmente para que meus filhos descansem, merecidamente, sob seus efeitos ao regressarem das duras batalhas, exaustos e banhados de suor. Por nada neste mundo vou tirá-la deles para dá-la a você, por mais que me implore, mesmo vendo como justa a sua causa.

– O meu intuito é levar esta pedra emprestada para que beneficie a humanidade, e não se limite a favorecer somente alguns – respondeu o buda Manjusri, acreditando que o rei não se oporia a um gesto tão magnânimo.

O Rei Dragão, no entanto, como todo bom chinês, era totalmente voltado para os interesses da família – e jamais iria preterir os filhos em prol da humanidade. Assim, já foi considerando o assunto encerrado. Mas o monge não se assustava com recusas e estava longe de pensar em arredar pé dali, sem conseguir o seu intento. Tanto insistiu que o Rei Dragão, vendo que tinha à sua frente um bom abacaxi para descascar, conjeturou uma nova estratégia para despistar o chato do monge, fazendo-o ir embora derrotado por si mesmo. Após pensar um pouco, deduziu que um velho monge não teria forças para levar a pesadíssima pedra sozinho, então lançou o seguinte desafio:

– Muito bem, vá em frente: a pedra está aí e é sua se puder carregá-la, pois não tenho alguém disposto a ajudá-lo. Se tiver forças para levá-la sozinho, boa sorte!

– Agradeço sinceramente, majestade! – respondeu o buda Manjusri com muita sinceridade dirigindo-se diretamente à pedra, sob os olhares debochados do monarca.

O monge parou em frente à rocha, disse algumas palavras mágicas e a pedra diminuiu rapidamente, transformando-se num pedregulho do tamanho de um punho, que o buda juntou e meteu na manga do quimono.

Mais sereno do que um guru milionário, voltou-se para o rei, agradeceu numa longa reverência e levantou voo em direção à montanha dos Cinco Picos, deixando atrás de si um soberano boquiaberto e amargamente arrependido de ter provocado os poderes de um monge que não conhecia.

– Ah, monges malditos e incautos de provocar a fúria de um Rei Dragão! – espumava enquanto as duas mãos crispadas apertavam os dragões bordados no seu manto que pareciam prontos para saltar.

O buda Manjusri chegou à montanha dos desgraçados trabalhadores justo quando ali o calor e a seca se tornavam insuportáveis. Os cultivadores suavam copiosamente, lavrando a terra árida com as testas franzidas e os estômagos vazios. Então o monge colocou a pedra no vale e o sonho se fez realidade: os cinco montes se transformaram em pastagens verdes, e uma brisa fresca soprou com suavidade na região. Todos ergueram os olhos maravilhados aos céus, desenrugando as testas, e o sorriso foi unânime.

– Ó, justos céus! Ó, deuses! – diziam a uma só voz em longa e lenta reverência de gratidão. – Ó, monge abençoado enviado pelos céus! Nós lhe agradecemos.

Assim continuou uma aragem fresca soprando dia e noite na região. O vale foi rebatizado de "Vale do Frescor" e o monte, de "Montanha do Frescor". O povo reuniu-se e tratou de construir um templo na montanha em agradecimento aos deuses, dando-lhe o nome de Templo do Frescor.

Atualmente, a montanha Wutai é um magnífico parque, célebre por suas belas e pitorescas paisagens, lugar de inestimável valor cultural e histórico. Possui 42 templos antigos, construídos na dinastia Tang, há mais de 1.200 anos.

Com o objetivo de ir para o sul

QUANDO A CARRUAGEM VAI PARA O NORTE

Esta história é sobre um antigo provérbio chinês, do período dos Reinos Combatentes, usado há 2 mil anos pelos sábios para criticar ou satirizar aqueles que querem uma coisa e fazem o oposto.

Tudo começou quando o soberano do reino Wei pretendeu desencadear uma guerra contra o reino Zhao. O ministro do Wei, Ji Liang, que naquele momento se encontrava em missão diplomática no terceiro reino, inteirou-se da situação e não perdeu tempo: voltou ao seu país a fim de pedir ao rei uma audiência para tentar impedi-lo de executar seu plano de guerra.

Uma vez em presença do rei, dirigiu-se a ele:

— Meu respeitável senhor, quando eu regressava ao reino encontrei um homem numa carruagem que corria em direção ao norte e, quando lhe perguntei para onde ia, respondeu-me que se dirigia para o reino Chu. "Mas o reino Chu fica ao contrário, no Sul", expliquei-lhe, aconselhando: "O senhor terá que fazer a volta e ir para o lado contrário de onde segue". Sem ligar para os meus avisos, o homem respondeu com toda a calma e sem nenhum nexo: "O senhor não está vendo como os meus cavalos são velozes?". "Por mais velozes que sejam os seus cavalos, meu senhor, nunca chegará ao seu destino", retruquei, tentando fazê-lo voltar à razão. "Ao contrário, é evidente que estará cada vez mais distante." "Não se preocupe, meu bom amigo, pois o meu cocheiro também é o mais veloz do mundo. Além do mais, trago muito dinheiro para a viagem", respondeu-me o homem, ao que eu retorqui que, mesmo com toda esta velocidade e com todo o dinheiro do mundo, ainda assim era indispensável tomar o rumo certo para se chegar ao reino Chu.

Terminada a história, disse o ministro ao rei:

— Não é mesmo muito estúpido este homem? Por mais rápido que os seus cavalos corressem, por mais dinheiro que levasse consigo e por melhor que fosse o seu cocheiro, nunca chegaria ao seu destino, pois seguia na direção contrária ao reino Chu. As boas condições de que goza só lhe servirão para se afastar ainda mais do seu objetivo, pois galopa para o lado errado mesmo almejando o alvo certo.

O ministro fez uma pausa e, como o rei mantinha um olhar interrogativo, continuou:

– Agora... O mesmo está acontecendo com Vossa majestade. Com vosso vasto território e com vossas tropas bem treinadas, pretende o senhor invadir um outro reino em busca da hegemonia. Porém, a meu ver, Vossa majestade está se comportando da mesma forma que aquele homem que, com a carruagem seguindo para o Norte, pretendia ir para o Sul. Do mesmo modo, o senhor pretende obter o controle de todos os reinos. Melhor seria em primeiro lugar obter a confiança do seu povo, e não a sua aversão. Só então o senhor estaria tomando o rumo o certo. Ao recorrer à guerra, está se afastando do seu objetivo.

– Entendi – respondeu o rei, subindo e descendo a cabeça positivamente em aceitação à crítica do seu ministro.

Sem se fazer de rogado, o sábio rei Wei suspendeu o seu plano de guerra e assim fez-se a paz. Desta antiquíssima história ficou o provérbio chinês: *Querer ir para Sul com a carruagem que segue para o Norte.*

O VINHO QUE EMBRIAGA POR MIL DIAS

A BEBIDA DO COMA ALCOÓLICO

Antigamente, Dixi, que viveu em Zhongshan, cidade da província de Guangdong, descobriu a fórmula de um vinho que com apenas uma garrafa já era capaz de deixar qualquer criatura fora da razão durante mil dias. Vivia nesta mesma província um homem chamado Liu Xuanshi, que era o maior beberrão da China. Certo dia, ele foi à loja de Dixi.

– Dê-me o vinho que deixa bêbado durante três anos! – solicitou o freguês, pândego e irresponsável.

– Eu o venderei, mas é preciso que o senhor esteja ciente de que este saquê o deixará bêbado durante três anos consecutivos – avisou Dixi e, como o homem assentiu alegre com a cabeça, expondo todas as gengivas desertas de dentes, entregou-lhe o vinho.

Mal chegou em casa, Liu entornou a garrafa da poderosa bebida de um só gole e em seguida cambaleou dois passos, lambendo os beiços, e caiu duro no chão.

– Liu está morto! – gritou um dos seus familiares após correr até ele e conferir-lhe o pulso e o coração.

Os parentes velaram Liu, choraram-no e, finalmente, o sepultaram.

Três anos depois, Dixi, o dono da loja, disse para si mesmo:

– É tempo de Liu acordar. Vou até a casa dele para verificar o efeito da bebida e saber como ele está. Se tem ressaca ou alguma espécie de dor de cabeça.

Foi até a casa da sua cobaia alcoólica e lá chegando perguntou:

– Liu se encontra?

– Liu morreu há muito tempo – respondeu a viúva, surpresa com a pergunta. – Até o luto por ele já acabou.

Agora era a vez de Dixi ficar perplexo.

– O licor que fiz era tão forte que ele iria dormir durante mil dias depois de beber tudo da garrafa – disse ele. – Mas ele deve acordar hoje. Vamos abrir sua sepultura, porque ele ainda está vivo.

Quando foi aberto o túmulo e o caixão, viram Liu abrir os olhos. Olhou para todos, se espreguiçou e perguntou numa voz arrastada:
— Que horas são? — sem aparentar ressaca nem nada.
— O mais apropriado seria perguntar que ano é — respondeu o vendedor de saquê.

Todos aqueles que estavam ao redor da sepultura apenas riram, aproximando-se do ressuscitado, solícitos em auxiliá-lo a sair do túmulo.

— Ah, como é maravilhoso ficar bêbado! — exclamou o Lázaro chinês, erguendo-se com a mortalha em trapos.

E abriu a boca num grande sorriso que lhe deixava os olhos virados num risco e exalando um bafo que penetrou nas narinas daqueles que estavam em volta da cova, fazendo todos caírem num sono profundo que durou três meses.

KUAFU, O INIMIGO DO ASTRO REI

A PERSEGUIÇÃO AO SOL

Antigamente, um clã de gigantes guerreiros brutais ocupava as montanhas do Norte da China. Tratava-se de uma região de camponeses, pessoas sofridas e ignorantes, mas trabalhadoras. O chefe do grupo se chamava Kuafu, nome que deu origem à sua etnia. Costumava ter sempre duas serpentes douradas penduradas nas orelhas enquanto segurava outra em suas mãos.

Certa vez, uma onda de calor atingiu a região. O sol sufocante queimou as árvores, secou os rios e petrificou a terra, provocando desgraças e calamidades aos Kuafu. O chefe do clã se desesperou e, observando o sol, explodiu num grito hediondo e bem entonado:

– Você, sol, é cruel e tirano! Vou prendê-lo para que cesse de torturar as criaturas da terra desta forma perversa! – disse a criatura, brincando de Deus.

– Deixe isso pra lá – aconselharam os anciãos da tribo –, pois o sol está muito longe de nós! É inútil tentar ministrar-lhe um castigo.

– Você vai morrer de cansaço e calor – afirmaram seus familiares, tentando demovê-lo da ideia.

Porém, determinado a realizar a grande façanha, Kuafu constrangeu os anciãos e fez ouvidos de mercador às súplicas de sua tribo respondendo:

– Tenho que ir à caça do sol para tentar apaziguar este calor infernal em nome do bem-estar de todos.

Desejava presentear sua tribo com um céu ameno e amigo e, assim, eles o aguardariam, como o pioneiro audaz que era. Despediu-se da população e, contrariando as precauções do povo, partiu o guerreiro solitário numa rajada de vento, seguindo em direção ao astro rei. Se ele era veloz, no entanto, o sol era muito mais, movendo-se tão depressa no céu que era impossível alcançá-lo, por mais que corresse.

O gigante passou chispando por inúmeras montanhas e rios enquanto a terra afundava sob seus passos. Em determinado momento,

Kuafu sentiu-se muito pesado, e os movimentos não eram mais seus. Ao sacudir a poeira dos tamancos, o barro amontoado transformou-se numa grande montanha. Deu mais alguns trôpegos passos e despencou no chão em todo o seu comprimento.

– Deve ser o peso do cansaço – disse a si mesmo. – Mas estar cansado não quer dizer que eu não vá continuar tentando.

Sentiu-se faminto, o gigante Kuafu, e escolheu então três pedras para colocar em sua panela, dando origem a três montanhas com milhares de metros de altura. Após um breve descanso, o colossal gigante volveu ao motivo que o trouxera ali e voltou à perseguição. Dia a dia, aproximava-se mais do astro rei, aumentando sua autoconfiança.

Depois de tanto correr, alcançou-o enfim num entardecer dourado, sentindo nas barbas o seu calor abrasador. Coisa jamais vistas naquelas bandas. Vencida a primeira etapa de alcançar o astro e crente que poderia capturá-lo, passou a planejar uma estratégia. Mas assim que chegou mais perto do sol foi tomado por uma sede tão feroz que não conseguia raciocinar. Foi ficando confuso e perdendo o juízo.

– Ai, que sede tenho! – repetia sem parar enquanto corria rumo aos grandes rios e lagos.

Quando deparou com o rio Amarelo rugindo diante de si, mergulhou com tal sede que sorveu de um só gole toda a sua água.

– Ai, que sede tenho! – repetiu, olhando o rio virado num lodo. – Tudo, desde que eu não me furte de beber água. Depois, sim, vou a minha missão e respeito o destino.

A sede dilacerava sua garganta. Insaciavelmente sedento, o colosso humano ergueu-se e seguiu rumo ao rio Wei. Acocorando-se as suas margens, se pôs a beber o rio e não parou até secá-lo totalmente. Ainda sedento, acalorado e louco, seus passos o levaram aos lagos do norte da China. Só após beber toda a água dos lagos retornou à sua missão de capturar o sol e voltou a correr na sua direção, ficando, outra vez, cara a cara com o astro rei.

Jamais se viu tamanha audácia. Sem pretensões próprias, chegou até onde homem algum ousou desejar e sequer se atreveu. Porém, sua sede e seu calor triplicaram, impossibilitando-o de dar um passo à frente e tampouco estender a mão para se apoderar do sol. No destemor dos insensatos, tentou seguir em frente, mas tombou morto de sede diante do astro em brasa. Antes de morrer, no entanto, Kuafu preocupado com sua gente, lançou sua bengala ao ar. Este seu gesto de desprendimento em prol do seu povo resultou em grandes prodígios.

O local transformou-se num exuberante bosque de pessegueiros que abriga até hoje os viajantes em suas árduas jornadas e os alimenta com seus frutos, saciando-lhes também a sede.

A lenda de Kuafu trata da luta deste sofrido povo chinês para vencer a seca. Desta lenda vem a expressão, "Kuafu perseguiu o sol", que se tornou o ápice da determinação e da vontade do homem contra a natureza.

O GIGANTE DONGFANG SHUO
PASSA TROTE NOS ANÕES

E GANHA CARGO NA CORTE DO IMPERADOR

Dongfang Shuo é uma personalidade famosa na China, e sobre ele há diversas lendas. Literato da dinastia Han, no século III a.C., de apurado senso de humor, assumiu um irrelevante cargo público em Changan[1], a então capital do país.

Naquela época, um grupo de anões era encarregado da cavalariça da Casa Imperial e, apesar da dupla baixa posição, sempre tinham oportunidade de aproximar-se do imperador. Dongfang Shuo, que tinha uma estatura gigantesca (mais de uma cabeça acima de um homem normal), no entanto, nunca conseguia chegar perto do soberano.

– O que o imperador tem contra nós, os gigantes? – irritou-se ele certa vez.

Chateado com esse fato havia muito tempo, num rompante de fúria ele buscou as ideias que já pipocavam em sua mente para atrair a atenção do soberano: ia se aproveitar dos anões.

– Ei, você aí! – chamou um anão que passava. – O imperador decretou recentemente que está disposto a mandar matar todos os anões da China.

Assustado e sem saber o que fazer, o pigmeu começou a chorar como um bebê. Os anões chineses, ao contrário dos metidos a brigões anões nórdicos, são emotivos, frágeis e melindrosos.

– Por quê? – perguntou o pequeno, sem conseguir controlar o choro e atraindo os demais de sua raça, que foram se aproximando aos poucos.

O gigante esclareceu:

– Porque criaturas nanicas como vocês não têm grandes forças para cultivar a terra e não se pode contar para ir às batalhas. No

---

1. Capital de mais de dez dinastias na China, tendo sido uma das cidades mais populosas do mundo.

entanto, apesar de tanta falta de habilidade, usufruem dos bens do Estado.

– Ó, poderoso gigante, o que vamos fazer agora? – disseram a uma só voz numa interrogação proporcional à sua estupidez, alisando nervosa e freneticamente a franja já lisa.

– Ouçam-me, anões! Tenho um conselho a dar a todos vocês! – voltou à carga Dongfang Shuo, com ares de salvador, assim que se viu rodeado pelos lacrimosos pigmeus. – Vocês devem se unir, ir até o imperador, ajoelhar-se diante dele e pedir-lhe perdão por serem tão baixinhos. Com certeza o soberano, que é um primor de caráter, voltará atrás nessa drástica resolução e acabará por perdoá-los.

– Obrigado pelo conselho, venerável senhor! – disseram os anões na curteza de seu alcance, dobrando o minúsculo corpo em repetidas reverências.

Aprumaram-se, um pouco mais animados, de acordo com a batalha que se propunham a enfrentar. Enxugaram as lágrimas com as costas das mãos e foram marcar uma entrevista no palácio.

Assim que o monarca teve diante de si a multidão de anões ajoelhados numa infindável reverência, passou os olhos por eles e perguntou, num gesto de espanto devido à complacência que sempre havia tido com eles:

– Qual a demanda para esta aglomeração?

– Viemos pedir perdão por sermos tão baixinhos – disseram todos em coro, de olhos baixos e testa no chão.

– Mas por que pedir perdão a mim? A culpa disso não é de vocês, mas da natureza que assim os fez. Peçam perdão aos deuses, ou melhor, peçam explicação a eles por tal injustiça da natureza. Eu nada tenho com isso, além de muita pena.

– Dongfang Shuo, o gigante, disse-nos que Vossa majestade havia tomado a resolução de matar todos os anões por sermos baixinhos e não termos utilidade alguma para o reino – disse um anão, vergando ainda mais o corpo.

– Disse ainda que o senhor quer nos matar porque não vamos à guerra, não temos a mesma condição de trabalho de homens de estatura normal e somos baixinhos e feios – disse outro.

Diante desta revelação, o Mikado (imperador) convocou Dongfang Shuo e, após inteirá-lo da atitude dos baixinhos, perguntou:

— Quero saber que palavras você pôs na minha boca a respeito dos anões.

— Mesmo correndo o risco de ser condenado à pena capital, majestade — respondeu Dongfang Shuo com confiança —, vou responder com toda a franqueza. A verdade é que os anões têm menos de um metro de altura e recebem como remuneração mensal um saco de arroz e duzentos *yuans*[2]. E eu, com quase dois metros, recebo igualmente um saco de arroz e duzentos yuans, como salário mensal. Peço perdão a Vossa majestade pela minha ousadia, mas os anões quase morrem de tanto comer enquanto eu quase morro de fome. Se considerar que tenho razão, peço que faça o favor de corrigir esta incoerência.

Ouvindo isso, o bem-humorado imperador riu às gargalhadas e não só aumentou a sua remuneração mensal como nomeou Dongfang Shuo chefe da escolta imperial.

---

2. Moeda oficial da República Popular da China.

O MINISTRO SÁBIO E O REI PREGUIÇOSO

O ENIGMA QUE MUDOU O REI

Havia três anos o rei Wei ocupava displicentemente o trono do reino de Qi, um dos sete reinos combatentes. A vida dele resumia-se a viver no ócio. Bebia e divertia-se dia e noite, deixando todos os assuntos importantes e problemas para os ministros resolverem. Devido à sua administração, o reino foi sendo sucessivamente derrotado pelos vários vizinhos, ficando à beira da ruína. Os ministros e os generais andavam muito preocupados, mas ninguém se atrevia a chamar a atenção do rei.

Certa vez, porém, o ministro Chunyu Kun, que era um homem impávido e espirituoso, após refletir muito encontrou uma forma gentil de tocar no melindroso assunto, chamando a atenção do rei. Dirigiu-se à sala do trono e falou-lhe da seguinte forma:

– Meu soberano, há um enigma que nem eu, nem os meus amigos conseguimos decifrar. Quereis Vossa majestade tentar?

– Aceito a charada – respondeu o soberano, e Chunyu Kun continuou:

– Ouvi rumores de que o nosso reino dispõe de um enorme pássaro que, tendo feito seu ninho no palácio real, não voa nem canta há três anos. Sabeis Vossa majestade que pássaro é esse?

O rei entendeu a metáfora e, sabendo que o pássaro era ele mesmo, respondeu ao ministro com um sorriso divertido:

– Quando não voa, este pássaro não se move; mas quando voar atingirá os céus. Quando não canta, este pássaro fica mudo; mas se cantar comoverá o mundo inteiro.

A partir de então, o rei Wei começou com as reformas da administração. Chamou à sua presença todos os funcionários com altas funções em cada um dos distritos do reino para avaliar o andamento dos trabalhos, promovendo os mais honestos e esforçados e mandando matar os corruptos. Em seguida, reforçou os treinos àqueles que eram sujeitos às forças militares e passou a comandá-las pessoalmente, conseguindo assim rechaçar a invasão tentada por um dos reinos vizinhos.

Desta forma, o fraco reino de Qi se enveredou e seguiu pelo caminho da glória e da prosperidade. As palavras do rei viraram ditado popular: "Quando canta, comove o mundo inteiro", frase que se emprega para descrever um homem medíocre que, surpreendentemente, faz notáveis proezas.

Tao Yuanming, o intelectual rebelde

VIVEU LIVRE E MORREU VELHO

Tao Yuanming, nascido em 365, era um dos maiores literatos da antiguidade chinesa. É ainda famoso não apenas por sua criação literária, mas também por sua forte personalidade, seguindo apenas as ordens de seu coração e jamais se submetendo ou prestando vassalagem a possíveis mecenas.

Viveu um período de substituições de regimes e revoluções sociais. Em outono de 405, aceitou a nomeação para o cargo de governador de um distrito longe da sua terra para sustentar a família. No inverno do mesmo ano, seu superior mandou um inspetor ao distrito para conhecer o seu trabalho. Ao chegar à presença de Tao Yuanming, fez uma reverência a contragosto e, de nariz torcido, disse sem a mínima consideração:

— Fui designado para avaliar o seu modo de governar. Convoco-o para uma visita de cerimônia ao palácio.

A despeito de não dar valor para pessoas arrogantes, Yuanming viu-se no constrangimento de visitar o inspetor em nome do seu superior. No dia em que sairia de casa, porém, para fazer a forçada visita, o secretário de Yuanming o interpelou:

— Meu senhor, pesa-me dizê-lo, mas, como conheço a fama desse inspetor, gostaria de alertá-lo a ser bastante cuidadoso com sua maneira de se vestir ao visitá-lo. É aconselhável que adote uma atitude de servilismo assim que estiver diante dele. Reverências e louvores nunca são demais e nem exagerados. Acredite em mim: se o senhor tem interesse no cargo de governador, é melhor mudar de roupa. Caso contrário, ele vai desmoralizá-lo diante do seu superior de tal forma que estará sujeito a perder o cargo.

— O que disse? — perguntou Tao Yuanming, estacando o passo.

Quando o secretário repetiu as palavras, respondeu sem se virar:

– Prefiro morrer de fome a curvar-me diante de tal verme humano para obter uma remuneração de cinco dous[3], ou seja qual remuneração for.

Escreveu imediatamente uma carta de demissão e abandonou o cargo que ocupou por apenas durante oitenta dias e nunca mais aceitou outra nomeação imperial, por mais que insistissem. De pouco lhe valia a honradez, em termos financeiros. Mesmo assim, a preferia com toda a alma e se sentia um afortunado pelos deuses. Bastaria isso para viver, e mais algumas medidas de masu de arroz.

Assim, Tao Yuanming se predispôs a levar uma vida autônoma de camponês, cultivando a terra e escrevendo poemas. Apesar de a vida no campo ser árdua, estava repleta de prazeres líricos. Na velhice, Tao Yuanming viveu uma vida mais modesta do que aqueles que moravam na corte lambendo as botas do imperador, mas livre e dono de seu próprio nariz e da sua soberana vontade.

Morreu aos sessenta anos, velho para a época, com um satisfeito sorriso nos lábios e, para sua posteridade, ganhou uma lenda. Além dos poemas, Yuanming deixou muitas prosas. A mais famosa delas, "Registros do Ribeiro da Flor de Pessegueiro", trata de uma sociedade ideal, mas utópica. Sem agitações, sem substituições de regimes, impostos, soberanos ou súditos, permite o paraíso a toda a sociedade.

---

3. Medida de volume usada antigamente na China.

A CONCUBINA CAPRICHOSA

A MORTE DO REI BABÃO

O rei You foi o último soberano da dinastia Zhou, no século VIII a.C. Foi um rei injusto e grosseiro, que se preocupava apenas em gozar a vida com suas concubinas. A favorita dele se chamava Bao Si, e o soberano procurava satisfazer todos os seus desejos. Mas a caprichosa amante mostrava-se sempre insatisfeita e desdenhosa e, quanto mais o rei tentava agradá-la, mais descontente ela ficava. Divertir a concubina tornou-se questão de honra para o rei durante todas as suas horas.

Um dia, levou-a para uma viagem. Estavam visitando uma torre de almenara no monte Li quando ela perguntou, enrodilhando o cabelo com o dedo, os olhos entediados no céu:

– Qual a função dessas torres de almenara?

– Servem como um meio de comunicação em caso de invasão entre as regiões fronteiriças, a capital e os principados – respondeu o monarca, fazendo figura para sua amante. – As torres podem convocar as tropas de todo o país para socorrer a capital, em caso de emergência.

– Ah, está brincando, é claro! – disse Bao Si com desdém, fazendo pouco caso das palavras do rei e bombardeando-o de perguntas.

– Afirmo que sim – respondia ele a cada uma.

– Afirma, mas não prova – provocou ela, cada vez mais irreverente, no alto de seu poder de sedução.

– Então você verá daqui a pouquinho quando a ordem for cumprida – respondeu o rei louco e desvairado pela febre da paixão, ordenando que acendessem uma fogueira na torre para provar o que dizia.

As torres começaram a sinalizar uma após a outra. Vendo os sinais, os chefes dos principados prontamente acorreram ao chamado, seguindo rumo à capital com suas tropas para prestar socorro. No entanto, quando chegaram ao sopé do monte Li, depararam com o rei You e sua concubina Bao Si se esbaldando, no fulgor das emoções, com diferentes vinhos e rindo desrespeitosamente da pilhéria.

81

– Foi um trote do rei! – comunicou o líder dos principados, dando-se conta da brincadeira de mau gosto.

– Lástima não ter um nobre rei para tão nobre exército – disse alguém que tudo viu.

O exército deu meia volta e retornou mansamente sem se atrever a manifestar sua cólera contra o soberano. Difícil de se acreditar em tão pouca sensatez de um rei que era deles.

A concubina, ancha de seus poderes sobre o soberano e vendo que os líderes haviam percorrido o trajeto em vão, riu com gosto por ter ele feito todos de bobo. Vendo-a rir tão espontaneamente, o rei, crente que podia tudo na sua soberania, resolveu repetir a dose. Mal as tropas haviam se afastado, o rei You ordenou que reacendessem os sinais nas torres de almenara, por pura trapaça e leviandade.

Os líderes dos principados novamente retornaram com toda urgência e zelo absoluto, acompanhados de seus exércitos. Assim que se aproximaram da almenara depararam-se com o casal que, dobrando-se de tanto rir, se espraiava despreocupado, corporificando a libido desta mulher sem estirpe e deste rei sem brios.

Após cair em repetidos trotes, o grupo, enfim, como até a paciência chinesa tem limites, não mais retornou quando as sinalizações os chamavam. Com isso findavam as peripécias do rei insensato.

Mas, embriagado de seus delírios, não parou por aí e pretendeu transformar Bao Si em sua rainha, e o filho do casal em príncipe herdeiro. Para tal, revogou os títulos concedidos à sua então rainha e ao então príncipe herdeiro.

O pai da ex-rainha, no entanto, que era o rei do Estado Shen, sabendo do comportamento inadequado para um rei e indignado com a revogação do título de sua filha, enviou seus exércitos para atacar You. Apavorado, o rei You ordenou, abaixo de berros, que acendessem a sinalização nas torres, a fim de convocar as tropas dos principados.

Porém, ninguém mais dava crédito a esse rei sem verdade em suas palavras, e as tropas desdenharam seu chamado e não apareceu ninguém.

Em pouco tempo, a defesa da capital da dinastia Zhou foi rompida, o exército inimigo invadiu o local, e o rei You foi morto e a concubina Bao Si, capturada.

Foi dessa forma que chegou ao fim a dinastia Zhou, por que o rei fez de bobo quem o respeitava e foi feito de bobo por quem deixou de respeitá-lo.

A BOLSA E O NAVIO MÁGICO

OS PRESENTES DO VELHO MISTERIOSO

Um menino chamado Chang, cujo nome significa honesto, vivia com sua mãe e um gato branco. Certo dia, o garoto estava andando pela montanha em busca de lenha, pois era ele quem sempre cortava lenha para a mãe, quando viu um velho despencar do alto de uma ponte, de tronco único, direto para o rio. Sem titubear, o garoto correu e se jogou na água para salvá-lo.

– Você é corajoso e tem um grande coração! – disse o velho, muito impressionado com as peripécias do menino.

Quando subiram às margens do rio, o homem deu de presente a Chang um pequeno barco de dragão e uma bolsa mágica, dizendo-lhe:

– Quando você disser: "Cresça! Cresça, para que você possa enfrentar o vento e a água!", este barco se transformará em um grande navio. Quando você disser: "Diminua! Diminua, para que você seja um brinquedo novamente!", ele se tornará um brinquedo outra vez. Eu vou embora agora, mas se você precisar de ajuda é só virar para o leste e chamar: "Avô, avô!".

O menino agradeceu, mal desgrudando os olhos que estavam vidrados no barco de brinquedo que tinha nas mãos, e o velho desapareceu. Logo vieram as chuvas. Choveu torrencialmente durante dez dias e dez noites. Quando a água começou a subir assustadoramente, Chang trouxe seu barco e, falando as palavras mágicas, transformou-o em um navio poderoso em que ele, sua mãe, e o gato embarcaram com muita confiança. Este barco não afundaria por mãos alheias.

Enquanto navegavam no mar, avistaram uma formiga, uma abelha e uma garça azul que estavam se afogando. Resgataram cada uma delas e, uma vez a bordo, elas ajudaram a conduzir a embarcação.

Mais adiante, avistaram um homem se afogando e o salvaram também. Seu nome era Ying, o que significa complicado. Assim que foi salvo, o náufrago, recusando-se a ajudar, estendeu-se no convés e se pôs a dar ordens a todos, desde a popa até a proa. Ordenou: para cima.

83

Ordenou: para baixo. Ordenou: a bombordo. Ordenou: a estibordo. Como gostava de ordenar, essa criatura. Quando a chuva parou e a água recuou, entretanto, Chang retornou à sua aldeia e, dizendo as palavras mágicas, transformou o navio em um simples brinquedo.

– Que novidade é esta? – disse o velho Ying assim que viu o processo de transformação do navio bem diante de seu nariz.

Quando o garoto contou qual a origem do barco, ele não sossegou mais até conseguir um meio de obtê-lo para si. Chang começou a reconstruir sua casa, que havia sido destruída na enchente. Sua mãe, o gato e os outros animais que haviam sido resgatados da água ajudaram Chang. Mas Ying nada mais fez além de dar ordens. Um dia, ele se aproximou de Chang pisando macio e, com voz aveludada, sugeriu que lhe desse o barco mágico para que pudesse levá-lo ao imperador, que lhe pagaria fabulosas fortunas por ele.

– Esse dinheiro – completou o embusteiro – poderá ser usado para pagar toda a reconstrução da sua casa, e ainda vai sobrar muito.

O incauto Chang deu-lhe o barco mágico, acreditando proteger a sua família com a nova casa, e o vigarista se foi. O tempo passou, e Ying não retornou.

– Vou atrás do velho e do meu barco – disse Chang, preparando-se para a viagem.

Procurou o tratante durante dias e dias, mas em vão. Certa vez, viu uma grande comitiva que se aproximava e ouviu anunciar que o primeiro ministro iria passar por ali. Quando colocou os olhos no primeiro ministro, viu que não era outro senão Ying.

– Velhaco traidor! Roubou meu barco para seu próprio benefício – rosnou entredentes Chang.

Ying deparou com os olhos chispantes de Chang e começou a tremer de pavor, sabendo que o tinha traído. Resolveu, para sua própria segurança, mandar seus guardas capturarem-no. A formiga, a abelha, e garça azul, percebendo que Chang não retornava, saíram à sua procura. Encontraram-no faminto, sujo e ferido, trazendo-o de volta para casa e curando suas feridas, restituindo-lhe a saúde e dando-lhe o conforto de ter amigos cooperativos e leais.

– Não podemos deixar aquele canalha trapaceiro levar a melhor – disseram os animaizinhos, andando de um lado a outro à procura de uma solução, uma ideia que fosse.

– Vamos até o imperador contar-lhe a história toda – sugeriu a garça azul, já batendo as asas e pronta para alçar voo.

– Ir até o palácio é fácil – disse a abelha, já zumbindo suas asinhas, com toda a boa vontade. – Mas o problema é como entrar no palácio e ser recebido pelo imperador.

– Já sei o que podemos fazer – disse Chang, esperançoso. – Fiquei sabendo que a filha do imperador está muito doente e que àquele que entrar no palácio será lhe dado um desejo. Disfarçarei-me de médico e entrarei no palácio.

Todos anuíram com a cabeça, em total concordância.

Chang se dissimulou de médico e seguiu para o palácio, onde conseguiu entrar sem problemas. Foi levado perante o imperador e, ao seu lado, se encontrava o ministro trapaceiro.

Assim que ele viu Chang diante dele, ordenou que ele fosse preso.

Mas o imperador estava mais propenso a encontrar uma cura para sua filha do que disposto a dar ouvidos a seu ministro e disse:

– Vou lhe dar uma chance para curar minha filha.

Chang pegou, então, sua bolsa vermelha de medicina mágica que o velho lhe dera e curou a princesa. Vendo voltar a saudável cor amarela na filha, o imperador não cabia em si de alegria.

– Seu desejo para mim é uma ordem, meu jovem. Diga o que quer – disse o rei ao modo do gênio da lâmpada.

– Meu desejo é receber meu barco mágico de volta – respondeu Chang.

O imperador relutou em satisfazer este pedido, e Ying logo veio em seu auxílio e disse-lhe em segredo, com intenção de trapacear Chang:

– Disfarce a princesa vestindo-a como uma criada e coloque-a juntamente com suas sete servas, todas as oito mascaradas e irreconhecíveis. Se Chang conseguir saber qual delas é a princesa dentre elas, ele poderá ter o barco.

O imperador achou essa uma boa saída. Assim, a princesa e as suas donzelas foram trazidas até Chang.

– E agora? – perguntou Chang para os animaizinhos seus companheiros.

– Confie em mim e no meu faro – respondeu a abelha rainha.
– Onde eu for, lá estará a princesa.

85

E saiu zumbindo ao redor da cabeça da nobre donzela, levando Chang a fazer, sem problema algum, a escolha certa.

– Prove que o barco é seu e eu o darei a você – dificultou outra vez o monarca.

Chang lembrou das palavras do velho homem que salvara das águas do rio e o chamou virado para o leste:

– Avô, Avô!

Ouviu-se um poderoso ruflar de asas e surgiu o velho sábio montado numa Fênix de Ouro.

– Este barco é um presente meu a Chang – avisou o velho – Portanto, pertence a ele.

Mas a cobiça do imperador e de Ying eram maiores do que a sensatez, e eles se recusaram outra vez a entregar o barco mágico.

Os animais começaram, então, a cantar:

Transforme Ying em um velho lobo cinzento
e o imperador em um porco selvagem grande.

Os animais pediram, e o velho, que ouvia somente aqueles que tinham um grande coração, atendeu imediatamente o pedido.

Foi assim que Chang recuperou seu barco, usando-o para ajudar o povo em tempos de miséria e para trazer um pouco de alegria a esse sofrido povo chinês.

O SÁBIO IMORTAL DA MONTANHA LAOSHAN

O DISCÍPULO QUE BUSCAVA APRENDER MAGIA

Eis um conto que faz parte do Liao Zhai Zhi Yi, a mais famosa coletânea de contos da China, sobre imortais e demônios, com cerca de quinhentas lendas sobrenaturais. A maioria delas foi publicada no início da dinastia Qing por Pu Songling, que as ouvia da boca dos viajantes enquanto tomavam chá sentados sobre os calcanhares, no tatame. Pu Songling incentivava os peregrinos a contarem histórias fantásticas que tivessem acontecido com eles. Esta lenda é uma delas.

Há uma montanha que se chama Laoshan, à beira-mar, onde vive um imortal que é chamado pelo mesmo nome e que conhece inúmeras bruxarias e magias.

Numa cidade situada a várias centenas de quilômetros, há uma pessoa chamada Wang Qi. Desde criança, Wang adorava o mundo misterioso da magia e, ao ouvir falar sobre o poder mágico do taoista imortal, não pensou duas vezes, despediu-se de seus familiares e foi subir a montanha onde morava o monge, em busca do aprendizado.

— Vim até aqui porque tudo o que mais desejo na vida é aprender as artes da magia e conseguir a imortalidade – disse Wang assim que se encontrou com o imortal. — Aceite-me, por favor, como seu discípulo. Não pode imaginar o quão ardentemente desejo aprender.

— Percebo pelos seus modos que você é muito mimado desde criança – respondeu-lhe o monge, após observá-lo por alguns minutos. — Não vai aguentar a vida dura da montanha!

— Eu farei qualquer coisa, por favor, me aceite. Estou disposto a tudo – falou com a prepotência dos incautos e tanto insistiu que o monge aceitou-o.

— Tudo bem, comece por cortar lenha, juntos com os demais discípulos – disse o mestre, para sua grande decepção. Deu-lhe, então, um machado, apontando para outros jovens que cortavam lenha.

O presumível discípulo pensou em retroceder e com muita má vontade pegou a ferramenta. A tarefa não foi nada fácil. Nas montanhas cresciam muitos arbustos espinhosos e estavam lotadas de pedras que atrapalhavam, dificultando o trabalho. O Sol ainda estava alto, e Wang Qi já tinha várias bolhas de sangue nas mãos e nos pés.

— Ai de mim! — lamentava-se ele, parando a cada segundo para se espantar com as bolhas.

À noite, Wang Qi olhou para a Lua e suspirou profundamente:
— Não foi para isso que eu vim. Mas como hoje já fiz os trabalhos mais duros que existem — disse a si mesmo —, amanhã certamente aprenderei magia.

No dia seguinte, acordou cedo e foi, mais animado, ver o seu mestre e disse-lhe:

— Mestre, estou pronto para que me ensine magia.

— Corte mais lenha. — foi a resposta do mestre, apontando-lhe o machado.

Ele trabalhou um dia, dois dias, muitos dias. Um mês se passou. As bolhas das mãos e dos pés de Wang Qi calejavam, e ele não aguentava mais um único minuto os trabalhos cansativos.

— Que saudades de casa — suspirava com olhar nostálgico enquanto voltava para o templo, com os demais aprendizes, após mais um dia duro de trabalho.

Quando chegou ao templo, percebeu que havia ali uma alegre reunião. Todos bebiam e conversavam com entusiasmo em volta do mestre. Começou a escurecer: o mestre pegou uma folha de papel e cortou com tesoura um pedaço redondo, colocando-o na parede. O circulo brilhou como a Lua e iluminou todo o aposento.

— A noite está linda, e o banquete estupendo! — disse um visitante.

Quando o vinho acabou, o monge taoista pegou uma pequena jarra e passou-a aos hóspedes, de mão em mão. Todos beberam à vontade e a jarra continuava sempre cheia. Wang Qi ficou admirado, sem conseguir entender como uma pequena jarra de vinho dava conta de tantos convidados.

— O vinho está delicioso, e a lua brilhante — disse um outro hóspede. — Melhor que isso, só se houvesse danças.

O monge taoista apontou para uma folha de papel em branco, onde tinha um palito e apareceu, sob a luz da lua, uma dançarina de apenas um chi[4] de estatura. Assim que alcançou o chão, ela

---

4. Dez chi equivalem a um metro.

transformou-se numa bela jovem de tamanho normal e saiu dançando maravilhosamente, fazendo voar o largo cinto do quimono enquanto cantava uma música encantadora. Após dar um espetáculo de tirar a respiração, a jovem saltou para a mesa, sob o olhar vidrado de Wang Qi, encolheu-se e tornou-se novamente um palito.

A festa findou, e os convidados foram se afastando suavemente, indo em direção à Lua, que se apagava pouco a pouco, e todos sumiam no ar. Os discípulos acenderam, então, as velas, e o mestre sentou-se sozinho à mesa.

Mais um mês se passou, e o monge taoista nada ensinava de magia para Wang Qi. Um belo dia, ele perdeu toda a paciência e foi até o mestre. Encontrou-o sentado sob os calcanhares contando histórias para seus discípulos. Na sua ânsia incontrolável, irrompeu sala adentro e disse ao mestre, cheio de presunçosa razão:

– Eu vim de muito longe para aprender magia e conseguir a imortalidade. Se não quer me ensinar, transmita-me ao menos algumas pequenas magias para meu consolo.

Vendo o mestre sorrindo sem pronunciar palavra, Wang Qi, em sua incorrigível imaturidade, argumentou:

– Todos os dias saio antes do sol nascer para recolher ervas e lenhas e só volto à noite, sem ganhar uma mísera moeda em troca. Não sou seu escravo. Isso não é vida, os trabalhos são exaustivos e não são para mim.

– Há pessoas que não são afeitas às dificuldades – respondeu-lhe, pausadamente, o mestre. – Volte para sua casa, menino, e medite que aqui estaremos fazendo o mesmo. O aguardamos quando se sentir preparado.

– Irei, mas antes me ensine algumas magias para que eu não tenha vindo em vão – insistiu Wang Qi. – Eu mereço que me ensine algo, pois trabalhei por duros e longos meses sem receber nada em troca.

– Que magia você quer aprender? – perguntou o mestre serenamente.

– Vi o senhor caminhar e atravessar a parede – disse Wang Qi. É isso que eu quero aprender.

– Eu lhe ensinarei atravessar paredes – disse o mestre, aproximando-se de uma bem sólida.

Ensinou-lhe, então, um conjuro para atravessá-la e disse a Wang Qi, indicando o local:

— Atravesse-a.

— Não consigo — disse o jovem, sentindo as pernas tremerem, sem se atrever a dar um único passo.

— Tente — disse o mestre.

Wang Qi deu alguns passos e parou vacilante.

— Coragem! Respire fundo, erga a cabeça e prossiga em frente — incentivou-o.

Encorajado por suas palavras, Wang Qi caminhou em frente à direção da parede, atravessando-a com naturalidade.

Louco de alegria, já do outro lado, Wang Qi ajoelhou-se em frente ao mestre, que a atravessara com ele, e agradeceu-lhe efusivamente.

— Ninguém vai acreditar quando eu chegar em casa e mostrar meu espantoso talento! — exultou o aprendiz todo prosa, olhando-se deslumbrado e de peito inflado de vaidade.

Diante de tal mostra de ostentação e insensatez, o mestre, que conhecia a vida, previu logo que o garoto quebraria a crista, pois sabia que as benesses vêm não como prêmio, mas por mérito. Então ponderou:

— Quando chegar em casa, seja um homem dinâmico e trabalhador. Caso contrário, a magia não terá efeito.

Virando-se aos discípulos, prosseguiu contando, lenta e pausadamente, a sua história:

— Havia um monge que aproximando se do mestre perguntou-lhe: "Mestre, o que é o inferno?". "O inferno é assim: há montanhas de arroz a dez passos de distância, e as pessoas com fome dirigem os seus hashis de dez passos de comprimento para alcançarem o arroz, mas não conseguem pôr na própria boca." "Mestre, e o que é o céu?" "O céu é assim: há montanhas de arroz a dez passos de distância, e as pessoas com fome dirigem os seus hashis de dez passos de comprimento para alcançarem o arroz, mas não conseguem pôr na própria boca... Então, um coloca na boca do outro..."

***

Wang Qi voltou para casa eufórico, ciente de que já vinha de bagagem completa e nem precisava mais do auxílio do monge para executá-la. Foi logo se vangloriando para a mulher:

– Posso atravessar paredes. Aprendi com um imortal.

– Pare de farolices – disse a mulher, sem acreditar em uma única palavra.

– Então você vai ver. Preste atenção! – disse Wang Qi, de olhos vidrados numa parede à sua frente.

Hesitou em princípio, mas, então, deu um piparote no ar e disse para si mesmo: "Vamos lá! Tudo comigo!". Postou-se na atitude de um mago, recitou o conjuro e correu para a parede – bong! Refratário, o obstáculo impulsionou-o para trás, fazendo-o estatelar-se diante da mulher, que explodiu em gostosas gargalhadas.

De alma e corpo no chão, acariciou o galo na testa e o nariz amassado e deu um salto, pronto para uma nova investida. Tentaria corrigir o que talvez estivesse errado. Tentou mentalizar as palavras mágicas, que se embaralhavam na sua mente confusa. Duvidou do monge, da parede e das palavras.

Aprumou-se e recitou, num tom grave e profundo, a frase de esconjuro e, paspalho às raias da complacência, investiu seu corpo novamente contra a parede num lugar que julgou adequado, com mais velocidade e furor.

Booooooong!

Foi o som que se ouviu do corpo amontoado no chão, seguido do riso incontido e anasalado da mulher, que se apiedou e o socorreu. Era uma pessoa deplorável de estilo e ação.

– Calma, meu marido... Se existisse alguma mágica desse porte, você não aprenderia em apenas três meses a atravessar uma parede.

– Juro que atravessei! – disse ele, lembrando os detalhes daquela façanha sob a orientação do mestre taoista.

Muito injuriado, passou a acreditar que o imortal o enganara.

– Aquele embusteiro maldito me iludiu. Depois de me humilhar me fazendo trabalhar como escravo, me fez acreditar que eu poderia fazer isso sozinho.

E se pôs a maldizer e a praguejar contra o mestre, a montanha Laoshan e a humanidade, pelo resto de sua vida. Desde então, Wang Qi permaneceu como um homem comum sem a habilidade da magia, sem conseguir atravessar paredes e, ainda por cima, foi pelo resto de seus dias um insuportável e amargo reclamão.

A CAÇA AO LOBO E O SENHOR DONGGUO

"O pescador e o Diabo", que é um dos contos mais famosos de *As mil e uma noites*, é semelhante a esta antiga lenda na China chamada "O senhor Dongguo e o lobo".

Um erudito, a quem todos chamavam de senhor Dongguo, era um retrógrado e costumava agir baseado nas teorias de seus livros. Um dia, o senhor Dongguo buscava um posto de funcionário no país de Zhongshan com seu burro, que carregava um saco de livros. Na metade do caminho, um lobo ferido surgiu à sua frente rogando:

– Socorro, senhor, me ajude! Estou sendo caçado sem dó nem piedade. Fui ferido por uma flecha. Ai de mim, estou sangrando... estou morrendo... estou no último suspiro... Deixe-me, por favor, esconder-me no seu saco de livros.

O senhor Dongguo estava careca de saber que o lobo era um animal traiçoeiro de pai e mãe e que até nas histórias e fábulas ele era um vilão implacável. Mas histórias são histórias, e ter diante de si um pobre animal ferido e acossado, esvaindo-se em sangue e no último suspiro, é bem diferente. A compaixão tomou conta do literato e, com generosidade, ele estendeu as duas mãos.

– Ó, pobrezinho... – não conseguiu deixar de sussurrar, mas logo vacilou, contendo o gesto ao ouvir os gritos dos caçadores que se aproximavam. – Se eu socorrê-lo, os caçadores vão me matar.

Mas o olhar do lobo era tão desesperado e acuado que o livreiro abriu o saco de livros e meteu o animal dentro de qualquer jeito, atando suas quatro patas para que ficasse encolhido e menos visível.

Seguindo o faro dos cães, logo os caçadores estavam à frente dele.

– Um lobo passou por aqui – afirmou o caçador –, o senhor o viu?

– Aqui há muitos caminhos – relativizou o senhor Dongguo, que não lia livros por nada. – Ele pode ter fugido por ali.

Os caçadores seguiram o caminho indicado por Dongguo e continuaram a feroz caça.

– Senhor, por favor, liberte-me e deixe-me sair, estou sufocando – implorou o lobo no saco assim que ouviu os caçadores se afastarem.

Sem se fazer de rogado, o homem libertou o lobo, que deu um salto inesperado, não parecendo mais tão ferido e respirando perfeitamente.

— Estou com uma fome danada — disse o lobo, olhando com apetite para o senhor dos livros. — Um favor, dois favores: já que me salvou uma vez dos caçadores, que tal me salvar agora da fome? — e lançou-se sobre o senhor Dongguo para devorá-lo.

Neste momento, um agricultor passava por eles com uma enxada aos ombros e, ao ver a cena, deu uma pancada na cabeça do lobo, que caiu no chão sem sentidos.

— Este ingrato me atraiçoou e queria me devorar — disse o literato ao camponês. — Foi assim que ele me agradeceu por ter-lhe salvo a vida.

— Não acredite nele — respondeu o lobo, voltando a si. — Eu estava só me defendendo. Ele queria me matar. Todos querem matar os lobos. A vítima sou eu.

— Matá-lo? Eu o escondi no saco de livros para despistar os caçadores.

— Acho que o lobo diz a verdade — disse o camponês, após pensar um pouco — É impossível esconder um lobo deste tamanho num pequeno saco de livros.

— Bem pensado. Imagine se com este tamanho todo vou caber neste minúsculo saco que, além disso, está cheio de livros — disse o lobo, espichando-se como um gato quando acorda.

O camponês pediu que o lobo entrasse no saco, para constatar a veracidade de suas palavras e ver se ali cabia. Acostumado a ser o logrador, o lobo entrou no saco de boa-fé e foi na hora amarrado pelos outros dois. O camponês brandiu a enxada na cabeça do ardiloso mal-agradecido, matando-o na hora.

— É da sua natureza ser traiçoeiro, e a natureza de um animal jamais mudará — disse o camponês. — Não pode se deixar levar pelo coração com esta espécie de criaturas.

— Obrigado! — disse o senhor Dongguo, que logo entendera a intenção do agricultor em salvá-lo.

O conto "O senhor Dongguo e o lobo de Zhongshan" virou dois sábios provérbios chineses. O primeiro mostra as pessoas que abusam da compaixão alheia, e o segundo, a ingratidão de uma criatura cuja natureza é conhecidamente traiçoeira.

A SEDUÇÃO DA SERPENTE DO LAGO OESTE ENCANTA UM MORTAL, MAS É DESCOBERTA

O Lago Oeste se localiza em Hangzhou, no Leste da China. Trata-se de uma área famosa por suas belíssimas paisagens. Na qualidade de pérola da capital da província de Zhejiang, o Lago Oeste tem montanhas que seguem em três direções e nas águas ondulantes estendem-se dois diques, alcunhados com os nomes de grandes poetas da antiguidade chinesa: Su Dongpo e Bai Juyi. Muitos autores descreveram a beleza do lago em seus versos e em numerosas lendas ou histórias. A lenda da Serpente Branca é uma dessas, e a mais famosa.

Reza a lenda que os espíritos de duas serpentes resolveram transformar-se em jovens donzelas, Bai Suzhen e Xiao Qing, e viajar para o Lago Oeste de Huangzhou. Quando ambas estavam atravessando a ponte quebrada, Bai Suzhen viu um jovem de belo porte e apaixonou-se por ele à primeira vista. Chamava-se Xu Xian e era um homem muito culto.

– Nunca me apaixonei por ninguém, minha amiga, e agora sinto meu coração palpitar de amor e paixão. Que coisa forte é essa?

– Olha lá que ele já se vai, minha amiga – alertou-a Xiao Qing – Mas confie em mim: vou ajudá-la a reter este jovem a todo custo. Não se perde a melhor coisa da vida que é o amor.

E fez um conjuro que provocou uma chuva torrencial.

O jovem Xu Xian dirigia-se a um barco quando foi surpreendido pela tempestade e deparou com as duas garotas-serpentes debaixo da chuva. Como era do seu feitio ser gentil, pegou o guarda-chuva do barco e emprestou a elas. Seu olhar cruzou com o de Suzhen, soltando faíscas. Os gestos não diziam nada; os olhos, porém, diziam tudo e pregavam os pés de ambos no chão, fazendo suas cabeças voarem nas nuvens. Trocaram mais alguns olhares e ficaram irremediavelmente apaixonados. Namoraram e logo se casaram, sempre contando com o apoio da fiel e boa amiga e companheira Xiao Qing.

Mas quando o prior do Templo Jinshan, Fa Hai, conheceu a jovem Suzhen, viu que algo ali não estava bem. Desconfiou de que ela fosse um espírito mau e alertou Xu Xian, compartilhando sua desconfiança. Cego de amor, entretanto, o marido refutou a ideia e acusou o monge de inveja. O prior tratou de encontrar, então, um método para que a verdade viesse à tona e, mudando de tática, convidou, Xu Xian e sua mulher para acompanhá-lo à Festa do Barco-Dragão.

Tudo ia muito bem, até que o marido deu uma taça de saquê para a mulher e, após alguns goles, ela foi se revelando. Quando esvaziou a taça ela estava no seu estado original, ou seja, uma cobra. Ao ver aquilo, Xu Xian ficou tão chocado que morreu de susto.

Vendo o marido morto, Suzhen ficou desesperada e, sem pestanejar, lançou-se em viagem para a montanha Kun Lun em busca do elixir da imortalidade. Ao chegar lá, enfrentou a Guardiã do Elixir Mágico da Vida e roubou a poção mágica, utilizando-a para fazer Xu Xian voltar à vida.

– Eu o preferia morto a sabê-lo casado com esta serpente – disse o monge Fa Hai, e continuou induzindo Xu Xian a abandonar a mulher-serpente.

Tanto fez e argumentou que convenceu Xu Xian a tornar-se também um monge no Templo Jinshan. Ao saber disso, Suzhen (que a esta altura estava grávida) e sua amiga Xiao Qing foram ao Templo. Chegaram batendo guisos como cobras envenenadas que eram e ordenaram a Fa Hai com olhos peçonhentos:

– Liberte Xu Xian, imediatamente, para não aumentar ainda mais a nossa fúria.

Mas o teimoso e intrometido prior estava irredutível. Enfurecidas, Suzhen e Xiao Qing fizeram uma magia e trouxeram os soldados mortos-vivos das profundezas do Mundo Inferior. Também provocaram chuvas torrenciais, que inundaram a região e bloquearam a entrada do Templo Jinshan. O monge Fa Hai lançou-se, então, sobre Suzhen numa luta feroz, medindo seus poderes com os dela. Mas como Suzhen estava prestes a dar à luz, sentiu as dores do parto e precisou abandonar a luta. Retirou-se para a Ponte Quebrada, onde deu à luz um lindo bebê. Assim que o marido soube que Suzhen dera à luz um filho seu, arrependeu-se terrivelmente de tê-la abandonado e saiu do Templo em busca dela. Ao encontrá-la na Ponte Quebrada, pediu-lhe perdão, banhado em lágrimas de arrependimento, e voltou a professar seu grande amor por ela.

Tudo se acertou entre o casal, mas a situação com o enxerido monge piorou. Ante o inusitado desfecho, Fa Hai inflou-se de ódio e perseguiu ferozmente o casal, prendendo a mulher debaixo da Torre Leifeng e ordenando-lhe que voltasse ao mundo humano apenas quando o Lago Oeste secasse e a Torre Leifeng caísse.

Se havia o monge para atrapalhar, no entanto, havia também a sempre leal amiga Xiao Qing para ajudar. Tornando-se uma imortal através do seu poder, ela voltou ao Lago Oeste, bebendo toda a sua água, e derrubou a Torre Leifeng, derrotando o perverso monge Fa Hai e salvando finalmente Suzhen, sua grande amiga. Assim, o amor venceu.

O MELHOR ARQUEIRO DO MUNDO

ESTRATÉGIA PARA PRESERVAR A FAMA

No Período dos Reinos Combatentes, na China, cada reino tinha personalidades famosas, cujas memórias se transmitem até hoje. O general do reino Qin, Bai Qi, era notório pela arte da guerra e conquistou a fama de invencível. Num certo ano, o rei mandou Bai Qi atacar o reino Wei. Muitas pessoas ficaram preocupadas com a reação em cadeia que provocaria uma eventual vitória dos Qin.

Conselheiro do reino Zhou, Su Li foi mandado para convencer Bai Qi a não atacar o reino Wei. Era um célebre e respeitável conselheiro, mas tinha à sua frente, sem dúvida, um venerável desafio: convencer um general tirano, que não lhe pedira conselhos, a fazer exatamente o contrário do que queria fazer.

Ele pensou, pensou e marcou uma entrevista com o general. Assim que se encontrou diante do invencível comandante, perguntou:

– Posso lhe contar, generalíssimo, uma bela história sobre um imbatível arqueiro chamado Yang Youji?

Desconfiado, o general aquiesceu, e o outro se pôs a contar:

– Havia um arqueiro, chamado Yang Youji, reconhecidamente hábil na sua profissão que podia acertar, com extrema exatidão, as folhas de álamo a cem passos de distância da árvore. Havia outro arqueiro, de nome Pan Hu, cuja habilidade também era usar arco e flecha. Os dois decidiram realizar uma competição, atraindo de imediato uma imensa multidão de espectadores. Pan Hu saiu primeiro e lançou três flechas. Todas acertaram o ponto vermelho, colocado a uma distância de cinquenta passos, fazendo estalar as palmas dos espectadores em longos aplausos. Yang Youji observou com atenção as circunstâncias periféricas e disse: "O alvo é grande e está muito perto. Vamos adotar como pontaria as folhas de álamo a cem passos". Dito isto, mandou fazer um sinal em uma folha da árvore que estava a essa distância. Apontou o arco, atirou, e a flecha acertou o alvo em cheio, seguido do som de estrepitosos aplausos. Vendo a histeria da multidão que acariciava seu ego, o arqueiro disse a si mesmo: "Vou engendrar outro prodígio, pois um só num dia é pouco". Recuou mais cinquenta passos do alvo, ante os olhos vidrados de admiração da plateia. Mas Pan Hu não acreditava que seu adversário pudesse acertar sempre. Escolheu pessoalmente três folhas, enumerou-as e pediu que ele acertasse uma por uma em ordem crescente de distância. Yang Youji chegou à árvore e verificou os números nas folhas. Depois recuou, recuou até os cem passos, postou-se, distendeu o arco e disparou três flechas certeiras, abatendo uma a uma as três folhas sob os olhos esbugalhados da plateia. Pan Hu ficou convencido de que o seu adversário não era apenas bom. Ele era ótimo. Invencível. O vencedor foi interrompido, enquanto todos o aclamavam, por um espectador que havia permanecido ao lado de Yang Youji: "Apenas uma pessoa com habilidade para acertar folhas do álamo a tal distância merece que eu lhe dê meus conselhos". Típico de um jovem audaz, causou-lhe espécime ver que alguém interrompia a aclamação de um vitorioso para lhe dar conselhos e voltou-se para ver de onde provinha tal audácia. "O senhor tem, por acaso, pretensão de ensinar-me técnicas sobre como atirar flechas?", desdenhou Yang Youji num risinho anasalado. "Não vou ensinar-lhe como usar o arco e flecha, logicamente", respondeu o homem seguro de si. "Isso comprovei. Os conselhos que vou lhe dar são exatamente sobre como preservar esta sua fama de atirador invencível. Mais importante do que ser um bom atirador de flechas é saber proteger-se e manter a fama de invicto. Alguma vez o senhor já pensou nisso? Pois é melhor pensar antes que esgote suas forças, ou erre o alvo uma única vez, maculando para todo o sempre sua fama de invencível flechador, a cem passos."

Após terminar a história, o conselheiro Su Li olhou para o general invencível, Bai Qi, que aguardava os complementos da argumentação pela qual ele teria contado tal história. Percebendo que a palavra continuava com ele, Su Li prosseguiu:

– O senhor goza da fama de general insuperável. Mas o reino Wei é um osso duro de roer para Vossa Senhoria. Se não conseguir uma vitória imediata agora, toda a sua glória passada irá por água abaixo e sua fama será tristemente afetada de um segundo para outro, por uma mísera derrota.

Ouvindo estas palavras, o generalíssimo baixou e levantou a cabeça, positivamente, em total concordância. Seguiu os sábios conselhos de Su Li e desistiu do ataque ao reino Wei, sob o pretexto de uma doença. Tudo isso sem pronunciar uma única palavra, como um bom general chinês.

O CAVALO MÁGICO DE MADEIRA

GRANDE AVENTURA EM TERRAS LONGÍNQUAS E DESCONHECIDAS

Esta história chinesa, que se originou em Uygur, conta a grande aventura de um príncipe ocorrida graças à briga de egos entre um ferreiro e um carpinteiro. O ferreiro foi quem atiçou primeiramente a rivalidade entre ambos, autoproclamando-se mais genial e talentoso do que o outro.

– A persistência e o esforço são as únicas armas do profissional medíocre e insignificante – repetia o ferreiro de olhos acesos como as brasas, sempre provocando o carpinteiro, que se esmerava, absorto em meio a lascas e serragens. – Já que não posso parabenizá-lo por ter a habilidade nata dos gênios, como eu, parabenizo-o pela constância e pertinácia de trabalhar dia e noite com o afinco dos desesperados.

Como o carpinteiro dava de ombros e nada respondia, o invejoso prosseguia no seu monólogo:

– Meus ancestrais são os melhores forjadores de espadas de toda a China – retrucou o ferreiro com veemência ante o pouco caso do adversário, exaltando-se e tão rubro como se estivesse diante das forjas. – Todos eles trabalharam o ferro com maestria, aperfeiçoando o talento a cada geração. Você jamais conseguirá competir com minha habilidade.

Certo dia, porém, o carpinteiro começou a se irritar de verdade com aquele ferreiro estúpido e todo cheio de si que vinha se meter com ele sem que o houvesse chamado. Num acesso de impaciência, revidou:

– Não cansou ainda de marretear asneiras, seu ignorantão invejoso? Baixe sua voz e melhore seus argumentos. Deixe os ruídos ensurdecedores para quando martela a bigorna, pobre coitado que faz pior do que quando malha o ferro frio com a cabeça quente.

– Pfffffff! Fala, fala e nada diz. Admita minha genialidade e o assunto está encerrado.

Começou, assim, uma inimizade ferrenha entre o ferreiro e o carpinteiro, que aumentava mais e mais a cada dia. Tanto se digladiaram verbalmente os dois e por tão longo tempo sem chegar a conclusão alguma que resolveram, certo dia, tirar esta teima: comprovar qual dos dois era, de fato, o mais talentoso.

– Vamos até o rei pedir para que decida essa pendenga de uma vez por todas – decidiu o ferreiro, para resolver de vez a incompatibilidade dos dois.

Assim o fizeram.

– Viemos até vós, majestade, para solicitar que sejais nosso juiz. Dizei-nos, por clemência, qual de nós dois é o mais genial – implorou o ferreiro, no último grau de ansiedade, tomando a palavra diante do monarca. – Sou um ferreiro, e a minha obra é a mais engenhosa e perfeita que há no mundo. Mas este carpinteiro não se conforma com minha superioridade e insiste em querer me desmerecer – completou, colocando seus defeitos no outro.

– Quem conhece meu trabalho sabe do que falo – defendeu-se o carpinteiro. – Salta aos olhos de todos minha capacidade e habilidade com a madeira.

– Não posso formar opinião alguma, uma vez que não vi nem uma espada forjada por este sabichão que se diz o melhor ferreiro do mundo nem sequer vi uma cadeira deste que se intitula o melhor carpinteiro do mundo – respondeu o rei, olhando para os céus com enfado.

Juramento por juramento e jumento por jumento, estaria alguém ali com a verdade? Voltando-se aos seus guardiões, num bocejo que parecia querer engolir o mundo, ordenou:

– Agora, tirem da minha frente estas duas sumidades, que quero dormir.

– Mas como fica o nosso caso, majestade? – jogou-se a seus pés o ferreiro.

– Retornem os dois daqui a dez dias, quando tiverem uma amostra de seus trabalhos. Só então poderei avaliar. E que seja algo digno de meu tão precioso tempo, senão mando cortar a cabeça dos dois.

Voltaram os artesãos para casa, massageando o pescoço ainda firme, e puseram logo mãos à obra. No tempo certo, retornaram ao rei com seus trabalhos prontos. O ferreiro trouxe um grande peixe de ferro, e o carpinteiro um cavalo de madeira.

– O que este peixe de ferro faz? – perguntou o rei ao ferreiro.

– Pode flutuar no mar carregando mais de cem mil sacas de grãos – respondeu o forjador.

"O ferreiro está ferrado!", pensaram todos os que àquilo assistiam. "Este idiota não conhece as leis da natureza e não sabe que o ferro não flutua?"

– Coloquem 100 mil sacas de grãos sobre esta geringonça! – ordenou o rei, enquanto a plateia aguardava para ver afundar o peixe juntamente com a banca do ferreiro.

Sob as ordens do rei, o peixe de ferro foi lançado às águas e moveu-se através dela com a agilidade e rapidez de um peixe agulhão-vela, sem o menor traço de imperícia, causando uma grande sensação entre os espectadores.

– Bravo! Bravo! – aplaudiu o rei, tão impressionado que até prometeu ao ferreiro um posto de oficial (mais tarde, ele realmente o fez bedel de um de seus distritos).

Com um sinal, o rei mostrou ser a vez do carpinteiro. Este aproximou-se com seu cavalo de madeira à tiracolo. Quando o rei viu aquilo, fez uma careta de pouco caso, como também todos os demais. Indiferente aos burburinhos cheios de desprezo que chegavam aos seus ouvidos como um zum-zum de abelhas, o carpinteiro veio com a novidade:

– Este cavalo possui 26 parafusos. Assim que se soltar o primeiro, ele alça voo. Quando solta-se o segundo, ele acelera, e quando soltam-se todos os 26 ele sobe aos céus, voa mais veloz do que uma águia e leva o usuário para onde ele quiser ao redor do mundo.

Assim que o jovem filho do rei ouviu isso, seus olhos brilharam, sua curiosidade se avivou e sua sede de aventura tomou conta, aumentando visivelmente à medida que o carpinteiro falava. Ele não duvidou nem por um segundo das palavras do inventor, pois aquilo era o que mais desejava na vida: voar para o céu, olhando o mundo lá embaixo. O príncipe virou-se para o poderoso pai e, em êxtase, implorou que o deixasse experimentar o cavalo e dar um passeio.

– Jamais! Isso está fora de questão! – respondeu o rei, taxativo.

– Filho de rei não serve para cobaia – e ordenou a um lacaio que se sujeitasse à experiência.

– Por favor, meu pai, não pedi nada ultimamente – implorou o filho, livre de dúvidas e, por isso mesmo, cheio de ousadia. – Desejo ardentemente dar uma volta neste cavalo de madeira. É tão palpitante e promete tanto!

Palpitante era, mas muito arriscado, foi o que respondeu o pai. Jamais o filho vira um fardo pesado a suas costas. Jamais arcara com responsabilidade alguma. Dormia, dormia e dormia, sem ser solicitado para saber dos comandos. Agora, despertava para alçar voo de repente aos céus? Não. Era preciso um passo de cada vez, um degrau depois do outro.

– Só uma volta, por favor – implorou, e insistiu tanto que o monarca, tendendo a ceder, voltou-se para o carpinteiro.

– Aposta sua cabeça que o cavalo sobe e desce com controle do cavaleiro?

O carpinteiro apostava não apenas sua cabeça, mas até sua machadinha de trabalho.

– Não há chance de o cavalo corcovear – afirmou categoricamente o carpinteiro, numa confiante reverência ao rei.

Assim, o soberano, que amava o filho mais do que a si mesmo e tinha dificuldade em lhe dizer não, cedeu enfim aos seus rogos.

– Mas você só vai voar pelas redondezas – ordenou o rei. – Faça-o lentamente, meu filho, e solte apenas o primeiro parafuso – disse o pai, como diria um italiano ao emprestar a Ferrari ao filho adolescente e pedir que não passasse da primeira marcha.

Concordando com tudo o que o rei quisesse, o principezinho, no frescor da juventude, montou no cavalo e saiu à procura de sua mais desafiante emoção. Agora, era mãos à obra. Soltou o primeiro parafuso e o cavalo de madeira se ergueu no ar com a leveza de uma águia, enquanto o coração do pai pesava como chumbo encolhido no peito. Os olhos de toda a multidão ergueram-se pateticamente para os céus, acompanhando as peripécias do garoto.

O príncipe estava tão maravilhado com a novidade que, esquecido da promessa ao pai, soltou mais um parafuso. O cavalo escoiceou como se chicoteado e disparou para o alto como uma flecha.

– Que divertido! Que divertido! – gargalhava o principezinho lá das alturas.

Tão entusiasmado estava com a novidade que teve ousadia o bastante para desaparafusar mais um. Depois outro, e mais outro.

Logo, as pessoas, as árvores, as cidades e tudo o mais estavam totalmente fora de sua vista. Ele sumiu nos ares diante de todos.

Em estado de choque ao ver o filho desaparecer diante de seus olhos, o rei voltou-se para o carpinteiro e, avermelhando-se de cólera, ordenou em altos brados:

– Prendam-no! Amarrem-no à ponte e, se meu filho demorar para voltar, torturem este desgraçado. Esfolem-no, empalem-no!

Porém, foi contido na sua fúria por seus conselheiros, que recomendaram aguardar até que o filho retornasse, o que certamente ocorreria quando batesse a fome. Viajantes sempre houvera, outrora, em outras eras.

"Mas com tantas proezas e tanta audácia como o meu filho?", questionava-se o pai soberano.

– É natural que o garoto se entusiasme e anseie pela aventura, pelo desconhecido – concluiu o carpinteiro em favor do filho alheio, mas pensando no alívio que era para si a intervenção dos conselheiros.

– O mesmo aconteceria se fosse-lhe dada para guiar uma carruagem. Ele sumiria de suas vistas, majestade, mas isso não comprovaria que ele não estaria se divertindo e aproveitando a viagem.

– Veremos! Veremos! – resmungou o pai entredentes, olhando para cima até ficar com torcicolo.

Cheio de dores e remorsos, ficou imaginando como podia o rapaz se divertir enquanto ele estava tão aflito. Sempre que se propunha a acertar com o filho dava com os burros n'água. Deveria ter sido firme e duro no seu "não". Assim é que se educa de verdade.

***

O príncipe olhou para baixo, em êxtase, e viu tudo se afastando: a multidão, as árvores, as cidades, os rios e as montanhas. Seguia adiante e, olhando para os céus, percebia que era de lá que vinham suas forças. Nem pensou nos que ficaram. Passou várzeas e tramontes com o coração pulsando, em êxtase.

A aventura e o mistério chegavam a ele pelo ar a cada nova desaparafusada. Tanto tempo voou o príncipe que começou a ficar com fome e com sono. Prendeu novamente alguns parafusos, e a velocidade do cavalo diminuiu. Olhou para baixo e viu surgir, cada vez

mais perto, uma cidade a seus pés. Aterrissou sem problema algum. Apeou do cavalo e dirigiu-se à primeira pousada que encontrou:
— Que fantástico! Chegar assim, num piscar de olhos, a uma cidade jamais vista.

Jantou como o príncipe que era e dormiu como uma pedra que não era.

No dia seguinte, a primeira coisa que fez ao acordar foi visitar a cidade. Após uma longa caminhada por várias ruelas, viu-se em uma praça repleta de gente. Todos tinham os olhos voltados para o céu. Andou o tanto que quis entre a multidão e, após olhar para cima e nada ver, perguntou o principezinho para um velho.

— O que estão olhando?

— Não deve ser daqui, para não saber o que está acontecendo — respondeu o velho. — Nosso rei tem uma filha de incomparável beleza, e ele a ama tanto e tem tanto ciúme dela que não suporta que ninguém a veja. Costumava deixá-la trancafiada no palácio, mas não faltou o atrevido que tentasse invadir o castelo para espioná-la. O rei achou então que o palácio já não era seguro o bastante e construiu uma mansão no céu, onde a princesa vive. Sempre que a corte decide, o rei vai até lá para vê-la. Ficou no céu por muito tempo e agora correm rumores de que está voltando e pode aparecer a qualquer momento. É por isso que toda esta gente se aglomerou, esperando para recebê-lo.

— Certamente é impossível construir um palácio no céu — conjeturou o príncipe, a quem isso tudo soava muito estranho.

— O palácio foi construído por um imortal e, exceto pelo rei, homem algum pode voar até lá.

"Eu, com meu cavalo de madeira, posso!", pensou o principezinho, permanecendo com essas palavras ecoando na sua cabeça e com a boca salivando de vontade de conhecer a princesa. Aguardou o anoitecer, montou em seu cavalo de madeira e voou para o céu. Logo divisou entre as nuvens um magnífico palácio que deslumbrou seus olhos. Voou diretamente para ele. Apeou, entrou e foi bisbilhotar o alheio. Transpôs o umbral e deu de cara com a donzela.

Vendo um homem entrar, a princesa emparedada pela escassez do conhecimento pressupôs tratar-se de um deus que descera dos céus, sem jamais imaginar que poderia ser um rapaz que subira.

"Que magnífica donzela", pensou o príncipe, caído de amor.

"Que garboso jovem", pensou a princesa, apaixonando-se no ato.

Voaram, os jovens incautos, um para os braços do outro, como se fossem amantes separados de longa data, e foram fazer, com toda naturalidade, o que seus instintos e corações ditavam. Uma vez no quarto, deleitaram-se em carícias, mesmo com a puerilidade e a pouca experiência de ambos. Ela tomou-o nos braços como a um menino, que rapidamente se fez homem.

Foi como a tatear que ele tocou o corpo quente dela e viu seus olhos frescos, seu rosto como um lírio, e gozou dos prazeres deste novo mundo que via o amor ponderando a tudo. Como se ali estivessem todas as promessas, como se ali vivesse a poesia que lhe ardia na alma. Um amor que nem cogitava existir e que chegava como um sonho, uma visão deslumbrante. Sonho ou não, valeria a pena não desperdiçar o momento.

Ambos viam beleza em tudo e confiança em seus olhares. Nada parecia impossível e nada era impossível. Perdidos no vazio da noite escura, brincavam os dois de colher estrelas. Na manhã seguinte, a princesa disse cândida e serena:

– É melhor que se vá agora, pois meu pai pode chegar a qualquer momento.

Fora o destemor que o trouxera até ali; agora, era o encantamento que não permitia que saísse. Mas a manhã que despontava assim o exigia. Mesmo com o coração pulando no peito, pedindo para ficar, ele se viu obrigado a sair. Ouviria tudo, se ela o dissesse. De nada sentia falta. Pensou ligeiramente nos que haviam ficado. Onde estava a saudade que dedicava aos seus? E os banquetes de futilidades? Tudo esquecido. Saiu às tontas, como um menino que acaba de cometer um desatino. Montou no cavalo e retornou à pousada, olhando mais para trás do que para a frente.

Naquele dia, o rei retornou ao palácio no céu, como de costume, e a primeira coisa que fez foi pesar a princesa, como sempre fazia, para ver se ela estivera com algum homem. Realmente, ela pesava um quilo a mais do que no dia anterior. O velho rei foi tomado por uma fúria insana: sua barba ficou hirta e uma baba de louco espumou de sua boca. Desceu imediatamente à terra, convocou aos gritos seus cortesãos e relatou o que acontecera no céu durante sua ausência.

– Quero que descubram com máxima urgência quem teve a audácia de subir até o palácio celestial – ordenou, acrescentando: – Quero este maldito empalado e morto!

– Temos quatro guerreiros no nosso reino, majestade – respondeu o conselheiro. – Pode enviá-los para vigiar o palácio. Quando o intruso aparecer, eles haverão de surpreendê-lo e desvendar o mistério, impingindo-lhe o castigo merecido.

– Haveremos de descobri-lo e eliminá-lo – disse um guardião, falando em nome de todos –, porque todos os mistérios pervertem e temos o dever de esclarecer tudo, já que não suportamos nada de escuso e incógnito a respeito da princesa.

O rei achou uma excelente ideia. Naquela noite, levou os guerreiros para cima consigo e mostrou-lhes aonde deveriam se esconder e vigiar.

– Fiquem atentos! – rosnou o rei, o dedo em riste no nariz de cada guardião. – Capturem o traidor se querem manter a cabeça sobre seus respectivos pescoços!

Após tudo devidamente ordenado e ameaçados os guerreiros, o rei retornou ao seu palácio na terra. Infelizmente, contrariando os seus planos, os guardiões foram cabeceando de sono bem contra suas vontades, como se à mercê de um poderoso feitiço, e logo adormeceram em seus postos. Assim, ao amanhecer, o principezinho passou bem rente a eles e retornou tranquila e impunemente.

Quando o rei regressou no dia seguinte e pesou a princesa, descobriu que ela tinha engordado mais um quilo novamente.

"A única coisa que se ganha sem esforço algum é peso", pensou a jovem, sem entender de onde raios surgia aquele um quilo a mais, se ela havia se alimentado tão pouco.

O rei, por sua vez, cego de ira, mandou chamar seu conselheiro e contou-lhe tudo o que havia acontecido, para que este lhe desse uma luz.

– Me parece uma boa estratégia aplicar uma demão de tinta na cama e nas cadeiras da princesa – sugeriu o conselheiro. – Amanhã, é só procurar na cidade por aquele que tem as roupas sujas de tinta. E será ele, sem dúvida, o invasor.

O rei seguiu o conselho, e a princesa teve sua cama, suas cadeiras e todos os móveis pintados de branco. À noite, o principezinho subiu para visitar a princesa. No caminho de volta, sentiu um forte cheiro de tinta e percebeu que suas roupas estavam brancas como se tivesse caído uma nevasca. Sem grandes alardes, trocou de roupa e jogou as usadas fora.

Havia na cidade um pobre velho que se levantava todo dia antes do amanhecer e ia de porta em porta acordar as pessoas para comparecerem à mesquita. Estava ele em sua ronda naquele dia quando viu, de repente, roupas caírem literalmente do céu.

– Alá, maravilhoso e justo Alá! – exclamou o árabe, deitando-se com a testa no chão. – Tenho servido-o toda a minha vida e eis, enfim, a minha recompensa! – e ergueu-se, levando alegremente as roupas para casa, acreditando piamente serem uma dádiva divina.

Naquela noite, quando a cidade inteira veio à mesquita para orar, o rei enviou secretamente seus homens a fim de procurar o suspeito. O velho, que lá estava vestindo sua "recompensa de Alá", logo começou a ter sérios problemas. No meio do ofício religioso, foi preso e levado ao rei.

– Por que suas vestes estão manchadas de tinta? – o rei o interrogou.

– Eu peguei estas roupas do chão, e elas estavam assim manchadas – respondeu inocentemente o velho, baixando os olhos e torcendo as mãos, já duvidando do que dizia tal o olhar de descrédito de Sua majestade.

– Prendam-no e façam-no confessar. Quando confessar, enforquem-no! – ordenou o rei em berros bem entonados.

Assim, sem muita dificuldade, conseguiram extrair algum tipo de confissão, que se parecia mais com uma convulsão do que confissão, e o fiel servo de Alá foi condenado à morte por enforcamento.

Alvoroçada com a novidade, a cidade inteira estava curiosa para conhecer o atrevido que ousara adentrar o palácio no céu. Quando viram aquele pobre velho esfarrapado sendo conduzido ao cadafalso, entreolharam-se estupefatos e disseram uns aos outros:

– Quem diria, olhando assim, que este velho decrépito teria tanta energia e audácia para alcançar os céus e conquistar a intocável e virgem princesa.

Todos começaram a falar sobre o caso, e alguns chegaram à conclusão de que o pobre velhote estava mais para bode expiatório

do que para Don Juan. Quando a notícia chegou aos ouvidos do principezinho, sua consciência o acusou, levando-o a intervir no caso. Carregou o cavalo debaixo do braço e dirigiu-se ao local da execução, onde a corda já fora amarrada em volta do pescoço do pobre velho, cercado por uma acesa multidão. Um homem sozinho, de praxe, pouco sabe e pouco se impõe. É sempre de um círculo e da união que provém um crescente de forças. O audacioso príncipe, porém, vendo a injustiça praticada e temendo mais a desonra do que a morte, gritou a toda voz:
– Parem! Prestem todos atenção! Não enforquem este pobre inocente! – e subiu no cadafalso. – Fui eu quem subiu ao palácio do céu! As roupas manchadas de tinta eram minhas! Se quiserem enforcar alguém, que seja a mim, mereço ser punido! Deixem ir em paz este velho inocente!

Agora as coisas faziam sentido e se encaixavam como uma luva. Aquele belo e audaz príncipe mostrava bem ser capaz e ter coragem o bastante para subir aos céus, quebrar as regras e desvirginar a nobre e intocável donzela.

O rei, que assistia tudo a certa distância, ao ver essa desordem enviou alguém para se inteirar do que estava acontecendo.

– Majestade, um jovem estrangeiro acaba de chegar à frente e confessar o crime – disse o carrasco ao rei. – Qual deles deve ser enforcado? Aguardamos o seu veredito, alteza.

– Enforque o réu confesso – ordenou o rei, meio decepcionado por ver o estrangeiro vir, por livre e espontânea vontade, surgindo quase como um mártir-herói,

"Ah canalha virulento e desprestigiado!", pensou. Ali ele sempre reinara absoluto, sem ao menos cogitar o contrário. Gabava-se disso, espalhando o horror entre seus subalternos. Sucediam-se os anos, e o seu despotismo só fazia aumentar, sempre de vento em popa. Ninguém dava um passo que não fosse de seu agrado. Não havia atitude que não fosse previamente autorizada por ele. Sempre dominara e manobrara a tudo e a todos com sua inteligência e perspicácia. Sem gritos nem grosserias, apenas com inteligência. Não se compreendia o porquê de tanta autoridade manter a todos domesticados. E nunca se supôs que esta lhe faltaria um dia. Agora vinha este estrangeiro, esta laranja podre, contaminar a docilidade do seu povo, colocar em xeque sua autoridade e seu poder.

O velho foi liberado. Porém, quando se aproximaram do príncipe, que já estava com as barbas de molho e precavido, ele montou em seu cavalo de madeira, soltou os parafusos e subiu no ar diante dos olhos da multidão, sumindo nos ares. Vendo que todos os seus homens juntos não haviam conseguido aprisionar o jovem, o rei desmaiou de ódio.

O príncipe chegou ao palácio no céu e disse à princesa:

– Fomos descobertos pelo seu pai, e tenho certeza de que ele não permitirá jamais que eu fique com você. Só há um jeito: vamos fugir. Meu pai é um rei em meu país, e tenho certeza de que ele aprovará nosso casamento.

Os dois saíram palácio afora e voaram montados no cavalo de madeira. Tinham já voado durante muito tempo quando a princesa gritou, de repente, dando-se um tapa na testa:

– Ai, ai, ai! Esqueci-me de trazer as duas pedras preciosas que minha mãe me deu quando nasci. Deixe-me voltar para buscá-las, por favor. Não posso chegar diante de seus pais de mãos abanando, como uma pobre coitada. Gostaria de presenteá-los no dia do nosso casamento.

– Já estamos muito longe do palácio – disse o principezinho. – Não vamos nos preocupar com as pedras agora.

– Por favor, por favor, eu imploro! Não posso chegar de mãos vazias – batia o pezinho no ar, insistindo tanto em voltar ao palácio que, no final, o príncipe não resistiu e fez-lhe a vontade.

– Bem... Então aguardo aqui. Vai ser mais fácil chegar sozinha – disse o príncipe, apertando os parafusos do cavalo de madeira e aterrissando.

Deu-lhe as instruções a respeito do voos e dos parafusos e pediu que ela retornasse a ele tão logo tivesse as pedras preciosas em mãos. A princesa montou no cavalo de madeira e voou para longe dele, fisicamente, mas permaneceram ambos em almas unidas.

O rei, que fora carregado pelos cortesãos até sua casa, pensou na filha assim que voltou a si. Subiu ao palácio no céu e, tal como esperava, o encontrou vazio. Gritou, praguejou e amaldiçoou. Vomitava o fel acumulado quando, de repente, viu a princesa surgir, montada num cavalo de madeira. Assim que ela desmontou, os homens do rei a capturaram, sob sua ordem, e a levaram para o palácio, onde a mantiveram prisioneira em um quarto vazio. O cavalo de madeira também caiu nas mãos do rei, mas ele não tinha ideia de como usá-lo e apenas o jogou a um canto.

A história terminaria aqui não fosse a determinação e a esperteza do apaixonado príncipe, que não pretendia deixar as coisas como estavam.

***

Havia um rei de outro reino que, certa vez, após ouvir falar da beleza da princesa que habitava um palácio nos céus, a pedira em casamento em nome de seu filho, o príncipe. No entanto, naquela época sua solicitação fora rejeitada pelo pai ciumento que, como já foi dito, escondia a princesa nas alturas.

Mas agora, após a investida do príncipe do cavalo de madeira, as coisas haviam mudado. Puxando da memória algo que o ajudasse a sair daquela enrascada, o rei lembrou-se do descartado pretendente. Um sorriso de vitória desenhou-se em sua boca fina enquanto dizia a si mesmo:

– Se é para minha filha se casar, que seja com quem eu quero. Vou reconsiderar o pedido do príncipe. Convém, agora, que eu a case o quanto antes para desbancar aquele estrangeiro atrevido.

Como o rei, pai do pretendente, morava muito longe, o pai da princesa enviou-lhe a seguinte mensagem:

"Minha filha atingiu a idade para se casar. Estou disposto a casá-la com seu filho. Isso fará com que as nossas duas famílias fiquem estreitamente relacionadas e trará uma paz duradoura aos nossos dois reinos. Peça ao seu filho que venha buscar sua noiva".

O príncipe, de olhos postos nos céus, aguardava pela princesa, que retornaria montada em seu fantástico cavalo de madeira. Esperou e esperou por ela durante um longo tempo, mas em vão. Caminhava plácido, envolto em um saco de paciência. Tudo a sua volta não passava de uma enorme extensão de deserto, com dunas altas em todas as direções. O vento soprava forte na areia, o sol escaldante atingia-o diretamente na cabeça e não havia sequer uma única lâmina de grama à vista, numa distância incomensurável.

O tempo passou, e ele já estava faminto e sedento. Levantou-se e foi em busca de água, mas não encontrou uma única gota. Viu um corvo no céu voando em direção às altas dunas e o seguiu. "Os animais sabem melhor onde encontrar água e comida no deserto", pensou. Pôs-se a escalar a duna com grande dificuldade e chegou ao topo. Lá em cima, a areia passou a ceder sob o peso de seus pés, que afundavam como quando o gelo derrete na primavera. Foi escorregando, rolando, despencando morro abaixo, desfazendo em segundos todas as longas horas da dura subida. Só parou de cair quando não havia nada mais abaixo dele e, triste e solitário, se viu do outro lado da montanha.

Espreitou em torno à procura de algo relativo a sua espera e foi compensado por um magnífico pomar, logo adiante, repleto de árvores frutíferas. Buscou víveres com a urgência que o caso requeria. Os frutos maduros, vermelhos e verdes, pendiam pesadamente nas árvores. Sua boca salivava e ele correu sedento, veloz e esfomeado para o pessegueiro mais próximo. Os bosques eram altos, mas não tanto que fugissem ao seu alcance e à sua fome. Colheu vários pêssegos suculentos e parcimoniosamente foi devorando um a um até se saciar. Em seguida, adormeceu profundamente sob a árvore.

Acordou após longas horas e, passando a mão no queixo, se deu conta, com espanto, de que seu rosto estava coberto com espessa barba. "Algo misterioso me torceu as veredas e deu no que deu", suspirou desanimado. Enquanto cogitava o que teria acontecido, seu estômago roncava, novamente faminto, mas não se aventurou a comer mais um único pêssego, suspeitando serem eles a causa de sua repentina transformação.

Depois de vencer o instinto, prosseguiu no andar das horas por alamedas e jardins enquanto passeava em suas quimeras, à espera de um sinal nos céus, que seria o retorno da princesa. Não era de seu feitio perder as esperanças. Alguma coisa deveria acontecer. Viu, então, uma árvore de peras e, puxando um galho, pegou algumas frutas grandes e suculentas, convencendo-se de que nem todos os frutos possuíam o mesmo efeito. Quanto mais ele comia, mais deliciosa achava a fruta. Outra vez satisfeito, adormeceu novamente.

Acordou ao anoitecer. Ao mover a cabeça, percebeu que estava mais pesada do que o normal. Passou a mão na testa e deparou com um par de grossos chifres que lhe haviam crescido ali, enquanto o queixo estava coberto com uma barba branca como a neve de mais de um metro de comprimento.

Seu primeiro pensamento foi para a sua amada, ciente de que ela não o reconheceria mais. "Não se pode comer impunemente neste pomar", pensou enquanto buscava em torno uma poça de água onde pudesse se espelhar e avaliar a metamorfose a que estava sujeito. Nenhum pensamento bom vinha a sua cabeça cornuda e nenhum espelho d'água aparecia para que ele pudesse se avaliar. "Mordi, mordi, mordi o fruto sem avaliar as consequências, agora aí está o resultado. Estou horrendo, logo eu, sempre tão belo. Quando e se a princesa voltar, estarei um velho encarquilhado e irreconhecível. Certamente sentirá repulsa sem saber ao menos que sou eu, o seu grande amor. Ai de mim! Nunca mais vai me amar e nem querer se casar comigo, esquecendo nossos delírios amorosos."

Procurou concatenar as ideias, mas, quanto mais pensava, mais miserável o filho do rei se sentia. Sem encontrar solução, caiu em profundo desespero. Recostou-se em algo que não via e dormiu profundamente. Sonhou que, ao resvalar de um galho no qual colhia uma fruta, enganchara a longa barba e fora suspenso por um galhinho que não poderia em hipótese alguma sustentar o seu peso. O que o constrangia era estar ali a meio céu e a meia terra, sem alcançar nem um, nem outro. Tentou quebrar o galho, mas este resistia. Viu então um velho, de longa barba branca, que o espreitava, aguardando que dissesse algumas palavras de costume ou que serviam para fazer o estranho ser agir em seu favor.

– Por gentileza, senhor, ajude-me a desfazer-me desta embaraçosa situação.

– Nada disso – respondeu o velho, aproximando-se – Deveria ter ficado atento aos sinais.

– Que sinais, senhor? Não vi nenhum.

– Os sinais dos sentimentos não contam?

– Claro, mas o que senti, posso saber?

– Você foi instigado a parar, pensar, criar raízes.

– Como assim?

– Está agora sob meu comando, só para que saiba que não é o dono de tudo. Muitas coisas fogem à razão e à vontade humana.

– Poderia me livrar disso e conversarmos de igual para igual?

– Você fugiria, pois não aprendeu a ouvir.

– Sou todo ouvidos. Tire-me daqui e ficarei o tempo que for necessário sentado sob esta árvore só para ouvi-lo.

– Garante isto?
– Prometo.
– Então vamos lá – e o desvencilhou das presilhas invisíveis. Puftt!, fez ao cair. Sentou-se, como havia prometido.
Mas o ser desapareceu.
Agora, no chão, era cumprir o prometido de ouvidos atentos. Riscou o chão enquanto tentava entender tudo. Sua mão escrevia coisas que não sabia. Foi escrevendo e lendo sem comando próprio. Numa das escritas aparecia esta frase: "Colha alguns pêssegos e peras secas que caíram sob as árvores e coma-os".
"Por que?", perguntava sua mente.
Continuou escrevendo, mas a resposta não vinha. Permaneceu por longo tempo comendo as frutas que caíam até que se levantou, abriu os braços e, ao fechá-los, sua barba e seus chifres haviam desaparecido. Seria um novo encantamento? Os deuses brincavam com ele e se compraziam em surpreendê-lo.
– Seja como for, um dia a mente humana há de se abrir para entender os deuses... – pensou em voz alta.
– ...e os demônios – completou o velho, surgindo à sua frente. – Vá embora daqui imediatamente. Este lugar é habitado por demônios.
– Quem é você?
– Não importam as definições, faça o que precisa fazer e isso basta. Os demônios estão ainda dormindo, mas, quando acordarem, vão devorá-lo vivo.
Essas palavras assustaram o príncipe, que acordou sobressaltado. Uma brisa fresca soprava, transportando para longe o calor do deserto. Seguindo o conselho do velho do sonho, ele pegou um punhado de pêssegos secos e um punhado de peras secas e se pôs a mastigar. Quando terminou de comê-los, sentiu que seu queixo e cabeça voltavam ao normal: a barba e os chifres tinham desaparecido. Nem um fiapo de barba lhe restava para apostar, caso esse fosse o costume do país. Em seguida, quebrou alguns galhos de salgueiro e teceu uma cesta. Depois, encheu meia cesta de pêssegos e peras secos e a outra metade com os frutos maduros e suculentos. Em seguida, apressou-se a dar o fora do Pomar dos Demônios.
Tomou o primeiro caminho à frente com o único intuito de afastar-se dos demônios. Mas para onde quer que olhasse só via

deserto. Andou durante sete dias e sete noites e não viu sequer um pássaro, muito menos um ser humano. Não havia viva alma no caminho, sinal algum de civilização. Só havia o vasto deserto para dormir e os pêssegos e peras secos para matar a fome. Chegou, finalmente, a uma aldeia. Perambulou e rodou a vila inteira, e por várias vezes as pessoas lhe dirigiam as mesmas palavras. Seria isto um hábito desse povo ou só sabiam aquilo? Respirou profundamente e se sentou para descansar no ponto em que passava um velho puxando um burro ao longo da estrada.

— Boa tarde, senhor! — disse o príncipe numa leve curvatura — Poderia me dizer onde fica o palácio do rei?

— O reino do rei fica a oeste — informou o homem e, quando o príncipe pediu informações de onde ficava o palácio de seu pai, sua própria morada, ele informou-lhe que ficava a leste.

"Como posso ir para casa agora, sem a princesa e o cavalo de madeira?", ele ponderou, optando por ir aonde seu coração mandava. Seguiu, assim, a caminho do oeste ao longo da estrada, que era onde ficava o palácio da princesa.

Enquanto andava, ouviu ao longe uma gritaria de homens dando ordens e divisou uma grande comitiva que avançava. Era um exército, de armaduras completas, os cavalos todos paramentados: uma visão impressionante.

No meio havia uma carruagem toda de ouro incrustada com pedras preciosas e janelas de vidro em todos os lados, puxada por quatro cavalos elaboradamente ornamentados. O príncipe assistia a certa distância, mas, para sua surpresa, o carro parou em frente a ele e um homem se aproximou, perguntando:

— Estes frutos são para vender?

— Na verdade, são para consumo próprio — respondeu o príncipe.

— Fizemos uma longa viagem e passamos um dia duro. O nosso príncipe está sedento e faminto. Diga-nos o preço destes pêssegos e peras que lhe pagaremos.

— Como eu disse, essas frutas não estão à venda — respondeu o principezinho. — São para a minha viagem. Se vendê-las, onde vou poder encontrar o que comer por estas bandas?

— Chega de balela e de explicações para este joão-ninguém! — vociferou o príncipe de dentro da carruagem, estendendo a mão e entregando-lhes um lingote de ouro. – Paguem de uma vez o que este imbecil pede e vamos seguir em frente!

– Onde vocês vão? – perguntou o principezinho.

– Nosso príncipe e comandante está a caminho de se casar – respondeu um deles. – Sua noiva é a princesa da cidade em frente – disse, apontando para o oeste, bem onde morava a princesa que ele conhecia e amava.

Conseguindo controlar o desespero que esta notícia lhe trouxe, ele fez mais algumas perguntas para se certificar de que, realmente, a noiva não era outra senão a sua princesa. Assim que o comprovou, aceitou o ouro sem vacilar, escolheu dois pêssegos especialmente vermelhos e apetitosos, duas peras especialmente grandes de sua cesta e entregou-os aos homens, para que a dessem ao príncipe rival.

O nobre passageiro da carruagem, esfomeado que estava, assim que teve os suculentos frutos à mão devorou-os com voracidade.

– Prossigam! – ordenou, então, ao cortejo, ainda de boca cheia.

A comitiva prosseguiu seu caminho e, com o balanço da carruagem, o príncipe gradualmente adormeceu. Quando acordou, teve uma estranha sensação de que algo não estava bem. Coçou o queixo e a testa e viu que as coisas estavam piores ainda do que pareciam. Quando apalpou a cabeça sentiu os pontudos chifres. Um pavor tomou conta de si e ele tremeu convulsivamente. Numa impressionante reação, começou a chorar e soluçar alto como um condenado à morte, atraindo os olhares de todos os seus súditos. Todos foram até ele para saber que desgraça o havia acometido. Quando olharam para dentro da carruagem, deparam com um monstro de chifres na cabeça e esquisita barba desgrenhada na cara. Nem sinal do belíssimo e soberbo príncipe. Faiscava ao fundo o possível olhar de um monstro, abaixo de toda a crítica e de qualquer patamar de competição. Enfiou sua cabeça no capuz, as mãos para dentro da roupa, e ficou ali, inerte e irreconhecível. Era melhor manter-se na obscuridade por um tempo. Mas e a noiva?

– Aquelas frutas eram enfeitiçadas – deduziram por fim. – Vamos esperar o bruxo que a vendeu para tomar satisfação e fazê-lo reverter o encanto.

O séquito parou para esperar o vendedor de frutas e, após certo tempo, o príncipe apontou na estrada, carregando sua cesta. Detiveram-no e perguntaram:

– Que tipo de frutos enfeitiçados você vendeu ao nosso mestre? Depois que ele os comeu transformou-se num monstro.
 – Tenho comido deles todos os dias e nada me aconteceu. Talvez seja por terem me forçado a vender – respondeu o príncipe, espiando para dentro da carruagem com satisfação.
 Lá estava o arrogante noivo encolhido no banco da carruagem, bem mais humilde do que a primeira vez em que o príncipe peregrino o encontrara. Sua bela mão tentava ocultar a cara hedionda debaixo de pontudos chifres.
 – O problema certamente não deve ser os frutos – respondeu seriamente o vendedor de frutas, com frouxos de riso interno.
 Não havia nada que os cortesãos pudessem dizer em favor do seu senhor.
 – Como poderei casar-me com a princesa, agora que sou um monstro? – urrava o noivo lá dentro, tentando arrancar os chifres à força, despertando mais riso do que dó nos seus bajuladores.
 Os conselheiros, no entanto, colocaram suas cabeças para funcionar, chegando as raias da loucura à procura de uma solução urgente.
 – É melhor voltar – um deles sugeriu, finalmente. – O rei irá nos expulsar em definitivo se levarmos um príncipe com um par de chifres na cabeça para se casar com sua filha.
 – Prefiro morrer a voltar atrás – encasquetou o príncipe, dando pulos de fúria até furar o teto da carruagem com os chifres.
 – Tive uma ideia – disse o seu cortesão favorito. – Que alguém o substitua neste plano, até encontrarmos outra solução. Só temos que encontrar um jovem bem-apessoado e disfarçá-lo como príncipe. Se a princesa se apaixonar por ele e conseguirmos levá-la ao nosso reino, ela ficará à nossa mercê e, depois, se dá um jeito de encontrar um xamã para desfazer o encanto do príncipe verdadeiro.
 O novo plano foi aclamado por todos, que olharam em volta de si à procura de um provável candidato boa-pinta o suficiente para ludibriar o rei e a princesa. Imediatamente, todos os olhares convergiram para o vendedor de frutas, que era de longe o mais belo jovem daquela localidade repleta de velhos barbudos de pele ressecada pelo sol do deserto.
 – Venha aqui, moleque! – chamaram-no sem rodeios. – Vamos lhe conceder o privilégio de dar uma de príncipe por alguns dias.

— Não posso me afastar daqui — respondeu aquele que já era príncipe, mas a quem faltava o meio de transporte para chegar até a princesa. — Tenho meu próprio negócio para atender.

O príncipe da carruagem, impaciente, colocou os chifres para fora e se meteu na negociação, oferecendo ao vendedor de frutas um nobre cavalo puro sangue para montar:

— Terá até uma montaria só sua.

Mas ao ver o nariz torcido do vendedor esbravejou, por fim, o príncipe cornudo e presunçoso sem conseguir entender como alguém sobre a terra não queria mais que tudo no mundo ser ele e estar em seu lugar, nem que fosse por pouco tempo:

— Um animal seria menos néscio do que este bronco.

Os cortesãos ordenaram, ameaçaram, gritaram e, por fim, vendo que tudo resultava em nada, usaram de ardis espúrios e lhe esbofetearam, comprazendo-se da sua desgraça. Mas como nada afetava o garoto ofereceram-lhe, enfim, cinco lingotes de ouro como recompensa.

— Isso não é suficiente! — retrucou o principezinho dando de ombros, fingindo má vontade.

Não se renderia facilmente aos ideais escusos e alheios do rival, pensava ele, pisoteando mentalmente aquelas egoístas propostas. Se queriam sua colaboração teriam que pagar, e o preço todos eles já sabiam: mais lingotes de ouro.

— Sete lingotes, então, seu energúmeno que não sabe sequer as vantagens que tem passando-se por um príncipe! Vai comer e beber de graça num palácio real — esbravejou o cortesão, impacientemente.

Depois, no entanto, respirou fundo e, olhando para o rosto espontâneo do jovem, enumerou as vantagens que ele teria sentando-se no carro como um príncipe real.

— Basta de negociações com este verme: ou ele aceita o trato ou a morte — acabou com a festa o príncipe tirano.

Chegando a um acordo nem tão bem acordado, meteram o rapaz à força para dentro da carruagem, impondo-lhe as regras e afirmando-lhe que era isso bem melhor do que o carrasco. Nada intimidava o príncipe, que já era alteza e fora criado e treinado para remar neste tipo de mar. Assim que o enfiaram na carruagem, envolveram sua cabeça em um soberbo turbante repleto de pedras preciosas, colocaram-lhe um véu sobre o rosto e lhe ordenaram que, assim que colocassem os pés na capital, ele deveria se esconder dentro do palácio e em hipótese alguma poderia ser visto por alguém.

Ensaiou ele uma postura de conformado, relaxando os músculos e permanecendo mudo à espera. Veria no que daria tudo aquilo. Borbulhavam as emoções, mas continha as palavras justamente quando lhe ocorreu a solução: roubaria a princesa juntamente com seu cavalo de madeira. Se conseguiria levar isso a cabo e tomar a princesa para si não sabia, mas era sua certeza a de que a buscaria com todo o coração.

Quando tudo estava organizado de forma satisfatória para o príncipe chifrudo, o cortejo seguiu seu caminho, e os animais desembestaram rumo ao palácio.

À medida que a carruagem balançava, as minúsculas certezas do belo príncipe se transformavam em grande decisões. Projetos tinha às pencas; sonhos, em demasia; ações, uma aqui, outra ali, todas pela metade motivadas pelas incertezas. Mas agora era tomado pela audácia. Seu destemor nada tinha de arrogante. Sua empáfia era aparente, pois seu desejo ardente se tornou, no andar da carruagem, o de baixar a crista dessa corte tirana e desbancar o príncipe chifrudo e seus falsos bajuladores até atingir o desejo mais íntimo de seu coração. Era agora um homem com um objetivo e a caminho de viver integralmente as fantasias às quais os deuses o elevariam e, enquanto atuava, seu espírito delirava.

Chegaram, finalmente, ao seu destino. Encontraram o rei a esperá-los ansiosamente, fora dos portões da cidade. Vendo tantos presentes de noivado e a aparência principesca do jovem pretendente, o rei se deu por muito satisfeito. Ao mesmo tempo, um forte pavor roçava-lhe o espírito, em incoerente contradição.

"E se a história de minha filha vier à tona e o casamento for arruinado?", martirizava-se ele, conspirando em seu próprio desfavor, num avesso às preocupações anteriores que eram justamente de que ela não se casasse jamais.

Mas agora, no seu estado de urgência, ele tratou de adiantar os preparativos, e o banquete de casamento teve início imediato para seguir curso por quatro dias, como de costume. O velho rei, entretido com o assunto, ordenava para todos os lados como um catavento desordenado:

– Que os convidados permaneçam no interior do palácio para aguardar a vinda dos noivos! – ordenou mais uma vez o rei, manobrando seus convidados.

O propósito do soberano era mantê-los tão ocupados e entretidos que não tivessem tempo para se inteirar do vergonhoso segredo que mantinha a sete chaves. Durante os três primeiros dias do casamento, a princesa nada fazia a não ser se desesperar, escondendo por detrás do véu o rosto inchado de tanto chorar. Sequer ergueu a cabeça para olhar o noivo, pois seu coração estava todo voltado ao principezinho e às horas prazerosas que passara com ele, além da angústia de sabê-lo à sua espera. Folheava as horas e os dias de trás para frente e de frente para trás, como se fossem um livro. Cada gesto, cada palavra, cada olhar era uma saudade, um martírio de se lembrar. "Não apenas ele caminhou comigo passo a passo como até voamos juntos", ela repetia, enlevada.

Quando o quarto dia chegou, o rei ordenou a uma velha de sua confiança que fosse espionar o noivo para se certificar de que realmente amava a hostil princesa e não iria desistir do compromisso no último minuto, deixando o rei com a batata quente na mão. A velha foi ao banquete no palácio e ficou observando os nubentes com toda a atenção. O príncipe foi se sentar ao lado da noiva que, cabisbaixa e entristecida, nem se deu ao trabalho de erguer os olhos para ele. Mas a velha não ouviu o que, discretamente, ele sussurrou ao ouvido da princesa:

– Sou eu, minha amada... Eu voltei – disse o noivo. – Estamos próximos da solução.

A princesa estremeceu ao ouvir a voz do seu amado principezinho e conteve-se a muito custo para não pular na cadeira, tal a sua surpresa. Pôs de lado o véu discretamente e virou a cabeça, incrédula, em direção ao noivo.

– Isso é realidade...? – ela balbuciou, tão baixo que ele mal a ouviu. – O que pode estar passando na mente de meu pai para trazê-lo de volta para mim desta forma?

– Não é bem assim – sussurrou ele e, com medo de que a princesa pudesse revelar seu segredo, resumiu-lhe toda a história, dizendo para que ela agisse como se não soubesse de nada.

Mudando da água para o vinho, a princesa parecia outra noiva. Foram dançar enquanto faziam planos para fugir. Só não era o céu porque as dores do príncipe se faziam sentir, a cada passo da dança, pelo corpo alquebrado e os pés em bolhas. O plano do príncipe era que, depois do casamento, quando fossem embora, ela pedisse ao pai que devolvesse o cavalo de madeira, dizendo que não iria embora sem ele:

– Não importa o quanto ele grite e ameace: não tenha medo e bata o pé, insistindo que só seguirá seu noivo quando receber o cavalo de madeira.

A velha espiã, vendo ao longe o casal dançando apaixonadamente, foi até o rei e disse:

– O jovem casal está muito apaixonado, Vossa majestade. Eles dançaram e cantaram a noite inteira.

Isso agradou muito ao rei, que sorriu até mostrar os dentes do siso. Como era bom reinar: as coisas sempre corriam conforme os seus planos! No dia seguinte, houve um grande aglomerado de nobres ilustres em frente ao palácio, à espera da noiva. Os homens do príncipe já estavam preparados com seus cavalos para partir. Porém, no interior do palácio, a princesa importunava o pai.

– Devolva-me o cavalo de madeira, meu pai – insistia ela, batendo no chão o minúsculo pezinho.

– Já disse que não vou devolver, e não insista – gritou o rei enfurecido.

Ao ver que a princesa não arredava pé e desacatava miseravelmente sua ordem, o soberano explodiu num acesso de ira tal que mandou vir até si o carrasco e, diante dele, ameaçou a filha de morte.

– Prefere ficar nas mãos do seu marido ou do carrasco? – encurralou-a o rei, que não permitiria abusos e desmandos nem mesmo da sua filha amada.

– Nas mãos de ninguém – retrucou ela, tirando o chapéu de viagem e largando o leque e a sombrinha – Se quiser me matar, faça-o. Prefiro mesmo a morte a ir embora sem o meu cavalo de madeira – e baixou a cabeça, colocando o pescoço à disposição do carrasco.

Tal resposta e atitude desarmaram completamente o rei. Sentiu que lhe fugia o juízo, juntamente com toda a sua autoridade. O que estava acontecendo no reino que seu comando era pela segunda vez desacatado? Foi salvo da enrascada pelos convidados ilustres que, cansados de esperar, vieram saber o motivo da demora da princesa. O rei pigarreou, pestanejou e, enfim, disse com um sorriso forçado:

– Uma bobagem, apenas. Minha doce filhinha está se comportando como uma criança mimada. Ela tem um cavalo de madeira e quer a todo custo levá-lo consigo, por isso o atraso.
– Um brinquedo! Por que não a deixa levá-lo? – responderam os convidados, em francos risos.

Constrangido, o rei não teve outra saída senão entregar cavalo. Sairia pela tangente tão logo achasse uma brecha. Assim, em meio a grande pompa e cerimônia, o cortejo dos nubentes e mais o exército do príncipe cornudo seguiram, finalmente, em direção à capital.

A viagem levou vários dias. Durante todo o tempo, a escolta não tirava os olhos do jovem casal, nunca deixando-os ficarem a sós, o que tornou impossível a fuga. Como estavam se aproximando de seu destino, começaram ambos a ficar inquietos. No último momento, porém, o príncipe, após muito pensar, teve uma ideia e disse à princesa:

– Quando chegarmos ao portão do palácio, diga-lhes que você só sairá do carro sob uma única condição: que lhe tragam sete pilhas de ouro. Assim que o ouro chegar, você joga todo ele para as pessoas em volta, para que tentem pegá-lo, causando a maior confusão.

A princesa seguiu as instruções ao pé da letra. Tão logo o ouro se espalhou, as pessoas correram para pegá-lo, com seus espíritos pairando sobre as consciências e vendo de que suas almas eram feitas. Aproveitando a cobiça alheia e a confusão, o príncipe abriu os braços, soltou um parafuso e impulsionou o peito para a frente, com a cabeça baixa, ao modo da águia quando vai alçar alto voo. Simplesmente voaram os dois, como se sua natureza fosse afeita a isso. Em sua empolgação, balbuciou qualquer palavra como esconjuro, sem nem mesmo saber qual era ou por que fazia isso, e assim mesmo se deu por satisfeito.

Num piscar de olhos estavam no ar, deixando atrás de si uma maravilhada plateia com as mãos cheias de ouro e os olhos vidrados no casal que ascendia aos céus. Parecia uma história saída de um livro do futuro. Se isso era o céu, ele ainda não sabia, mas valia cada gota de embriaguez, cada segundo de felicidade. Que era soberbo o momento, lá isso era.

Peripécias à parte, voltar a sua cidade se fazia mister. Levaria consigo o tanto da vivência com que iria contribuir ao legado de seu povo e à grandiosidade do reino de seu pai. E em seus delírios vinham à tona coisas que vivera e que nem supunha existirem, abestalhado com sua própria audácia. Seria esta a sua vida ou ainda era tudo apenas o sonho de um menino que cogitava voar e tivera atrevimento o bastante de sair pelos céus em um cavalo de madeira?

***

O tempo passava lentamente, e o ferreiro e o carpinteiro ainda aguardavam ansiosos pela resposta do rei sobre qual dos dois era o mais genial.

– Quando retornar o príncipe de sua inesquecível aventura, não tenho dúvida alguma de que Vossa majestade reconhecerá meu talento como incomparável – afirmou o carpinteiro, numa tentativa de aplacar a ira do soberano com um sorriso mais cheio de dentes do que o seu serrote.

Mas o rei não estava disposto a massagear o ego de ninguém. Não queria saber de nada que não fosse o filho que nunca aparecia e mandou às completas favas a genialidade de ambos. O tempo passava, e nada de aparecer o principezinho. Sentia sua falta dia e noite e, ao mesmo tempo, um ódio pelo carpinteiro foi tomando conta dele, culpando-o por toda a sua desgraça.

Certa manhã, o rei levantou-se da cama em que não dormira um único segundo e a primeira coisa que fez foi mandar chamar seus soldados.

– Preguem o carpinteiro no final da ponte por três dias e três noites, sem comer e nem beber – ordenou assim que teve seus homens diante de si –, para que aprenda a não se atrever mais a fazer do filho do rei uma reles cobaia de seus experimentos. E que esse desgraçado seja punido com a morte ao término destes três dias – sentenciou, presumindo que seu amado filho não mais voltaria.

Quanto mais enfurecido o rei ficava com a demora do filho, mais feliz ficava o forjador, agradecendo mentalmente à poderosa Zhu, a ave do mau agouro, por estar feliz com o azar do concorrente.

Porém, naquele exato dia o príncipe retornou de sua viagem, pousando são e salvo no palácio e dizendo ao seu pai, na euforia daqueles que voltam de uma maravilhosa aventura:

– Peço-lhe, meu pai, que ofereça a este talentoso carpinteiro uma bela e valiosa recompensa! – disse o príncipe, que fora em busca de aventura e voltava com seu alforje cheio de novidades. – O seu cavalo de madeira tem sido de grande valia. Sem ele, eu não teria sido capaz de ver tantos países, encontrado uma noiva linda e voltado para você de novo são e salvo, após a mais divertida das aventuras.

O rei ouviu tudo com grande vergonha e arrependimento, sentindo-se obrigado a voltar atrás e contando ao filho o que tinha feito ao carpinteiro, desesperançado que estava de sua volta. Enviou, então, com toda urgência seus homens para a ponte e salvou o carpinteiro, no exato momento em que o carrasco erguia a katana para dar o golpe fatal. Fez com que retornasse com honrarias em sua comitiva real – e nem é preciso dizer quem ganhou o prêmio de genialidade.

O príncipe, desdobrando-se em desculpas ao pai pela demora, contaria a ele mais tarde e pelo resto da vida as tantas e tão fantásticas aventuras e peripécias vividas neste período em que o rei permaneceu angustiado. Ao carpinteiro, agradeceu em grande estilo:

– Uma alma generosa sempre valoriza uma alma sábia. E o seu engenho foi o que me trouxe a ventura e a felicidade. Voei aos céus e encontrei o que nunca procurei nem julgava ser capaz de ter: o amor e a audácia.

Ouvindo isso, o ferreiro rangeu os dentes de despeito, num ruído mais rascante do que o do amolador na espada. Mesmo assim, foi agraciado pelo rei com um elevado cargo no reino, por ter sido ele a propor a disputa com tão glorioso desfecho. Já o filho do rei cuidou e papariqou o carpinteiro até que seus ferimentos fossem completamente curados, presenteando-o com uma grande soma de dinheiro que lhe permitiu aperfeiçoar ainda mais seu interessante ofício. O casal apaixonado realizou um segundo casamento e, com o decorrer do tempo, o príncipe acabou por assumir o trono.

Acabou-se, assim, a contenda entre o ferreiro e o carpinteiro: com a vitória suprema do construtor do mágico cavalo de madeira.

TÁTICA BRILHANTE DO ESTRATEGISTA SALVA CIDADE SEM DEFESA

Zhuge Liang, um brilhante estrategista e diplomata do Período dos Três Reinos (220-265), ficou famoso por sua sabedoria e perspicácia. Por volta do século III a.c., existiam no território chinês três reinos principais: o reino Wei, o reino Shu e o reino Wu. Zhuge Liang era o primeiro-ministro e comandante em chefe do reino Shu, que se encontrava em guerra contra o reino Wei, no norte. Certa vez, quando o principal contingente das tropas de Shu realizava manobras militares num lugar distante, Zhuge Liang ficou em Yangping, na atual província do Shaanxi, com apenas 10 mil soldados, na sua maioria velhos e feridos. Aproveitando esta ocasião, o reino Wei reuniu um exército de 200 mil soldados, sob o comando de Sima Yi, para atacar Yangping. Quando a notícia do ataque chegou à cidade, todos os cidadãos e os soldados entraram em pânico, porque não havia tempo de convocar reforços. Embora consciente da gravidade da situação, Zhuge Liang não se abalou.

– Já esperava por esse ataque e tenho um bom plano para nos defendermos – garantiu, ordenando aos soldados: – Peguem tambores e bandeiras e escondam-se nos seus alojamentos!

Deixou, no entanto, os portões da cidade abertos para os cidadãos saírem e entrarem, como antes. Mandou ainda alguns velhos soldados à paisana para molhar e varrer as entradas da cidade em frente aos portões, como se não soubessem que o exército do Wei vinha atacá-los.

Ao chegar a um dos portões, Sima Yi descobriu, para sua grande surpresa, que a cidade não se encontrava minimamente defendida. E viu Zhuge Liang sentado tranquilamente no pavilhão da muralha, tocando cítara, tendo a seu lado somente dois criados. Ele sabia com absoluta certeza que era impossível tal negligência por parte do atento e competente Zhuge Liang. Isso fez com que lembrasse as ocasiões anteriores em que caíra nas armadilhas dele e fora miseravelmente derrotado. Deduziu, então, que Zhuge Liang estava se utilizando de alguma nova estratégia, tentando atraí-lo ao interior da cidade imprudentemente para emboscá-lo com tropas de dentro e de fora da cidade. Com medo de cair numa armadilha e sofrer novas derrotas como antes, Sima Yi decidiu-se por uma retirada estratégica.

Assim, Zhuge Liang, sem mobilizar um único soldado, conseguiu rechaçar os inimigos e proteger a cidade.

O ASTUTO E ATREVIDO GUERREIRO QUE CONSEGUIU 100 MIL FLECHAS POUCAS HORAS ANTES DO CONFRONTO

No século III a.c., a China encontrava-se no período de Três Reinos: o reino Wei, no norte; o reino Shu, no sudoeste; e o reino Wu, no sul. Certa vez, o rei do Wei mobilizou seu exército para atacar o reino Wu, aproveitando o rio Yangtsé, e instalou suas tropas às suas margens esperando pela oportunidade ideal.

General do reino Wu, Zhou Yu decidiu defender seu país com arco e flecha depois de analisar a situação da guerra, mas deparou com um intrincado quebra-cabeça: faltavam-lhe 100 mil flechas, e era preciso produzi-las imediatamente.

– Eu conseguirei este número de setas em apenas três dias – prontificou-se Zhuge Liang, primeiro-ministro do reino Shu, um estrategista muito inteligente que estava de visita ao reino Wu.

– Não estou para brincadeiras – respondeu o general, secamente. – Prometa apenas o que puder cumprir. É impossível que haja uma maneira de conseguir este montante absurdo de flechas em apenas três dias.

– Conseguirei, sob a aposta de ser decapitado caso não cumpra a tarefa em tempo hábil – afirmou Zhuge Liang, sem se alterar.

Ante a concordância do general, Liang pediu a Lu Su, ministro do reino Wu, que lhe cedesse trinta soldados e mandasse preparar vinte barcos com montes de pasto e cobertos com panos. Passou-se o primeiro dia, e o segundo, e Zhuge Liang não moveu um dedo. Quando chegou o terceiro dia, todos estavam nervosos, em pânico e duvidando da capacidade do estrategista.

– Já está vencendo o prazo e não vejo uma única flecha pronta, nem sequer uma grande atividade de homens a confeccioná-las – saiu o general a tomar satisfações do ministro estrangeiro, todo em tiques nervosos.

— Calma, general, calma — respondeu Zhuge Liang, pondo-se a cantarolar tranquilamente.

Quando bateu meia-noite do terceiro dia, Zhuge Liang convidou discretamente Lu Su para ir com ele a um dos barcos sob o espesso nevoeiro:

— General, vamos buscar as cem mil flechas!

— Buscá-las onde, ministro? — interrogou o descrente Lu Su.

— Quando chegar a hora, saberá — respondeu-lhe Zhuge Liang, enigmaticamente.

E ordenou que todos os vinte barcos fossem conectados uns aos outros, utilizando uma grande corda, e dirigidos ao acampamento das tropas do Wei. Ao aproximar-se do local intencionado, Zhuge Liang mandou que os barcos fossem colocados em uma linha reta, bem em frente às tropas inimigas, acrescentando com firmeza:

— Agora, rufem os tambores e bradem o grito de guerra!

— Está louco? Está me assustando, não é da sua alçada decretar a guerra — sussurrou Lu Su, falando tão baixo que mal podia ser ouvido. — Temos apenas vinte barcos pequenos e menos de trezentos soldados. Se as tropas do reino Wei nos atacarem, podemos nos considerar homens mortos.

— Fique tranquilo: as tropas do Wei jamais nos atacarão neste nevoeiro — garantiu Zhuge Liang, que vinha com uma inédita estratégia. — Relaxe e tome esta xícara de vinho de ameixa — e estendeu a bebida que o outro, em seu desespero, entornou num gole só.

Inteirado do ataque das tropas do reino Wu, Cao Cao, comandante em chefe das tropas do reino inimigo, convocou seus generais para uma reunião. Como não conhecia bem a situação das tropas de Wu, escondidas por trás do nevoeiro, decidiu que suas forças se limitariam a lançar flechas contra os barcos para impedir o desembarque e o ataque dos combatentes adversários. Reuniu, então, cerca de 10 mil soldados, que foram conduzidos para a margem do rio e dispararam uma saraivada de flechas contra os barcos do reino Wu, malgrado o exército inimigo permanecer incólume aos ataques.

Em pouco tempo, os montes de pastos que davam para o acampamento dos Wei ficaram lotados de flechas. Vendo isso, Zhuge Liang ordenou, então, que os barcos dessem meia-volta a fim de expor o outro lado dos montes para aparar as demais flechas vindas do inimigo.

– Agora podemos nos retirar, garantidas as 100 mil flechas dentro dos barcos – disse, bastante satisfeito, Zhuge Liang assim que o céu começou a clarear. E completou, citando um provérbio chinês:
– Há três coisas que jamais voltam: a flecha lançada, a palavra dita e a oportunidade perdida.

Ao general restou somente concordar com o que dizia o atrevido estrategista e ainda inclinar-se numa respeitosa reverência, equivalente ao nosso ocidental "tirar o chapéu". Apenas nesse momento o inimigo Cao Cao entendeu que havia caído numa armadilha, como um néscio. Ficou enfurecido, apesar de perplexo diante do ardil do já conhecido estrategista que, pelos diabos, parecia seguir à risca as manobras do endiabrado autor de *A arte da guerra*.

A frota dirigida por Zhuge Liang voltou ao acampamento das tropas dos Wu, e o comandante em chefe Zhou Yu mandou quinhentos soldados para transportar as flechas e apurar o seu número. Eram mais de 100 mil, mas muito maior do que isso era o número de certezas a respeito de sua capacidade como um dos maiores estrategistas da China. A cabeça de Zhuge Liang permaneceu onde estava, isso é, bem firme sobre o seu pescoço, circundando um cérebro de fama que se alastrou pelo Oriente afora como um rastilho de pólvora – poderoso grânulo, aliás, de invenção dos chineses.

A ESTRANHA PROPOSTA DE CASAMENTO DO PRÍNCIPE À POBRE PORÉM HONESTA DONZELA QUE VIROU IMPERATRIZ

Conta a antiga lenda que, no ano 250 a.c., na China, um príncipe às vésperas de sua coroação como imperador devia, segundo a lei, escolher uma esposa. Ele resolveu então fazer uma disputa não só entre as donzelas nobres da corte, como também entre todas as moças solteiras do reino, e anunciou que lançaria um desafio às pretendentes que se apresentassem voluntariamente em seu palácio naquela noite.

Uma velha serva do palácio ouviu a novidade contristada, pois sabia do profundo amor que sua filha nutria pelo príncipe. Ao chegar em casa, contou o ocorrido à filha e espantou-se com a resposta da jovem:.

– Enfrentarei o desafio – disse ela, resoluta.

– Filha, atenha-se à realidade! Estarão lá as mais belas e ricas moças da corte. Tire esta ideia absurda da cabeça: tão delirantes pretensões não cabem a plebeias como nós.

– Não estou preocupada em ser a escolhida, mas esta é minha única chance de ficar perto do príncipe pelo menos por alguns momentos. Só isso já me torna feliz.

À noite, a filha da serva chegou ao palácio, onde estavam as mais nobres e belas moças. O príncipe anunciou:

– Cada uma receberá uma semente e aquela que, em seis meses, me trouxer a mais bela flor será minha esposa e imperatriz da China.

A jovem plebeia, sem habilidade alguma para jardinagem, passou a cuidar de sua semente. Sabia que, se brotasse na mesma extensão de seu amor, não precisaria preocupar-se com o resultado. No entanto, nada germinava ali. Cuidou da planta com afinco, mas nem um brotinho surgiu para colorir a terra marrom. Num profundo suspiro, todo dia ela conferia e tinha sempre a mesma amarga decepção. Após seis meses, o vaso continuava exatamente como quando deixara o palácio.

– Não disse, minha filha, para não se meter onde não lhe compete? – repreendeu a mãe, olhando para o vaso sem flores. – Para pobre, nem planta cresce. Pelo menos assim quem sabe desista de uma vez por todas, sem passar por vexames e humilhações.

– Vou voltar ao palácio na data combinada, para ver mais uma vez o príncipe, e depois seja o que os deuses quiserem – comunicou ela. – Tudo vale muito a pena se puder usufruir de mais alguns momentos na companhia dele.

Chegou, assim, a pobre donzela na hora marcada com seu vaso vazio e seu coração transbordando de amor. As demais pretendentes traziam belíssimas flores, das mais variadas formas e cores. Ela estava maravilhada, nunca havia presenciado cena tão bela nem gente tão elegante. O brilho dos cristais e a presença do belíssimo príncipe, rodeado de sedutoras jovens trazendo nas mãos flores tão coloridas como suas donas, deixaram-na quase sem respiração.

Enfim chegou o momento esperado, e o futuro noivo observou uma por uma das pretendentes com muita atenção. Após passar por todas, parou em frente à jovem que não levara flor alguma e disse-lhe:

– É você a escolhida para ser minha futura esposa.

Um suspiro de espanto saiu da boca das demais pretendentes enquanto a nobre plateia se entreolhava, incrédula, tendo as mais inesperadas reações. Ninguém compreendeu por que o príncipe havia escolhido justamente aquela que nada havia cultivado.

– Esta donzela foi a única que cultivou a flor mais bela, aquela que a torna digna de se tornar uma imperatriz – esclareceu o príncipe. – Trata-se da flor da honestidade, pois todas as sementes que entreguei eram estéreis.

Foi assim que, desta vez, a beleza e a nobreza foram preteridas em prol da integridade e da franqueza.

As pupilas dos dragões

A LENDA QUE VIROU PROVÉRBIO

Durante as dinastias do Norte e do Sul (589-420 a.c.), viveu um famoso pintor chamado Zhang Seng-Zuong, que era, devido a sua arte, muito valorizado e respeitado pelo imperador Liang Wu.

Certo dia, Zhang Seng-Zuong foi convidado a fazer um afresco na parede do templo de Andong. Grato, ele aceitou e se pôs a pintar quatro dragões galopando nas nuvens. Quando terminou, todos apreciaram os audaciosos dragões que pareciam estar vivos.

— Mas — perguntou um homem — por que você não colocou pupilas nos olhos deles?

— Bem, porque se eu colocar pupilas eles vão ganhar vida e voar para longe — respondeu Zhang Seng-Zuong, muito convicto do que afirmava, sendo seguido por um coro de debochadas gargalhadas.

— Pinte as ditas pupilas, para provar o que diz — autorizou alguém, sob aprovação geral.

Tanto insistiram que Zhang Seng-Zuong pegou o pincel e, após um momento de hesitação, foi completando sua arte. Enfim, pontilhou a parte fundamental dos olhos dos dragões. Mal acabou de pintá-las em dois dragões e ambos ganharam vida, precipitando-se em uma nuvem de rolos de raios e trovões antes ainda que ele tivesse tempo de largar o pincel.

Houve a maior confusão e uma correria dos diabos, fazendo com que todos se escondessem atrás de pilares e do que quer que os fizesse sentir-se a salvo. Um estrondo foi ouvido, e o muro despedaçou-se. Os dragões se contorceram, bateram as portentosas asas por um curto período de tempo e depois voaram para o infinito. Felizmente, dois dragões continuavam sem pupilas lá na parede, quietos e sem causar danos. Então, o pintor perguntou se queriam que ele prosseguisse e completasse a obra. Como ninguém se manifestou, ele deu de ombros: não restava mais um só descrente ou alguém para fazer qualquer crítica.

Esta lenda virou um provérbio: "Traga os dragões pintados à vida colocando pupilas em seus olhos". Esses dizeres indicam que uma palavra-chave pode tornar viva uma expressão ou uma arte.

O EXÉRCITO QUE NAUFRAGOU EM CHAMAS

A NATUREZA É INDOMÁVEL

A história sobre o incêndio de Chibi é uma das mais famosas batalhas da Antiguidade Chinesa. No final do século II, o regime do Han, no Leste da China, regido pelo poder centralizado, entrou em derradeira decadência. Naquele período, o país emergia em conflitos e disputas entre os militares que guardavam as fronteiras. Eram eles Cao Cao, Liu Bei e Sun Quan, e ocupavam respectivamente as planícies centrais, a região de Bashu e a região de Jiangdong.

Cao Cao era, de longe, o mais poderoso dos três. Em 208, ele havia comandado uma expedição ao Sul, derrotando Liu Bei e obtendo o controle sobre a região estratégica de Jingzhou. Liu fora obrigado a retirar-se, com o rabo entre as pernas, para Xiakou (na atual província do Hubei). Era desejo de Cao Cao anexar ao mesmo tempo as regiões controladas por Liu Bei e Sun Quan. Não contava, porém, com a aliança entre os seus dois inimigos.

Cao comandava um exército formado por 200 mil homens, enquanto os seus opositores formavam uma tropa de somente 50 mil soldados. Todos se dirigiram para Chibi (na atual província do Hubei), às margens do rio Yangtsé. Os homens de Cao eram do norte: não conheciam técnicas de batalha na água e não tinham experiência alguma sobre esse elemento, pelo fato de não haver rios no seu território. Foram chamados então dois especialistas no assunto, Cao Mao e Zhang Yun, para que treinassem os soldados. Entretanto, Cao Cao decretou a morte de ambos os contratados, suspeitando serem espiões.

Zhou Yu, comandante em chefe das forças armadas de Sun Quan, e Zhuge Liang, conselheiro militar de Liu Bei, analisaram as vantagens e desvantagens do exército de Cao Cao. Decidiram então atacar seus barcos com fogo, adotando variadas táticas de combate.

Certa feita, Zhou Yu convocou os seus subordinados para uma reunião a fim de analisar a estratégia contra Cao Cao. O velho general Huang Gai considerou que o inimigo era poderoso demais e preferiu entregar-se. Zhou ficou furioso e mandou alguns soldados castigarem o general com cinquenta chibatadas. Após ter sido punido, Huang Gai enviou um recado a Cao Cao, comunicando sua rendição e seu desejo de se subordinar. Cao acreditou no velho general e o aguardou para que se anexasse a suas tropas.

Durante os dias de preparação para a batalha, Pang Tong, um famoso estrategista da época, foi visitar Cao Cao. Ele ouviu atentamente as preocupações de Cao sobre seus soldados não saberem combater na água. Pang Tong sugeriu, então, que fossem interligados de trinta a cinquenta barcos com correntes de ferro e colocadas tábuas de madeira sobre eles. Dessa maneira, os soldados poderiam guerrear sobre os barcos, numa segura e imensa plataforma, parecendo guerrear em solo firme. Cao seguiu o seu conselho.

Entretanto, um conselheiro seu advertiu que a estratégia sugerida por Pang era boa, mas que o inimigo poderia atacar com fogo. Cao não o levou a sério e explicou que isso não seria possível. Segundo ele, suas tropas estavam ao norte do rio, com as tropas inimigas ao sul e, durante o inverno, os ventos geralmente sopravam de noroeste, o que impossibilitaria qualquer ataque com fogo. Se ainda assim o elemento viesse a ser utilizado, as tropas inimigas que estariam contra o vento seria as mais atingidas pelo fogo.

– Pensando bem, Cao, está certo em suas previsões – foi a resposta de todos que se encontravam presentes, relaxando unanimemente a vigilância.

Em 20 de novembro, no entanto, contrário a qualquer previsão, o vento soprava do sudeste. Cao Cao recebeu uma carta de Huang Gai propondo o horário de sua rendição. Como combinado, o comandante saiu à proa do barco e viu o general aproximando-se com dez barcos, tropas e armas. Quando estava bem próximo das margens, Huang Gai ordenou que lançassem flechas incendiárias, e os barcos de Cao, como continham inúmeros produtos inflamáveis, arderam em fabulosas chamas, transformando o rio em um mar de fogo.

Encurralado, Cao ainda tentou retornar à margem para organizar-se. Porém, o seu depósito de munições havia sido sabotado por soldados de Zhou Yu camuflados nas proximidades. As tropas da aliança formada por Liu e Sun aproveitaram a desorientação do inimigo para derrotá-lo. Foi vencido, assim, o célebre comandante Cao Cao por um erro de estratégia, por não se utilizar de propriedades de seu território e importar de outros táticas inadequadas a seus costumes.

Um crime desvendado por um cão

TRAIÇÃO EM FAMÍLIA

Há muito tempo, dois irmãos casados viviam na mesma casa. O irmão mais velho e a esposa eram honestos e tolerantes, sem filhos – o que, naqueles tempos, era considerado uma desgraça. O casal se sentia diminuído com esta questão e pretendia adotar um dos sobrinhos, filho do irmão mais novo.

– Bem, meu sobrinho é a pessoa certa para ser o meu herdeiro – disse o marido para a mulher, que concordou prontamente.

Quando comunicou sua vontade ao casal de pais da criança, entretanto, eles recusaram terminantemente. Pouco tempo depois, o irmão mais novo adoeceu e morreu. Eventualmente, o fardo de sustentar os dois filhos do falecido foi colocado nas costas do tio. O primogênito, então, renovou o pedido de adoção de um dos filhos da viúva. Mas novamente foi recusado, sem razão alguma. Isso fez com que ele ficasse muito triste, e a repetição da recusa o intrigava, especialmente agora que o menino não tinha mais pai.

Para a alegria do casal, porém, anos mais tarde, a esposa do irmão mais velho ficou grávida, apesar de sua idade adiantada. Quando se aproximava o momento do parto, o marido, que era comerciante e precisava viajar bastante a negócios, começou a se preocupar, temeroso de que sua esposa desse à luz justo num destes dias em que estivesse ausente. Arranjou, então, uma parteira na aldeia e deixou tudo preparado. O trabalho de parto começou exatamente quando o marido estava viajando a negócios.

– Deixe tudo comigo, querida! – disse, toda solícita, a esposa do irmão mais novo, vindo ansiosamente em sua ajuda e acariciando-lhe os cabelos ensopados de suor.

– Ó, é tão boa e prestativa... – sussurrou entre os gemidos de contração a futura mãe, e a outra correu desabalada a buscar a parteira.

Mas, muitas vezes, as mãos que hoje afagam amanhã traem e matam. Toda essa boa vontade da cunhada nada mais era do que dissimulação. Abjetamente, a falsa subornou a parteira com um plano maléfico, e ambas puseram mãos à obra em um macabro crime. Tudo com o intento sórdido de herdar os bens do casal, acreditando que a família do irmão mais velho terminaria devido à falta de descendentes. Esta era a razão pela qual a cunhada viúva havia se recusado a atender o pedido de adoção de um filho seu.

Chegou a hora de dar à luz o filho do irmão mais velho, e a parturiente se retorcia sob dores terríveis, e mesmo tão insuportáveis que a morte seria um alívio, não fosse a força da nova vida que se movia dentro dela.

– Calma, é assim mesmo! – dizia a cunhada a título de conforto, mas rindo-se por dentro e pensando que, quanto mais ela sofria, mais fácil se tornava seu plano.

Assim que o bebê nasceu, a mãe desmaiou de fraqueza e a parteira logo substituiu o recém-nascido por um cão morto, que se encontrava ao lado da cama e já havia sido previamente preparado e escalpelado. Em seguida, a cunhada levou o bebê para o campo, o mais distante possível, e o jogou ali, ocultando-o sob encorpados arbustos. Porém, o cachorro do casal a seguiu discretamente e vigiou a criancinha como o mais fiel e corajoso dos guardiões.

Quando a mãe recuperou a consciência foi surpreendida por aquela estranha massa de carne ensanguentada que a cunhada e a parteira lhe entregavam no colo, afirmando ser o seu bebê.

– Oh! – exclamou, tão desapontada que se pôs a chorar em desespero.

Ao voltar para casa mais tarde naquele mesmo dia e ver o suposto filho, o marido enterrou a cabeça entre os joelhos e chorou desalentado. O cachorro foi recebê-lo, latindo muito e puxando-o pelas suas vestes. Mas ele não tinha olhos para o cão: apenas olhava para aquela coisa estranha que diziam ser seu filho.

Mesmo entendendo sua dor, o fiel cão insistia, lambendo o rosto do dono e puxando-o forte e insistentemente, agarrado a seu quimono com os dentes, causando estranheza com esta aferrada atitude. Sem nem saber bem por que, os passos do novo pai acabaram por seguir tropegamente o animal até o jardim. Para sua perplexidade, ali estava o bebê, que o cão havia trazido na boca desde o campo.

O pai então tomou o bebê em seus braços e o levou até a mãe, que por instinto o reconheceu como filho – e ele também a percebeu como mãe, sugando faminto o peito repleto de farto leite. O cão foi elogiado e paparicado tanto quanto o bebê, pois graças a ele esta lenda, que poderia ter sido trágica, teve um final feliz. Em homenagem à lealdade do cão e sua grande honra, a mãe fez um chapéu com o aspecto de um cão para seu bebê e chamou-o de Filho do Cão.

Quando o chefe do conselho da cidade ouviu sobre o caso, totalmente indignado, moveu uma ação contra a perversa esposa do irmão mais novo, que foi punida duramente e perdeu a guarda dos próprios filhos.

– Só não consigo entender como descobriram o bebê lá no meio do campo, onde o joguei fora – alegou a insolente, em sua defesa mal elaborada. – Quem poderia tê-lo trazido de volta para os braços da mãe? – reclamava e repetia a louca, dia e noite.

Hoje em dia é ainda costume popular na zona rural da China, quando uma mulher está prestes a dar à luz, usar um chapéu de cão, especialmente nas províncias do sudeste da China. O chapéu-cão tornou-se cada vez mais popular entre os moradores, devido à extrema lealdade deste animal – qualidade tão essencial tanto entre homens quanto cães.

UMA LEBRE ASTUTA TEM TRÊS TOCAS

A IMPORTÂNCIA DE COLOCAR OS OVOS EM VÁRIAS CESTAS

No Período dos Reinos Combatentes (475-221 a.c.), época em que guerreavam os chineses até não poder mais, o primeiro-ministro Meng Changjun, do estado de Qi, chamou certo dia Feng Xuan, seu assessor, e o enviou para cobrar dívidas de impostos dos camponeses.

Quando o novo coletor de impostos chegou diante dos camponeses famintos e endividados, utilizou-se de estilos e métodos muito diversos dos comumente usados pelos déspotas dominantes. Tradicionalmente, os camponeses eram forçados a lidar com a opressão, a tirania e impostos injustos e extorsivos. Desta vez, entretanto, para espanto geral, depararam com um coletor de impostos justo e dotado de boas e cooperativas intenções. Ao contrário dos colegas de sua época, o que fez foi colaborar com o povo e apoiá-lo.

— Todos os contratos de arrendamento que os oprimem e constrangem serão derrubados de uma vez por todas — afirmou Feng Xuan assim que esteve diante de uma plateia suada, faminta e nervosa.

Os agricultores, que não dormiam direito havia dias tentando encontrar um modo de pagar uma dívida que não deviam, expressaram-se num alarido de incrédula felicidade. A gratidão os fez irromper em lágrimas, olhando um para o outro confusos, sem acreditar no que ouviam. Precisaram de incentivo do coletor para que entendessem com clareza que estavam sendo beneficiados.

Dentro do possível, Feng Xuan ajudou a todos em suas necessidades, chegando ao ponto de, ao invés de extorqui-los miseravelmente, levar para sua casa os camponeses mais pobres e necessitados e alimentá-los com seu próprio arroz. Quando voltou para o senhorio e contou o que fez, deixou o primeiro-ministro Meng Changjun descontente e intranquilo.

— Por que fez isso? — perguntou ele a Feng Xuan, de cara amarrada.

– Bem, se eu não tivesse ganhado algum benefício fazendo isso, o senhor poderia reclamar. Mas eu ganhei a confiança dos seus camponeses, e isso é de suma importância para o senhor e a manutenção do seu poder.

Mas o ministro não pensava assim, e foi muito a contragosto que ouviu aquela explicação, meneando a cabeça com relutância.

No ano seguinte, o descontente Meng Changjun foi demitido do seu alto cargo. Sem muito o que fazer e vendo sua ostentosa carreira reduzida a nada, decidiu voltar para sua cidade natal, acompanhado do bom coletor de impostos, Feng Xuan. Quando o ex-ministro chegou ao seu domínio, ficou surpreso com a forma calorosa com que foi recepcionado. Os camponeses estavam em ambos os lados da estrada e prostravam-se respeitosamente a sua passagem. À primeira vista, Meng Changjun ficou desconcertado, pois não se sentia digno da homenagem, apesar de reconhecidamente comovido.

– Não entendo de onde vem isso – ponderou o ex-ministro a Feng Xuan. – Qual a razão de tanta consideração, já que não a mereço?

– Naturalmente, é uma merecida recompensa por sua caridade e bondade no passado, deixando-me agir em prol deste povo sofrido – respondeu-lhe Feng Xuan convicto.

– Caridade e bondade? – espantou-se o senhorio, procurando na memória o significado de tais adjetivos e o lugar onde se encaixavam na suaególatra vida de ministro.

Mas o bom cobrador, valendo-se de uma metáfora, explicou:

– A lebre astuta que tem três tocas pode manter-se segura. Agora, o senhor tem uma toca garantida. Mas ainda é preciso lutar para conseguir as outras duas. Em seu lugar, eu visitaria o Estado de Wei e faria, ao rei de lá, uma propaganda de si mesmo, difundindo como suas as ideias aplicadas a este povo que agora o homenageia. Porém, quando o rei convidá-lo para o cargo de ministro, como acredito piamente que o fará, deve recusá-lo. Isso chamará tanto a atenção do soberano do estado de Qi, que ele deduzirá que o senhor está descontente com o despotismo do seu governo.

– Me parece uma ideia razoável – disse o ex-ministro, que iria então pensar em como aplicá-la.

Meng Changjun fez, assim, conforme o sábio conselho de Feng Xuan e, como esperado, o rei do estado Qi se sentiu muito preocupado quando chegou a seus ouvidos que seu ex-ministro poderia participar do outro reinado, o estado de Wei, e se tornar um poderoso inimigo seu. Sem perda de tempo, o rei tratou de trazê-lo para si e torná-lo seu primeiro-ministro, fazendo-o subir hierarquicamente em relação ao posto que antes ocupava em seu reino e do qual ele mesmo o havia exonerado.

A fim de persuadi-lo, o rei de Qi prometeu-lhe algumas vantagens. Todas foram recusadas, como já fora aconselhado antes por Feng Xuan, para que somente aceitasse o direito a fazer a construção de outro templo em seu domínio que seria considerado o protetor de segurança para todas as pessoas de lá e de sua posteridade. Quando o templo foi concluído, Feng Xuan disse a Meng Changjun, seu senhor:

– Agora sim o senhor está a salvo, pois todas as três tocas foram construídas: o acolhimento do povo, a consideração do rei e a homenagem aos deuses.

Desse modo, Meng Changjun tornou-se também um sábio, ocupou o cargo durante o resto da sua vida e os habitantes daquele reino viveram em paz, admirando-o em vez de temê-lo.

Os Conselhos Confucianos da Esposa

A MULHER RADICAL

Como a maioria das lendas chinesas, esta aconteceu no estado de Wei, no Período dos Reinos Combatentes. Vivia ali um homem chamado Leyangtsi, que tinha uma esposa de aparência angelical, com virtudes especiais e agudeza de inteligência. Consequentemente, era muito amada e respeitada pelo marido.

Um dia, seu esposo Leyangtsi encontrou uma barra de ouro no caminho e ficou tão encantado que correu para casa o mais rápido possível para contar a novidade à esposa, pois dependia da opinião dela para saber se aquilo era bom.

Olhando para o ouro nas mãos do marido, ela observou com calma e suavidade:

– Costuma-se dizer que um verdadeiro homem nunca bebe a água do cântaro alheio. Como pôde trazer para casa uma peça de ouro que não é sua?

Não se repetia naquelas cândidas épocas o ditado "achado não é roubado". Leyangtsi ficou muito comovido com as palavras dela e imediatamente retornou sobre seus próprios passos e colocou de volta o ouro onde o havia encontrado.

No ano seguinte, Leyangtsi foi para um lugar distante a fim de estudar os clássicos, que seriam ministrados por um talentoso mestre, deixando sua esposa em casa sozinha. Certo dia, ela estava na sala de tecelagem quando o marido entrou, de surpresa.

– O que faz em casa? – perguntou ela, sustendo o gesto de tecer. – Não devia estar estudando? Qual a razão de ter voltado mais cedo do que o previsto?

– Eu estava com tanta saudade que tive que voltar! – respondeu ele, carente e amoroso.

Assim que ele disse essas palavras, a esposa pegou uma tesoura e se pôs a cortar o tecido que estava tecendo.

– Por que faz isso? – perguntou Leyangtsi, intrigado.

– Se você começa algo e para no meio, é como cortar o tecido que estou tecendo – declarou ela. – O pano só será útil se acabado. Mas agora este tecido nada mais é do que uma confusão. Assim como o é o seu estudo.

Leyangtsi ficou muito comovido com a atitude dela e imediatamente retornou aos seus estudos. Não voltou para casa, por mais saudades que tivesse, até ter obtido o diploma.

Assim, esta lenda foi muitas vezes utilizada como modelo para inspirar aqueles que não terminam o que começam e querem voltar correndo para sua zona de conforto, no primeiro obstáculo que encontram, pois a comodidade amolece a servis.

O CÉLEBRE GENERAL HAN XIN

DA INDIGÊNCIA À GLÓRIA DA CORTE

Sujeito de origem pobre e órfão desde a infância, Han Xin veio a ser um famoso general no final da dinastia Qin, a primeira feudal chinesa, no século II a.C.

Antes de seu sucesso, vivia uma vida miserável por não ter gosto e nem intenção de cultivar a terra e, além disso, não apresentar habilidade alguma para negócios. Quase sempre passava fome e se via obrigado, para sobreviver, a pescar contra a vontade no rio próximo a sua casa. Quando não pegava peixe algum, uma velha que costumava lavar roupas naquele rio compadecia-se dele e dava-lhe de comer.

— Algum dia devolverei todos os favores que me faz — dizia Han Xin à amável senhora.

— Peço, por favor, que jamais se sinta devedor por tais ninharias — respondia a velha, espantada com o agradecimento.

— Vale muito mais a senhora ter me ajudado de coração, espontaneamente, do que esperando algo em troca — respondeu Han Xin, ainda mais agradecido. — Reforço, portanto, a minha promessa de também retribuir de coração aberto.

A miséria em que vivia Han Xin acarretava-lhe cada vez mais problemas, e com frequência era menosprezado por seus conterrâneos e ofendido pela maioria. Certo dia, um malfeitor disse a Han Xin, em tom de provocação:

— Você carrega sempre uma espada na cintura, com pose de homem forte, mas na realidade não passa de um covarde. Prove que estou mentindo e mate-me com sua espada.

Mas como Han Xin não reagiu às provocações, ele partiu para uma implicância gratuita, própria dos broncos insensatos:

— Se não é capaz de me matar, então passe por baixo de minhas pernas, ou eu o mato como a um cão sarnento.

Dizendo isso, separou as pernas e aguardou-o, provocativo e debochado. Han Xin, munindo-se de uma paciência de Jó chinês, passou por baixo das pernas do falastrão. Os que àquilo assistiam escarneceram em estrondosas gargalhadas. Han Xin permaneceu inalterado e ainda mais convencido de que não valia a pena arriscar um *tael*[5], que não tinha, por um traste insignificante como aquele. Suas altas e secretas aspirações estavam muito acima de toda aquela lama fétida. Ele sabia que ao temer perder a honra por qualquer insulto se poderia perdê-la mais facilmente ainda.

No decorrer dos anos, houve uma revolta dos camponeses. Han Xin incorporou-se ao exército dos rebeldes, cujo chefe era Xiang Yu, que lhe deu um cargo de oficial de hierarquia inferior. A Han Xin não agradou este cargo, e ele saiu da armada de Xiang Yu para se filiar a outro exército rebelde, dirigido por Liu Bang. Este líder, no início, também não lhe deu importância e valor. Descontente, Han buscou Xiao He, conselheiro militar de Liu Bang, para trocar opiniões, especialmente sobre a situação da guerra entre os reinos Chu (de Xiang Yu) e Han (de Liu Bang). Demonstrando grande conhecimento, formulou uma série de teses e estratégias para que Liu Bang vencesse Xiang Yu, o primeiro líder ao qual ele havia se incorporado anteriormente sem ser valorizado a contento.

O conselheiro militar de Liu Bang ouviu as palavras de Han Xin com muita atenção. Ao final, saiu convencido de que Han Xin era realmente um gênio e de que sua estratégia militar era mesmo extraordinária e viável. Em seguida, o conselheiro Xiao He recomendou-o a Liu Bang, que não o aceitou, apesar de seus argumentos.

– Han Xin não passa de um fraco medroso, um traste inútil e um parasita que não vale a tigela de arroz que come – disse, num sorriso desdenhoso. – Passou por debaixo das pernas de um homem por medo de enfrentá-lo e, é sabido por todos, não teve vergonha de aceitar esmolas de uma velha lavadeira nem de viver às suas custas.

Assim, surdo às boas recomendações de Xiao He, relegou Han Xin ao mais baixo posto. Ao se ver desprestigiado, este esperou a madrugada e abandonou o quartel. Inteirado do acontecido, Xiao He, seu intercessor, sentiu o desperdício de se desfazer de tão valiosa criatura e foi ao seu encalço, disposto a convencê-lo a voltar. Não conseguindo alcançá-lo, seguiu seus rastos a cavalo por vários dias,

---

5. Parte do sistema chinês de pesos e moedas.

até que em uma noite de lua cheia deparou com Han Xin descansando às margens de um rio.

— Peço que volte — solicitou Xiao He, secando o profuso suor, e argumentou tanto que Han Xin convenceu-se de que ele realmente o valorizava e desejava que ele retornasse, já que o provara com tanto empenho.

Assim, ele se comoveu e acompanhou-o de volta até o quartel-general de Liu Bang. Este estava à procura de Xiao He e, ao vê-lo retornar com Han Xin, interrogou-o:

— Por que fugiu às escondidas?

— Fui buscar um tesouro de Estado — respondeu Xiao He, com gravidade —, que permitirá que reconquiste o poder. Han Xin é um general incomparável. Se quer tomar o poder, precisa dar-lhe um posto importante.

Precisando de ajuda, viesse de onde viesse, Liu Bang arriscou-se a aceitar o conselho de Xiao He, nomeando Han Xin como seu general de primeira ordem.

— Sugiro — disse ainda Xiao He — que se faça uma solene cerimônia de imposição no cargo, visto que o passado do eleito não lhe confere grande credibilidade e precisamos que o povo veja por este ato o quanto o senhor o respeita e admira. Coisa sabidamente importante aqui, e que vai ampliar em muito o status e o valor das ordens advindas deste cargo para os efeitos que esperamos.

Uma vez aceita também esta sugestão pelo próprio rei, Han Xin tomou posse de seu cargo de general, incorporando novos oficiais, reforçando a disciplina e intensificando o treinamento militar como se fosse um experiente comandante em chefe. A primeira pessoa que lhe veio à mente após sua vitória foi a senhora do rio, que matou sua fome tão generosamente quando precisou. Foi à procura dela e inteirou-se do que lhe faltava, presenteando-a com tudo, como se adivinhasse da sua necessidade. Ela espantou-se novamente, e o teve daquele dia em diante como um adivinho e grande sábio.

Foi assim, graças a Han Xin, que Liu Bang derrotou Xiang Yu e reunificou o país sob o domínio da dinastia Han.

O LENHADOR QUE ASCENDEU AOS CÉUS

O SACO MÁGICO DE DINHEIRO

Esta lenda chinesa, de origem coreana, conta que há muito tempo havia um jovem casal que morava em uma pequena cabana de palha ao pé de uma montanha. Eram tão pobres que a cada dia precisavam cortar dois feixes de lenha, um para eles e outro para vender no mercado e comprar o arroz do mingau do dia.

Certa vez, o jovem casal voltou da montanha carregando a lenha as costas. Colocaram um feixe no pátio, com planos de vendê-lo no mercado no dia seguinte, e levaram o outro à cozinha para uso próprio, como era costume geral de todas as famílias chinesas. Quando acordaram na manhã seguinte, o feixe do quintal tinha desaparecido: só lhes restou vender a lenha da cozinha.

No mesmo dia eles cortaram mais dois feixes de lenha, como de costume. Colocaram um no pátio para o mercado e mantiveram o restante para seu próprio uso. Mas, na manhã seguinte, novamente o feixe do quintal tinha desaparecido, e assim aconteceu sucessivamente pelos próximos quatro dias.

– O que estará acontecendo? – perguntava-se o marido, cofiando o bigode.

No quinto dia, ele se escondeu dentro do feixe de lenha que colocou no pátio e aguardou. Para seu espanto, à meia-noite uma corda enorme desceu do céu, amarrou o feixe de lenha sem mão visível e levantou-o, com lenhador e tudo. Quando o homem espiou por entre as nuvens no céu, viu um velho de cabelos brancos vir em sua direção e desamarrar o feixe. Ao vê-lo dentro da lenha, perguntou:

– Por que você corta sempre dois feixes de lenha por dia, se os demais só cortam um?

– A minha esposa e eu nos vimos obrigados a agir desse modo devido à necessidade de vender um dos feixes para comprar arroz – respondeu o lenhador, numa longa e lenta reverência.

– Tenho observado que você é um homem decente, leva uma vida frugal e é trabalhador – respondeu o velho, amavelmente. – Por isso, vou lhe dar um pequeno tesouro para que leve consigo e que vai fornecer-lhes o sustento.

Acabado o diálogo, surgiram sete fadas que levaram o homem a um magnífico palácio com as beiradas de telhas feitas de ouro e pedras preciosas tão brilhantes que ofuscaram o visitante. Quando entrou, mal podia abrir os olhos. No interior do palácio, pôde ver inúmeros objetos que nunca vira e nem sonhara existir. Além disso, sacos de dinheiro de todas as formas e tamanhos encontravam-se pendurados pelo aposento.

– Qual destes você deseja? Escolha aquele que preferir e leve-o consigo – falou-lhe o velho de barba.

– Eu gostaria de receber um saco de dinheiro e muitas coisas preciosas – pediu o lenhador, muito cobiçoso. – Adoraria ganhar essa bolsa grande e abaulada – e escolheu o maior saco dentre todos, já colocando-o nas costas e disposto a descer com ele para a terra.

– Você agiu com ganância e, por isso, vai receber um saco vazio – respondeu a criatura celestial, muito desapontada. – Todos os dias, poderá retirar dele somente um tael de prata e nada mais.

O lenhador, sem tirar os olhos do saco cheio, pegou com pesar o saco vazio e, agarrando a longuíssima corda, foi rebaixado contra a sua vontade do céu para a terra.

Uma vez em casa, ele deu a bolsa de dinheiro para a esposa e contou-lhe toda a história. Ela ficou feliz com a novidade e, a partir de então, sempre que voltavam para casa depois do anoitecer, fechavam a porta e abriam a bolsa de dinheiro. Instantaneamente, um pedaço de prata rolava e tilintava à sua frente. Passaram a pesá-la na palma da sua mão, reconhecendo a medida de um tael, e a mulher tomou para si a responsabilidade de guardá-los um a um.

O tempo passou, e um dia o marido propôs a compra de um boi com aquele dinheiro, mas a mulher não concordou. Passado mais um tempo, o lenhador veio com a ideia de comprar alguns acres de terra. Outra vez a esposa discordou, alegando que as economias estavam sendo reservadas para construírem uma cabana de palha de arroz.

– Uma vez que temos tanto dinheiro na mão – argumentou o marido, ansioso para usufruir do que já tinham –, por que não construir uma imensa e bela casa de alvenaria de uma vez?

– Vamos com calma, que o dinheiro também vem com calma – respondeu ela.

Mas suas palavras não conseguiram dissuadir o marido, que saiu em busca de tijolos, telhas e madeira para a construção, contratando carpinteiros e pedreiros. A partir de então, o casal não mais foi à montanha para cortar lenha, e o marido passava o dia inteiro dando ordens aos construtores, com a esposa auxiliando como podia.

Chegou um dia em que a pilha de prata se esvaiu, mas a nova casa ainda estava inacabada. O homem não tirava da cabeça que deveria pedir à bolsa para produzir mais prata. Quando falou disso para a mulher, ela respondeu:

– Melhor agradecermos mais aos deuses e pedirmos menos. Este saco mágico é uma dádiva, e já está de bom tamanho.

Mas esse pensamento não dava paz ao lenhador e, sem mais resistir, ele abriu o saco pela segunda vez no mesmo dia, sem o conhecimento de sua esposa. Imediatamente, uma outra peça de prata branca como a neve rolou para fora. Ele abriu o saco uma outra vez, recebendo uma terceira moeda.

– Bem que eu tinha razão – exultou o lenhador, os olhos acesos de cobiça. – É preciso ser mais ousado, ambicionar mais. Se eu continuar assim, posso terminar a casa imediatamente.

Desconsiderando os avisos tanto do velho quanto da mulher, ele tornou a abrir o saco naquele dia. Mas, desta vez, estava absolutamente vazio. Nenhum resquício de metal brilhou. Não passava de um saco de pano velho e inútil. Virou-se, então, para a casa de alvenaria inacabada e, desanimado, concluiu: "Antes tivesse feito a cabana de palha que estaria, a estas alturas, pronta e concluída, e nós teríamos onde morar, como pretendia a minha mulher". O lenhador ficou desesperado e, como era do seu feitio, praguejou contra os deuses e os demônios, enquanto a mulher o consolava, insuflando-lhe força e ânimo, como era de sua natureza:

– Não podemos depender da bolsa de dinheiro mágico do céu. Vamos voltar à montanha para cortar lenha, como fazíamos antes. Esta é uma maneira mais confiável e segura de se ganhar a vida.

Daquele dia em diante, o jovem casal mais uma vez subiu à montanha para cortar lenha e passou a levar a mesma vida dura de antes até o fim de seus dias.

ACRESCENTANDO VALOR AO PAPEL EM LUOYANG

A LENDA DO CÉLEBRE DITADO

Esta lenda explica um provérbio chinês comumente usado quando uma obra literária é muito procurada e elogiada pelos leitores e críticos: "Acrescentando valor ao papel em Luoyang".

Zuo Si (250-305) nasceu numa família pobre, e foi à custa de desmedidos esforços que se tornou um erudito. Levou um ano inteiro para escrever a obra capital do reino de Ji, e planejava escrever três obras sobre as capitais dos reinos de Wei, de Shu e de Wu, sob o título de *Três capitais*. Com essa intenção, dirigiu-se às referidas cidades com o intuito de pesquisar e colher dados históricos.

Quando estava em Luoyang, uma das três capitais, outro escritor, chamado Lu Ji, que se considerava mais sapientíssimo do que qualquer criatura no mundo, também se preparava para escrever uma obra sob o mesmo título. Escrevia uma linha por dia, e lá se iam anos de pura indolência, tentando provar sua tese de que o ser humano não havia sido feito para os esforços excessivos da persistência. Sabendo que o jovem Zuo Si estava escrevendo avidamente sobre o mesmo assunto, Lu Ji riu com sarcasmo e disse lá do alto de sua intelectualidade, que considerava insubstituível:

– O livro deste imbecil não servirá nem de rolha para tapar o meu jarro de vinho.

Estas palavras chegaram aos ouvidos de Zuo Si, que sorriu de leve, contudo sem desanimar. Ao contrário, foi com alento renovado que espalhou papel em branco por toda a casa – na porta, nas paredes e até no banheiro. A intenção era escrever imediatamente quando lhe aflorassem ideias, palavras ou frases, para colocá-las mais tarde no livro. A cada dia, Lu Ji ouvia algo sobre o rápido andamento das pesquisas do rival, o que começou a incomodá-lo. "Só falta este idiota concluir estes rabiscos medíocres antes de mim. Vou me apressar mais e desbancar o bobalhão", decidiu, por fim, sem nenhuma vontade.

Ao cabo de dez anos de trabalho árduo, Zuo Si concluiu sua obra literária: *As três capitais*. Solicitou, então, uma audiência para avaliação dela ao conceituado crítico e literato Huang Pu Mi. Este ficou pasmo com a qualidade do texto, e o devolveu com um enfático prefácio, em que considerou a obra brilhante. Também outros eruditos famosos, como Zhan Zai e Liu Kuei, escreveram artigos enaltecendo a obra, e até o próprio Lu Ji ficou surpreso com o talento revelado por Zuo Si, desistindo de escrever o livro que havia começado sobre o mesmo tema.

Durante algum tempo, a obra *As três capitais* emocionou toda a cidade de Luoyang. As famílias ricas apressaram-se a contratar pessoas para copiá-la, e o preço do papel na cidade subiu vertiginosamente. Assim, devido a esta história, os chineses criaram o provérbio: "Acrescentando valor ao papel em Luoyang".

O BURRO QUE ASSUSTOU O TIGRE

MEDO DO DESCONHECIDO

Milhares de anos atrás, os burros não eram encontrados na província de Guizhou, mas passaram a ali existir a partir de data não certa e atraídos para a região por algum motivo ignorado. Todos sabem que são os burros animais intrometidos e salientes, e foi por isso que fizeram história nesse lugar.

Conta-se que, certo dia, um tigre estava andando para encontrar comida quando viu um burro. Assustou-se com seu forte relincho e escondeu-se entre os arbustos para estudar atentamente o estranho animal. Este não lhe pareceu muito ameaçador, então foi se aproximando.

– Hiiihhó! Hiiihhó! Hiiihhó! – zurrou o burro, abanando as orelhas num tal estardalhaço que fez o tigre recuar e fugir tão rápido como um rato.

O felino não teve nem tempo de reagir, seguindo seus instintos até sentir-se completamente a salvo. A humilhação de retroceder de modo covarde e não avançar como era do feitio da raça causou insuportável desassossego à fera, que a partir daquele momento não teve mais um único segundo de paz.

Não foi sem grande relutância que o tigre voltou para conferir mais de perto essa coisa estranha que o assombrara. O burro estava todo prosa ao ver que o outro se apavorara com seu relincho, e foi com cara de touro bravo que o recebeu. Com um poderoso coice de seus cascos, o burro mostrou sua única habilidade de luta. Depois de escandalosos esgares do asno, tornou-se muito claro para o tigre que o burro tinha só garganta e não o amedrontava mais com suas rumorosas manifestações. A fera pulou, então, em silêncio sobre o jumento e cortou seu pescoço com uma única dentada, até deixá-lo estirado no chão, morto e encharcado de sangue.

O JADE DO SENHOR HE TRAZ, DEPOIS DA DESGRAÇA, A GLÓRIA

Bian He, do reino Chu, obteve uma pedra bruta de jade na Montanha Chu e ofereceu-a ao rei Li, seu soberano.

– Ofereço-lhe, ó majestade, esta pedra preciosa – disse ele, numa longa e lenta reverência.

O rei Li chamou um artesão para identificar a pedra, e este afirmou-lhe categoricamente tratar-se apenas de uma pedra comum.

O soberano considerou Bian He, aquele que tinha lhe oferecido o presente, um embusteiro mentiroso e mandou cortar-lhe o pé esquerdo.

Depois da morte do rei Li, Bian He foi mancando oferecer novamente o jade, desta vez ao novo rei Wu.

– Ofereço-lhe, ó majestade, esta pedra preciosa – disse, numa profunda e lenta reverência.

Este novo soberano mandou também, como fizera o seu antecessor, chamar um conceituado artesão para avaliar o presente.

– Não passa de uma pedra comum – respondeu o artesão, nas mesmas palavras de seu colega anterior.

– Cortem-lhe o pé direito – ordenou o novo rei Wu, por considerar Bian He um malandro golpista.

O resultado desse infortúnio apiedava os transeuntes, que passaram a considerarem-se felizes ao ver aquele homem sem pés enquanto eles já haviam por diversas vezes se revoltado por apenas não terem sapatos.

Após a morte do rei Wu, subiu ao trono o terceiro rei desta história, Wen. Bian He lembrou-se de que não poderia presenteá-lo com sua pedra preciosa devido a não ter mais pés, no caso de ela não ser reconhecida. Então, subiu à montanha e chorou durante três dias e três noites. As lágrimas se esgotaram, e passou a sair sangue dos seus olhos. Inteirado do caso, o rei Wen mandou chamá-lo e disse:

– Tantas pessoas tiveram seus pés cortados, e nem por isso choraram tanto e nem tão amargamente.

– Não estou triste por ter os meus pés cortados – respondeu Bian He, abaixo de soluços. – Estou triste porque uma pedra preciosa é considerada uma pedra comum e um homem bom e honesto é considerado um vigarista.

– Mande-me a pedra que quero investigá-la. – disse-lhe o rei.

O rei Wen mandou lapidar a pedra e reconheceu nela um precioso jade de grande valor, nomeando-a solenemente de "O Jade do Senhor He".

Nesta lenda, o autor Han Fei (280-233 a.c.) comparou a desventura de Bian He com a sua. No seu caso, o soberano não aceitara sua estratégia, e ele fora afastado do seu cargo mesmo possuindo as qualidades necessárias, que não foram reconhecidas como a preciosidade do jade.

Há três coisas que são importantes de se saber: um artesão deve reconhecer uma pedra preciosa mesmo em estado bruto, um soberano deve reconhecer seus súditos, e aquele que presenteia com um tesouro deve estar pronto para morrer por ele.

O CIVIL QUE EXAURIU O QI DO REINO QI

A IMPORTÂNCIA DA ENERGIA NO CONFRONTO

Em geral, declarar guerra é sempre um assunto de militares. No entanto, na história militar da antiguidade chinesa, um civil dirigiu as tropas para enfrentar uma invasão e obteve uma gloriosa vitória. O protagonista desta lenda chama-se Cao Gui.

Tudo aconteceu no período dos Reinos Combatentes. O reino Qi, um dos mais poderosos da época, declarou guerra, em 684 a.C., ao reino Lu. E a invasão dos Qi, claro, provocou a fúria da população Lu.

– Vou solicitar uma audiência ao rei para participar da resistência contra o reino Qi – disse o civil Cao Gui, do reino Lu, ao seu melhor amigo.

– São os ministros que devem preocupar-se com os assuntos estatais. Por que você, um civil, quer interferir no que compete apenas aos comandos militares? – espantou-se o amigo.

– Eles não têm perspicácia e nem estratégias – replicou Cao Gui. – O reino está prestes a ser atacado e vencido, e nós vamos ficar aqui, de braços cruzados, sem nem ao menos tentar?

E assim foi, determinado, ao palácio real para pedir uma audiência ao rei.

– Peço que me permita participar da resistência aos Qi – disse ao monarca assim que foi recebido por ele. – Nosso reino não é tão poderoso como o reino deles. Como resistirá, o seu exército, às tropas invasoras?

– Quando tenho bons alimentos e roupas, e sempre os tenho, nunca me apodero deles sozinho, pois os distribuo para todos os que me cercam – respondeu o rei. – Assim os ministros devem, em retribuição, me apoiar.

– Pouco lhe servem seus ministros numa guerra de tais proporções – respondeu Cao Gui, meneando a cabeça com preocupação. – O povo, como não é agraciado com seus favores, com certeza não vai apoiá-lo.

– Tenho ainda o apoio dos céus, pois rendo fielmente os tributos às divindades – argumentou o rei.

– As divindades não vão ajudá-lo nesta situação, majestade, pois não pegam em armas, e o inimigo vem com seus corpos e suas armas e com o apoio de seus deuses, já que eles também lhes rendem homenagens – respondeu Cao Gui confiantemente.

O rei pensou um pouco e ponderou:

– Quando pessoas comuns clamam a mim por justiça, procuro sempre tratar os casos de maneira satisfatória, apesar de não poder me aprofundar muito nos seus assuntos.

– Esse é um comportamento que agrada à população – disse Cao Gui. –Tendo o apoio dela, vosso reino poderá resistir à invasão dos Qi.

Cao Gui pediu para ir à frente da batalha junto com o rei, que aceitou. Como era costume nas guerras chinesas da antiguidade, as duas partes em conflito tocavam tambores como uma provocação. Se uma delas não respondesse, a outra iniciaria o ataque após a terceira rodada de tamboriladas.

Chegada a hora do confronto, Cao Gui acompanhava o rei, que fazia frente ao campo de batalha em Changshao (na atual província do Shandong). As tropas do reino Qi, gabando-se de sua superioridade militar, precipitaram-se a rufar os tambores para provocar as tropas dos Qi. Quando o rei Lu ia mandar seus soldados avançarem, Cao Gui deteve-o, dizendo:

– Calma, majestade, ainda não é tempo de avançar.

Desafiando a segunda rufada de tambores das tropas dos Qi, Cao Gui continuava mantendo as tropas do rei imóveis e em silêncio. Calados, fariam melhor figura, segundo sua tática.

As tropas dos Qi, cansados de anunciar o combate com os tambores, viu seus comandantes e combatentes ficarem enfurecidos por não terem atingido o objetivo da provocação que era que o inimigo avançasse.

Sem receber as respostas do rival, o comandante do exército dos Qi mandou bater a terceira rodada de tambores, e os soldados começaram a avançar pensando que os Lu estivessem com medo da batalha. Só nesse momento Cao Gui disse ao rei:

– Está na hora do contra-ataque.

Rufaram os tambores, dando ordem de contra-ataque ao exército dos Lu. Com o qi (energia) intacto, lançaram-se contra os invasores, enquanto os outros estavam com o qi já gasto. Enfraquecidas pela espera e pela relutância do inimigo, que deixara dúvida sobre se iria ou não haver enfrentamento, as tropas dos Qi já estavam exauridas e não conseguiram responder ao avanço do exército dos Lu, debandando.

Constatada a fuga, o rei Lu estava prestes a despachar a ordem para a perseguição quando Cao Gui o conteve mais uma vez. Desceu da montaria para observar os sulcos dos rastros das carroças dos inimigos e subiu no lugar mais alto para constatar se a formação das tropas inimigas demonstrava, na sua linha, cansaço ou rigidez de decisão.

– Agora é a hora certa de ordenar a perseguição aos inimigos – disse, a certa altura, ao rei.

Assim, sob a ordem do soberano, os soldados dos Lu avançaram, perseguindo os inimigos e expulsando-os do território do seu reino. Admirado com a intrigante estratégia e a persistente calma de Cao Gui, além da certeza dos seus passos durante o confronto, o rei perguntou-lhe:

– Por que me impediu de despachar a ordem de avanço nas primeiras duas rodadas de tambores do inimigo?

– A vitória em uma batalha depende do entusiasmo dos soldados – esclareceu Cao Gui. – Na primeira rodada de tambores, os soldados inimigos estavam com o moral elevado; na segunda, estavam mais relaxados e, até a terceira rodada, encontravam-se já desestimulados. Neste momento, rufamos os tambores, e os nossos soldados estavam intrépidos para a luta. Contava com a vitória certa, e surpreendente seria se não saíssemos vitoriosos.

– Mas por que então me impediu de ordenar a perseguição no primeiro momento? – perguntou-lhe o rei.

– Apesar de derrotado – respondeu Cao Gui –, o reino Qi tinha tropas mais poderosas do que as nossas, e corríamos o risco de eles estarem simulando uma estratégia de retirada. Tínhamos que nos prevenir em relação a isso, dando espaços de tempo e distância para podermos examinar o ânimo dos combatentes adversários. Quando vi, no entanto, suas bandeiras tombadas e os rastros confusos e desordenados de suas carroças, concluí que as tropas dos Qi estavam se retirando em meio a muita confusão e desalento. Por isso, apenas nesse momento pedi a Vossa majestade que ordenasse a perseguição – respondeu Cao Gui, que conhecia as táticas de Sun Tzu, o autor de *A arte da guerra* e maior estrategista militar do mundo.

Vieram dele os princípios de "praticar a dissimulação" e "recorrer a manobras enganosas". Segundo Sun Tzu:

"Movimentar-nos quando estivermos em posição de vantagem, e que façamos mudanças estratégicas dispersando ou concentrando nossas forças. Quando avançarmos para batalha, que sejamos velozes como o vento, imprevisíveis como o trovão. Em ocasiões em que devemos permanecer calmos, sejamos como a floresta. Ao invadir e saquear, devemos agir rápido como o fogo; na imobilidade, sejamos como a montanha.

"Quando necessário, que escondamos nossas intenções, que sejamos obscuros como as trevas. Evitemos movimentar-nos inutilmente e somente ataquemos quando tivermos certeza da vantagem. Ao saquear e pilhar cidades, repartamos sempre de maneira justa todos os despojos. Quem conhece a tática de transformar o tortuoso em direito será vitorioso.

"A maneira de dar ordens e fazer com que essas sejam cumpridas é de extrema importância para a vitória de um exército. Em determinadas ocasiões, a maioria dos seus homens não poderá vê-lo nem ouvi-lo. Rufe os tambores e, durante o dia, use as bandeiras estandartes. Desta forma, suas tropas serão um único corpo, impedindo que os soldados corajosos avancem sozinhos e os covardes recuem. Essa é a arte de manobrar grandes massas.

"Pode-se desmoralizar um exército inteiro e levar seu comandante a perder o ânimo. Na manhã da guerra, o moral do inimigo está elevada; ao meio-dia, começa a enfraquecer e, à noite, sua mente já está voltada para o retorno ao acampamento. Por isso, o comandante sábio evita um inimigo com o moral em alta e ataca-o quando moroso e inclinado a retornar. Essa é a arte de administrar humores.

"Disciplinado, o bom comandante usa sua própria ordem para esperar pela desordem do inimigo e usa sua calma para esperar por seu clamor. Essa é a arte de conservar o autodomínio.

"Se perceber que o inimigo está animado e descansado, espere que o entusiasmo arrefeça e vergue-se sob o peso do cansaço. Então, use suas tropas descansadas e bem alimentadas. Essa é a arte de administrar forças.

"Não inicie um combate quando o inimigo apresenta disposições perfeitas de suas bandeiras e estandartes; não lance o ataque sobre o exército inimigo ordenado e disciplinado em suas formações. Essa é a arte de controlar as condições mutáveis.

"Portando, não ataque o inimigo que ocupar o terreno alto, nem aquele que tiver uma colina às costas. Não obstrua um inimigo que volta para casa."

Foi assim que, com esta singular estratégia de guerra, um civil, chamado Cao Gui, venceu a batalha cujo inimigo tinha superioridade militar. E o reino Lu, por ter um rei sábio que ouviu e usou a estratégia de poupar a energia qi, conforme sugeriu o civil, derrotou o reino Qi sem ao menos uma única baixa de nenhum lado.

Vitória dos deuses ou dos homens?

Aquele que conhece ao inimigo e a si mesmo, ainda que enfrente cem batalhas, jamais correrá perigo. Aquele que não conhece o inimigo, mas conhece a si mesmo, às vezes ganha e às vezes perde. Mas aquele que não conhece nem ao inimigo e nem a si mesmo está fadado ao fracasso. Palavras do maior estrategista chinês de todos os tempos.

A ESTRATÉGIA CERTA PARA SER TEMIDO

A METÁFORA QUE CONVENCEU O REI

Casualmente vamos contar outra história do período dos Reinos Combatentes, mas cada uma tem seu próprio encanto e ensinamento, resultando no aprimoramento das artes e do espírito de quem as lê.

Conta esta que o estado de Chu teve um ministro chamado Zhao Xixu, muito respeitado e temido pelo povo de seu país como também dos demais por onde corria sua fama. Um dia, o rei perguntou a seus ministros:

– É verdade que todos têm medo do nosso ministro Zhao Xixu? Pois são esses rumores de todo o estado do norte que chegam até aqui.

Diante dessa pergunta, quase todos os ministros silenciaram, exceto um: o polêmico Jiangyi, que gostava sempre de uma boa polêmica, fosse com quem fosse, até – e de preferência – com o rei. Não perdeu a oportunidade e proclamou em alto e bom som:

– Vossa majestade sabe que é sua soberana pessoa a quem todos temem e respeitam, e não a dele. Alguma vez Vossa majestade já ouviu a história da raposa que pega emprestado o terror do tigre?

– Não conheço – respondeu o rei, coçando a barba em leque. – Mas proponho que me apresente, caso venha a elucidar esta singular situação.

– Bem, a lenda conta que, um dia, um tigre fora caçar ao redor de uma floresta e, para seu azar, conseguira capturar uma furtiva e sorrateira raposa. O destino dela parecia, inevitavelmente, a morte. Contudo, apesar do perigo, a astuta criatura pensou rapidamente num meio de se safar da enrascada e enfrentou o tigre. Dona de si, disse: "Como ousa tentar me tocar?". "Ora, simplesmente para matá-la e devorá-la", respondeu o tigre desaforado, pronto para saltar sobre ela. Mas, de repente, susteve o gesto, tomado mais pela curiosidade em relação à ousadia da presa do que pela fome. Na pressa de obter a resposta, perguntava primeiro e mataria depois: "A que vem essa pergunta, dona presunçosa?"."Não sabe, reles mortal, que fui escolhida pelos deuses para ser o rei de todos os animais da floresta?", declarou a raposa em voz alta e firme, num arrogante dar de ombros. "Se você me matar, o azar é só seu, pois agirá contra os deuses, o que é um mau presságio, e o castigo virá nas asas de uma Zhu", disse ela, referindo-se à veloz ave tida como de mau agouro. "Balelas e fanfarronadas", respondeu o tigre, duvidando do que ele mesmo dizia. "Vou provar o que digo", retrucou ela, aproveitando-se de sua hesitação. "Vamos atravessar juntos a floresta. Siga-me e você comprovará como os animais me temem." O tigre concordou, e a raposa passou a andar garbosamente diante dele floresta adentro. Os animais, vendo o tigre, ficaram terrivelmente assustados e fugiram, deixando a passarela livre para os dois. "Viu?", disse a raposa, voltando-se para o tigre. Ele não tinha nada a alegar além de reconhecer que ela dizia a verdade, uma vez que comprovava os resultados. "Você está certa. Não resta dúvida de que é o rei da floresta", admitiu o tigre, pensando que era muito mais digno comer um rei do que uma reles raposa. Porém, o temor dos presságios o conteve a tempo, e nada mais lhe restou senão debandar com o rabo entre as pernas.

Quando o ministro Jiangyi terminou sua história, acrescentou ao rei:

– Da mesma forma, majestade, os vizinhos do norte que demonstram medo do ministro Xixu Zhao, na verdade, temem a Vossa majestade, assim como os animais temiam ao tigre, e não à raposa.

O rei ficou satisfeito e lisonjeado com as palavras do ministro Jiangyi, e não duvidou de sua verdade.

Assim, esta lenda faz uma analogia àqueles que usam os mais fortes como escudo para intimidar os demais.

Casado com uma morta

UMA HISTÓRIA SOBRENATURAL

Estudioso da dinastia Han, Tan era um solteirão de quarenta anos. Costumava ler muitos livros que, invariavelmente, mexiam com sua fantasia e com seus sentimentos. Certa vez estava lendo, quando, à meia-noite, uma jovem surgiu diante dele. Vestia roupas resplandescentes, e sua beleza era estonteante.

– Case-se comigo – pediu ela.

Ele aceitou na hora, e então ela disse:

– Tenho um pedido a fazer: nunca coloque qualquer luz perto de mim enquanto eu estiver dormindo, durante três anos. Passado este tempo, poderá fazer isso sem problemas.

Ele prometeu, e então se casaram. Depois de um tempo, nasceu-lhes um lindo filho. Quando a criança tinha um ano, Tan foi tentado pela curiosidade e olhou para a esposa certa noite, à luz de uma vela, enquanto ela dormia. O que viu foi uma mulher de carne humana acima da cintura, mas apenas um esqueleto dali para baixo. Neste momento, a mulher acordou.

– Você faltou com a palavra – entristeceu-se ela. – Se não tivesse espiado, eu iria reviver em breve. Deveria ter esperado por mais um ano, conforme o combinado, em vez de me expor à luz agora.

– Desculpe-me – implorou ele, corroído de arrependimento, acreditando que assim anularia os efeitos da sua insensatez.

Mas, por mais que Tan se desdobrasse em pedidos de perdão pela impertinência, ela apenas pôde responder-lhe:

– É tarde demais. Vou partir para sempre, mas antes venha comigo e lhe darei um presente que o ajudará a sustentar nosso filho.

Tan a acompanhou até uma suntuosa casa, onde ela lhe deu de presente um quimono decorado com pérolas, dizendo:

– Com isso você poderá dar uma vida decente para nosso filho.

Arrancou uma parte da manga como lembrança e desapareceu.

Certo dia, o marido foi ao mercado com a peça, vendendo-a a um nobre senhor por uma alta soma de dinheiro. O quimono foi parar nas mãos de Wang da Suiyang, que o reconheceu como sendo de sua filha e quis saber onde Tan o havia conseguido.

– Reconheço este quimono como sendo de minha amada filha, que já morreu – disse Wang a Tang. – O homem que lhe vendeu deve ter sido o coveiro.

Tan foi preso e interrogado. Contou mil vezes sua história em detalhes, mas Wang, o pai da morta, alegou ser tudo inverossímil. Então, foram até o túmulo para verificar e o encontraram intacto. Quando foi aberto, a viram dentro do caixão só com a manga do vestido, apesar de o túmulo não ter sido violado.

Wang acreditou, então, na história de Tan e quis conhecer seu neto, no que foi prontamente satisfeito. Então, certo da verdade, legitimou o neto e o genro. Recebeu-os em sua casa e devolveu-lhes o quimono. Mais tarde, o velho recomendou o neto para um importante cargo no tribunal.

Assim se confirmou o que predissera a morta: que o seu presente sustentaria o filho de ambos.

O CATA-VENTO DE ZHAN HENG
QUE DETECTA TERREMOTOS

No período do Han do Leste, havia terremotos frequentes em Luoyang, capital do país, e suas proximidades. Trinta e três terremotos haviam sido registrados entre os anos de 89 e 140, incluindo dois grandes tremores de terra no ano 119, que atingiram mais de dez distritos e causaram inúmeras mortes e grandes perdas materiais. O imperador considerava os desastres naturais como castigos do Céu e, em função dessa crença, aumentou os impostos à população para realizar grandiosas cerimônias rituais em homenagem ao imperador celestial.

Zhang Heng, que se dedicava aos estudos da astrologia, do calendário e da matemática, não acreditava nos boatos supersticiosos sobre os abalos sísmicos, creditando-os como meros fenômenos da natureza. Por isso, dedicou-se de corpo e alma aos estudos, intensificando seu empenho na observação e na análise das causas dos terremotos. Após vários anos de dedicação ao tema, fez vários testes e produziu, no ano 132, um cata-vento de terremotos, o primeiro sismógrafo do mundo, para prevenir a China de tão catastróficas consequências devido aos constantes tremores.

O aparelho de Zhang Heng consistia em uma jarra de vinho feita de bronze, de cerca de um metro de diâmetro, com oito cabeças de dragão em torno dela, cada qual com uma bola na boca. Em volta da jarra, foram fabricados oito sapos para este fim e colocados no chão com as bocas abertas, aguardando os sinais de tremor. Quando isso ocorria, uma das bocas de dragão se abria e deixava cair a bola na boca do sapo. A localização do dragão que soltasse a bola indicava a direção de onde vinha o tremor e, em seguida, o aparelho se fechava automaticamente para que nenhuma outra bola fosse solta, obtendo-se, assim, uma indicação permanente de onde provinha o sismo.

No ano 133, houve outro abalo em Luoyang, e o cata-vento previu-o com exatidão. Nos quatro anos seguintes, três outros terremotos abalaram a região, sendo todos registrados com exatidão pelo aparelho de Zhang Heng. Em um dia de fevereiro de 138, porém, Zhang Heng descobriu que o dragão do oeste havia deixado cair a bola na boca do sapo, mas ninguém havia sentido o tremor de terra.

– Este aparelho não é confiável – afirmou um erudito.

– Este cata-vento só pode prever tremores de terras das regiões próximas de Luoyang – disse outro e, a partir de então, ninguém mais confiava na aparelhagem de Zhang Heng.

Alguns dias depois, um enviado da província de Gansu, no Oeste do país, chegou à capital e comunicou ao imperador:

– Houve um terremoto na província, conforme previsto pelo artefato de Zhang Heng.

Dali em diante, todos tornaram a acreditar nos estudos de Zhang Heng e no seu aparelho. A China passou a utilizá-lo oficialmente para prever e registrar os terremotos, mostrando também que uma única falha não anula os acertos e dá possibilidade para que sejam feitas correções em busca do resultado desejado.

A LENDA TRÁGICA DOS TRÊS GUERREIROS

A INVEJA MORTAL DO PRIMEIRO

No século VII a.c., a China estava dividida em vários reinos. Tian Kaiqiang, Gu Yezi e Gongsu Jie eram conhecidos como três valentes do reino Qi, aos quais o rei dedicava altíssima estima. No entanto, com o decorrer do tempo, os três começaram a vangloriar-se de sua valentia e de seus privilégios junto ao rei. Tornando-se, arrogantes passaram a agir a seu bel-prazer, sem respeitar mais nada nem ninguém. Um conspirador chamado Cheng Wuyu aproveitou-se de suas presunções e vaidades para suborná-los, a fim de derrubar o reino Qi e usurpar o poder.

O primeiro-ministro do reino, Yan Ying, estava muito preocupado com a situação e decidiu buscar uma oportunidade para eliminar os três valentes. De que maneira um letrado como ele iria eliminar os três guerreiros que usufruíam da confiança do rei? Matutava sobre os meios para atingir esse objetivo. Certo dia, no entanto, o soberano do reino Lu, vizinho do Qi, fez-lhe uma visita. Este lhe ofereceu um banquete em seu palácio real, onde fazia parte dos convivas Yan Ying, três soldados e mais os funcionários civis e militares.

Ao ver os três arrogantes e soberbos homens pavoneando-se cheios de si, Yan Ying, que abominava mais que tudo no mundo as ufanias da autovaidade teve uma ideia. No meio do banquete, foi pedir ao rei o favor de mandá-lo recolher alguns pêssegos no jardim real, com o intuito de oferecer aos convidados os frutos fresquinhos. O rei concordou.

Pouco tempo depois, Yan Ying voltou com seis magníficos pêssegos. Ofereceu um ao rei Qi e outro ao rei Lu. Os outros dois, ofereceu aos primeiros-ministros dos dois países, e assim restaram apenas dois pêssegos. Yan Ying fez novo pedido ao rei, propondo um jogo que consistia em que todos apresentassem seus méritos, e os dois melhores ganhariam os dois últimos pêssegos.

Já enfadado com o andar da festa, o rei concordou com o objetivo de animar o banquete. Nesse momento, um dos três valentes, Gongsun Jie, saiu da multidão e disse:

— Eu mereço um pêssego, pois quando acompanhava o rei na caça matei um tigre e salvei a vida do soberano. Ninguém pode negar que essa é uma façanha e tanto.

Não, ninguém podia negar.

— Foi realmente um grande feito! — elogiou Yan Ying. — Você merece um pêssego — e entregou o fruto ao herói salvador do rei, Gongsun Jie, que ficou muito satisfeito.

— Grande coisa! — desdenhou outro dos valentes, chamado Gu Yezi, inflando o peito de vaidade. — Matou um tigrezinho. Já eu matei uma gigantesca tartaruga no rio Amarelo e ainda salvei a vida do rei de um monstro gigantesco e feroz. O meu mérito supera o de Gongsun Jie.

— Sua proeza é sem dúvida merecedora de um prêmio — disse o rei, lembrando a façanha e entregando-lhe o último pêssego antes de acrescentar, com olhos úmidos de emoção: — O pêssego é pouco pela sua grande coragem!

A inveja e o ressentimento imediatamente instalaram-se no peito de Tian Kaiqiang, o último dos três valentes, que ergueu-se hirto de indignação e sentenciou:

— Eu fiz mais de quinhentos prisioneiros numa batalha, salvando o reino além de salvar o rei. Não há nada mais grandioso do que isso. O meu mérito é ou não é o mais extraordinário e mais merecedor da recompensa?

— Não nego — respondeu o rei, consolando-o: — O seu merecimento foi realmente como diz, mas você falou tarde demais, e os prêmios já estão esgotados. Terá que esperar pela próxima safra de pêssegos.

Humilhado perante o público, Tian Kaiqiang, com o sangue fervendo nas veias e os olhos e o coração cegos a tudo o mais, tirou sua espada e suicidou-se na frente de todos. Vendo a morte do amigo, Gongsun Jie também tirou a espada e disse:

— Tenho menor mérito do que o general Tian, fui premiado e ele não recebeu nada, o que é injusto — e, tendo dito isto, terminou com a própria vida.

167

– Fizemos nós três um juramento para vivermos e morrermos juntos – disse o último deles, saltando em frente a todos. – Agora, eles morreram antes de mim e eu não poderei viver sozinho – e, após essas palavras, desembainhou a espada e suicidou-se também.

Num piscar de olhos, os três valentes jaziam mortos no chão, um após o outro, sem que o rei tivesse sequer tempo de impedi-los.

Assim, Yan Ying, com sua inteligência e apenas dois pêssegos, eliminou os três guerreiros e acabou de vez com a preocupação do país. E a inveja de um ministro provocou a morte a sangue frio de três valentes guerreiros, sem que ele nem mesmo precisasse usar a sua espada.

O MAGISTRADO QUE DESBANCOU OS NOBRES E OS FEITICEIROS

O POVO RECUPERA O CONTROLE

Há mais de 2 mil anos, no rio Zhang do distrito Ye da província do Henan, ocorriam sempre desastrosas inundações. Os nobres e as feiticeiras afirmavam ao povo que estas calamidades eram as manifestações do gênio do rio, que estava zangado.

– É preciso oferecer-lhe uma noiva virgem e bonita a cada ano para acalmar a fúria do deus do rio – diziam os nobres, em coro com as feiticeiras. – É a única forma de todos nós termos proteção.

Dali em diante, cada vez que chegava o verão, uma feiticeira escolhia uma linda moça de família pobre, que era enfeitada como noiva para ser colocada num barco de junco e flutuar no rio até finalmente afundar. Um número sem conta de belas jovens pobres morreram desse modo, enquanto os nobres que não ligavam para os problemas do povo continuavam roubando e se regalando em festas, sem se comoverem com a desgraça dessas famílias.

Os pais de donzelas bonitas fugiam para longe, mesmo sem rumo, para salvar as suas filhas. Com esta debandada, os campos ficaram desertos, e o distrito Ye foi se tornando cada vez menos próspero, até cair na indigência.

Empossado um novo ministro chamado Ximen Bao, que assumiu também o cargo de magistrado do distrito Ye, fez então uma investigação apurada sobre as condições de vida dos aldeões. Descobriu que o motivo da queda da produção nos campos era o abandono das lavouras pelas famílias das donzelas, sujeitas a serem utilizadas como noivas do deus do rio, fruto da superstição de nobres e feiticeiras.

Assim, quando mais um verão chegou e os nobres e feiticeiros iam novamente oferecer uma noiva ao gênio do rio, o novo ministro

Ximen Bao chegou à margem do rio e, dirigindo-se a uma feiticeira, enunciou:

– Esta noiva não é bela o suficiente para o gênio do rio. Faça o favor de ir a senhora mesmo avisar ao gênio que vamos escolher outra melhor e que a enviaremos assim que a encontrarmos.

Dizendo isso, ordenou que a feiticeira fosse lançada nas correntezas da água para dar o recado ao gênio. Não adiantou ela espernear, esbravejar e praguejar, como de hábito: ordens eram ordens. Passado algum tempo de espera, Ximen Bao disse:

– Por que a feiticeira não voltou ainda? Vamos ter que mandar uma de suas discípulas para apressá-la.

Sob sua ordem, foi lançada uma jovem feiticeira no rio, no encalço da outra. Como esta também não retornava, o mesmo foi feito com outras por três vezes sucessivas. Como era de se esperar, nenhuma delas voltou. Ximen Bao, então, dirigiu-se aos nobres:

– As feiticeiras são mulheres e incapazes de convencer o gênio. Vamos ter de escolher um homem nobre que tenha mais eloquência.

Ao dizer isto, ordenou que lançassem ao rio um dos líderes impiedosos. Vendo isso, as feiticeiras e os nobres ficaram aterrorizados, e todos se ajoelharam diante do magistrado para pedir-lhe clemência.

– A água do rio corre incessantemente, e nenhum dos enviados regressou – disse Ximen Bao, voltando-se para o povo e ignorando solenemente aquele bando de covardes ajoelhados diante dele. – Está mais do que evidente que não existe nenhum gênio do rio, tratando-se de uma trapaça destes perversos nobres e feiticeiras para prejudicar o povo. A partir de hoje, quem quiser oferecer uma noiva para o gênio do rio que vá antes visitá-lo, para anunciar sua chegada.

O desencanto das feiticeiras era geral, e sibilava no ar uma moção de infortúnio. Ninguém mais achou conveniente e nem engraçado agradar ao gênio do rio. Mais tarde, Ximen Bao mobilizou o povo para dominar o rio Zhang, fazendo barragens e, assim, as inundações foram controladas, e a região voltou a ficar rica, pois o seu povo retornou confiante no seu governo.

O SONHO DO SONHADOR NANKE

O CASTELO CHINÊS NO AR

Durante a Dinastia Tang, vivia um homem chamado Chun Yufen, que se considerava um sábio. Mas isso era só ele quem achava.

– Todos são cegos, isso sim, pois não enxergam o quanto sou sábio! – conformava-se ele, generalizando o mundo em sua autoidolatria e enchendo mais um copo de saquê para afogar as mágoas por não se ver reconhecido como um gênio.

Um dia, estava Chun Yufen bebendo sob uma velha árvore ao lado de um pagode, ao sul de sua casa, quando pegou no sono e teve um sonho no qual uma partícula apresentou-se a ele e o convidou para visitar o Reino do Grande Pagode. Sem pestanejar, ele a seguiu, todo sorridente. Deparou com um mundo de fadas, vários portões vermelhos, magníficos palácios, pavilhões e jardins luxuosos, saindo completamente fora do mundo real. Nesse reino, era-lhe dedicada grande estima por parte do soberano, que o nomeou chefe da Nanke. Logo depois, casou-o com sua belíssima filha. Chun Yufen estava tão feliz com sua boa vida nesse novo reino que esqueceu completamente sua cidade natal, sua família e tudo o mais que não fizesse parte de seu novo mundo.

Um dia, seu novo reino foi invadido por outro país, e Chun Yufen teve de levar as tropas para prender os inimigos. De um minuto para o outro, seu mundo desmoronou: sua esposa morreu, e seus exércitos foram derrotados.

– Ai de mim! Sou um fracasso total, e o universo está me esmagando! – lamentava-se Chun Yufen, duramente atingido e contrariado com o andamento das coisas, que não saíam a seu contento. – Vou-me embora do Reino do Pagode. Sentirão minha falta, pois sou o maior dos gênios.

De repente, ele acordou e viu que sonhara. Ali estava meio copo de saquê no chão à sua frente, e uma formiga rastejando sobre um de seus pés. Olhando para a pequena criatura, ele deparou com um imenso ninho de formigas na velha árvore ao lado do pagode.

– Oh, este deve ter sido o formigueiro em que entrei e que me levou para o reino do Grande Pagode – ele murmurou, caindo na sua própria confusa realidade.

A história é frequentemente usada para dizer que alguém está muito feliz com algo que não se baseia no real. Como, por exemplo, alguém pensar que ganhou um tesouro e ficar eufórico sem nem ao menos confirmar o fato.

A PERDA PODE VIR A SER UM GANHO

SÓ O TEMPO DIRÁ

Há muito tempo, perto da fronteira da China, vivia um senhor idoso que perdeu seu cavalo. Disseram-lhe que havia sido visto correndo fora das divisas do país.
– Oh, que perda lamentável! – vieram consolá-lo os vizinhos.
– Pode não ser lamentável este acontecimento – respondeu o velho, dando de ombros, para surpresa de todos. – Pelo contrário, acho que pode ser muito bom. Vamos ver o que nos diz o tempo.
Uma noite, o velho ouviu barulho de cavalos e levantou-se para investigar. Qual não foi sua surpresa ao enxergar o seu belo cavalo voltando, acompanhado de uma égua. Ao ouvir a boa nova, os vizinhos vieram em peso dar os parabéns ao velho pela sua boa sorte.
– É verdade que tenho um cavalo novo sem pagar nada – respondeu-lhes, calma e pensativamente –, mas é difícil dizer se isso é bom ou ruim. Vamos ver o que nos diz o tempo!
E as coisas iam assim até que um dia seu filho caiu do cavalo e ficou ferido na perna esquerda, passando a mancar desde então.
– Que desgraça! – comentaram os vizinhos.
– Nada grave – acalmou-os o velho –, talvez isso seja bom. Só o tempo dirá.
Um ano depois, os jovens foram recrutados para lutar em uma guerra. O filho do velho disse:
– Sinto que não devo ir, apesar de estar disposto, ter o cavalo arreado e a bagagem fornida. Cada vez que penso em partir, prevejo um pé engatado no estribo e o outro não. Não sei o que isso significa. Seria talvez medo do desconhecido ou de assalto?
– Parece um aviso para que não vá ou coisa que o valha, mas só o tempo dirá – respondeu o pai.
E assim ele ficou, absolvido da obrigação por sua deficiência, a qual o livrou da morte, pois a maioria deles não voltava.
Assim, esta lenda nos mostra que quase sempre é precipitado afirmar se algo é bom ou mau.

A VÍTIMA QUE DESEJAVA SER CAPTURADA

O ESTRANHO PESCADOR QUE CHAMOU A ATENÇÃO DA CORTE

Nesta lenda, como na maioria, há um sábio e também há um ditado chinês: "Taigong Diaoyu, Yuanzhe Shanggou", se refere a uma vítima voluntária que se deixa capturar.

Tudo começou com Jiang Ziya, que morava perto do rio Weishui. Nesta região localizava-se há mais de três milênios o estado feudal do Conde Ji Chang. Este era muito ambicioso e arrogante, e Jiang Ziya sabia disso. Muitas vezes, Jiang Ziya ia pescar no rio Weishui, mas o fazia de uma forma incomum: pendurava um anzol reto, sem isca, três metros acima da água, e então dizia:

– Peixes, se vocês não querem mais viver, venham comer a isca por livre e espontânea vontade.

Sua maneira estranha de pescar foi relatada a Ji Chang que, encafifado com este singular comportamento, ordenou a um soldado que fosse até ele para conferir. Quando o pescador Jiang viu o soldado chegar, deu de ombros e continuou com sua pesca, ignorando-o completamente.

– Pesca, pesca, e nenhum peixe é fisgado – disse, voltado para a água. – Pescar só camarão é pura maldade.

O soldado voltou ao palácio e informou o conde do ocorrido. Ji Chang ficou ainda mais intrigado e mais curioso em conhecer Jiang. Enviou, então, imediatamente um criado para convidá-lo a vir até ele. Mas Jiang, ignorando completamente o convite e o enviado, prosseguia na sua pesca, dizendo:

– Pesca, pesca, e o peixe grande não foi fisgado. Pescar peixe pequeno é pura maldade.

Então Ji Chang percebeu que Jiang poderia ser um grande sábio e foi pessoalmente convidá-lo, levando consigo muitos presentes generosos. Percebendo sinceridade nas palavras de Ji, Jiang decidiu trabalhar para ele. Jiang ajudou Ji Chang e seu filho a virarem a Dinastia Shang e estabelecer a Dinastia Zhou. Jiang recebeu o título de Taigong, passando a se chamar Jiang Taigong.

Diaoyu significa "pesca", Yuanzhe significa "uma pessoa disposta", e Shanggou significa "ficar obcecado". Até hoje, as pessoas usam essa expressão antiga para descrever alguém que voluntariamente cai em uma armadilha ou faz alguma coisa, independentemente do resultado. Por exemplo, se alguém vende algo por um preço dez vezes o seu valor real e não se importa se for vendido ou não, a sua situação poderia ser descrita com esta expressão "Taigong Diaoyu, Yuanzhe Shanggou".

A DANÇA DO PROTESTO

MULHERES ARRISCAVAM
A VIDA NA GUERRA ENTRE CLÃS

Em um campo na serra Liangshan, dois grupos de jovens de nacionalidade chinesa Yizu, armados com lanças, bastões e arcos, estavam à beira de uma luta brutal. Nada havia que chamasse a atenção desses combatentes fora dos campos de guerra. Queriam e precisavam estar no centro da luta, pois fora delas não eram nada e nem ninguém. A morte não lhes preocupava. Estavam acostumados com ela e, de impulso em impulso, abatiam os inimigos e as vitórias se somavam. Não era pela glória, mas pela luta em si. Simplesmente pelo gosto de saltar de arma em punho sem nem ao menos questionar o motivo. Eram sem dúvida guerreiros natos. Nem ao menos se perguntavam o que os impulsionava à luta. Talvez o prazer do movimento rápido, ou os confrontos malsucedidas de seus ancestrais, ou a visão da queda do inimigo, ou quem sabe eram mesmo feras com corpo de gente. Tudo era possível. O importante era estarem prontos para enfrentar e afrontar o inimigo, derramando rios de sangue. Essa arte lhes tirava o fôlego quando manobrada de acordo com sua astúcia de matar e sair incólume. Vivo. Ser vivo era ser vencedor. Estar morto era ter fracassado miseravelmente.

Estavam assim todos aquecidos para transformar a relva num matadouro sangrento quando surgiu, de repente, uma senhora de extrema beleza e simplicidade, usando apenas uma vestimenta de rendas. Sacudiu a saia e, numa estranha dança, meteu-se entre os exércitos adversários que, com suas lanças afiadas, quase tocavam seu corpo esguio. Mas ela mantinha a calma e, infiltrando-se entre as fileiras, continuava a sacudir a saia em rodopios, como se estivesse numa misteriosa sinalização.

Os guerreiros ficaram tão perplexos com o impacto da inusitada aparição que abaixaram lentamente os braços, observando a hipnótica ondulação da saia daquela atrevida e destemida criatura. Após um

momento de silêncio, os generais de ambos os lados tomaram posição e ordenaram com ameaças que se retirasse.
Entretanto, ela não fez um único movimento de retirada. Intrigado, o comandante inquiriu o guerreiro mais próximo de si:
– Alguém conhece esta mulher? Será ela alguma autoridade poderosa de alguma aldeia?
– Que eu saiba, é apenas uma mulher do povo – foi a resposta.
– O fato é que, de um lado, temos muitos jovens de sua vila e, do outro, os nossos adversários também têm jovens guerreiros da aldeia do marido dela – acrescentou um outro.
– De acordo com os costumes de Yizu nessa região – disse um terceiro, inteirado do assunto –, se uma luta armada ocorre entre duas aldeias, nenhum homem a partir de qualquer lado terá coragem de chegar à fronteira, arriscando-se a ser preso, morto e servir de troféu. As mulheres, no entanto, com o intuito de proteger os seus, investem-se de uma coragem inesperada e obtêm, como resultado, o respeito de todos. Elas são inofensivas, não combatentes, apenas sinalizando a não luta.
E assim continuaram, cada guerreiro expondo a seu modo o que sabia desta tradição:
– Ao contrário, é permitido transpor as fronteiras para trabalhar nos campos ou visitar parentes tanto de um lado quanto de outro.
– Porém, quando uma guerra começa, qualquer mulher da aldeia relacionada fica de mediadora entre as partes em combate. Sua ação é de regra levada em conta. Se nenhum dos dois lados acata seu aviso, ela despe-se de suas roupas e fica nua diante de todos, cometendo então suicídio em nome da sua honra.
– Se isso ocorrer, aqueles que derem continuidade à guerra serão condenados, e uma multidão de ambos os lados virá contra eles com toda a sua fúria em desagravo à morte desta heroína.
– Como combates de grande escala são desencorajados, os protestos da mulher são frequentemente considerados pelos lutadores.
Assim, apesar de aprazível a seus instintos a previsão de vê-la nua, não abandonaram o temor de vê-la morta nem de uma luta inglória que ocorreria neste caso com a invasão de um povo em seu desvario de vingança. Como consequência, debandaram em retirada tanto de um lado quanto do outro, e não houve nem luta e nem desonra.

Uma guerra e dois estrategistas

O TALENTO E A INVEJA

Sun Bin era um famoso estrategista militar do período dos Reinos Combatentes. Ele cursava a arte da guerra com um mestre, junto com seu colega Pang Juan, que o invejava e o perseguia. Posteriormente, os dois serviram ao reino Wei. Pan Juan temia a capacidade de Sun Bin e ordenou que lhe cortassem os ossos até os joelhos. Mas o general do reino Qi chamado Tian Ji evitou esta tragédia e levou-o consigo.

Houve uma guerra em que entraram os dois estrategistas citados acima com a intenção de interceptar o reino Wei para salvar o reino Zhao. No século IV a.c., o reino Wei realizou uma reforma política e militar: tratava-se do primeiro reino a realizar reformas. Impulsionado por esse desenvolvimento, seu vizinho, o reino Qi, esmerou-se em progredir sob todas as formas e até em anexar alguns pequenos estados ao seu.

Em 368 a.c., o reino Zhao, sob o apoio do reino Qi, declarou guerra contra um reino subordinado ao Wei. Em resposta, houve retaliação da parte deste, que enviou tropas compostas por cerca de 100 mil soldados e dirigidas por Pang Juan, o Invejoso, para bloquear Handan, capital do reino Zhao. Em situação de emergência, o reino Zhao pediu ajuda ao reino Qi, cujo exército tinha como estrategista Sun Bin, o invejado.

Houve divergência de dois ministros entre apoiar e desassistir aos suplicantes. Enquanto o ministro Zou Ji, do reino Qi, se opunha a fornecer ajuda ao reino Zhao, alegando que isso implicaria um grande custo para o país, o outro ministro, Duan Ganlun, considerava que, caso derrotasse o reino Zhao, o reino Wei se fortaleceria ainda mais e ameaçaria o reino Qi. O rei do Qi aceitou a proposta de Duan Ganlun e enviou um exército composto de 80 mil soldados, comandado por Tian Ji e Sun Bin, para socorrer o reino Zhao.

O talento militar e estratégico de Sun Bin era reconhecido pelo povo e pelos nobres, contado em prosa e verso e até solicitado em corridas de cavalos, coisa muito frequente naquela região. O esporte era uma das diversões prediletas dos nobres e dos ministros do reino Qi, que costumavam apostar altíssimas quantias. Como Tian Ji costumava perder sempre, pediu auxílio ao vencedor de guerras Sun Bin.

Tian Ji pretendia, numa nova corrida, com as instruções de Sun Bin, ter o seu cavalo como primeiro páreo, apesar de ser de categoria inferior. Era costume que concorressem o cavalo de categoria superior uma vez com um da sua categoria, outra com o da média e outra com o da inferior, e vice-versa. Sun Bin montou estratégias para o cavalo inferior de Tian Jin enfrentar primeiro o superior e ir descendo de categoria o cavalo concorrente para no final, quando cansado, disputar com o cavalo inferior, e desse modo obteve a vitória.

Assim, voltando ao assunto militar do reino Zhao, esse estrategista nato, Sun Bin, analisou minuciosamente a situação e considerou que, como nas corridas de cavalo, deveriam ser revistas as posições, pois as forças armadas do reino Wei eram poderosas demais para serem combatidas e vencidas. Um ataque frontal poderia causar muitas baixas e provocar custos expressivos ao reino Qi. Então, sugeriu surpreender os inimigos na capital dos Wei, aproveitando o vácuo defensivo para atacá-los e obrigá-los a se retirarem, salvando assim o reino Zhao do bloqueio e de uma luta inglória.

A forma que Sun Bin escolheu para conseguir aplicar suas estratégias foi criar em primeiro lugar uma imagem fraca das forças armadas dos Qi. Enviou uma tropa para atacar Pingling, uma das vilas estratégicas do reino Wei, e fez o seu exército perder a batalha e fugir do campo. O general do reino Wei, Pang Juan qualificou as tropas dos Qi como fracas e se concentrou no ataque ao reino Zhao, sem pensar num eventual confronto com os Qi na capital.

Naquela altura, uma força de elite dirigida pessoalmente por Sun Bin surpreendia o exército de Pan Juan na capital dos Zhao, atacando de tal forma que dispersou os combatentes, confusos, pois estavam inteirados da fraqueza do inimigo de acordo com a notícia dada por seu comandante. Este, ao ver a debandada, autorizou-a para não parecer que ocorria sem o seu comando e partiu também em retirada com suas tropas. Exaustas por percorrerem longas distâncias e sem objetivo e direção claros, as tropas dos Wei foram interceptadas no meio do caminho e derrotadas por Sun Bin, que vinha de pouca distância com seus exércitos cheios de força para a luta.

Por meio dos estratagemas de Sun Bin, as tropas do reino Qi socorreram o reino Zhao e causaram grande estrago, debilitando as forças armadas dos Wei e resultando na tática, famosa na história dos assuntos militares da China até hoje, de "Interceptar o reino Wei para salvar o reino Zhao".

A BATALHA DECISIVA DE JINGJING E SEU QUARTEL-GENERAL

No ano 206 a.c., a dinastia Qin, primeiro regime feudal na história chinesa, foi derrubada, ocasião em que surgiram dois novos grupos militares dirigidos respectivamente por Xiang Yu (Chu) e Liu Bang (Han), que disputavam o poder no país. Tratava-se da famosa Guerra entre Chu e Han, que durou cinco anos e na qual o general do Han, Han Xin, mostrou sua excelente arte de combate. A batalha de Jingjing, que vamos contar aqui, é um exemplo disso.

Em outubro de 204 a.c., uma força composta de 10 mil soldados recém-recrutados e dirigida por Han Xin percorreu longos quilômetros para atacar o reino Zhao, subordinado ao reino Chu. O reino Zhao concentrou seus 200 mil soldados numa garganta da montanha Taihang (garganta de Jingjing, na atual província do Hebei) para armar sua defesa numa batalha decisiva contra Han Xin.

Soldados do reino Zhao foram instalados ao longo de uma trilha que passava pela garganta de Jingjing, aguardando a tropa dos Han. Conselheiro militar da tropa dos Zhao, Li Zuoche sugeriu ao comandante-geral que mandasse uma força principal para enfrentar a tropa dos Han e enviasse um contingente para contornar por trás e encurralá-los, cortando-lhes o caminho e o abastecimento de alimentos, promovendo uma ofensiva em duas frentes com o objetivo de capturar Han Xin vivo. Mas a proposta foi recusada.

Por sua vez, Han Xin, ciente da grande diferença entre as forças de ambas as partes, sabia que num ataque frontal seu exército acabaria fracassando. Mandou suas tropas instalarem-se longe da boca da garganta de Jingjing e começou a analisar as condições da montanha e o seu adversário. Assim que foi inteirado de que o comandante-geral das tropas dos Zhao desejava uma batalha-relâmpago e subestimava a tropa dos Han, Han Xin ordenou que sua tropa avançasse e se instalasse a quinze quilômetros da boca da garganta.

À meia-noite, Han Xin ordenou a um exército de 2 mil soldados que levassem cada um uma bandeira militar dos Han e rodeassem por trás dos Zhao por uma trilha para atacar o quartel-general inimigo. Na madrugada, Han Xin deu ordem de ataque a sua força principal para invadir a garganta.

Por sua vez, o comandante-geral dos Zhao mobilizou todos os soldados para o confronto que se avizinhava, deixando o quartel--general vazio. Este foi imediatamente ocupado pelos 2 mil soldados inimigos e administrado por Han, que com suas bandeiras expostas como uma afronta de poder mostrando sua retumbante vitória fez o exército adversário, confuso e em pânico, se pôr em retirada lá no campo de batalha onde estavam, sem coragem de retornar ao quartel, pois muitas de suas armas estavam agora em posse do inimigo.

Com uma força desvantajosa de apenas 2 mil combatentes, mas uma tática flexível e posta em prática pela credibilidade de Han Xin, foram derrotadas as tropas dos Zhao, compostas por 200 mil guerreiros.

A FLAUTA DO PASTOR ANIZ

TIRANIA GERA VINGANÇA

Esta lenda, que faz parte da cultura chinesa e originou-se em Uygur, conta que um proprietário de terras contratou um pastor de nome Aniz, jovem muito querido pelos vizinhos e talentoso na arte de tocar flauta e encantar com apenas um pedaço de bambu. Todos o cercavam para ouvi-lo. Suas hábeis mãos faziam brotar maviosos sons que hipnotizavam a plateia e, sempre que estava livre, tocava de bom grado para as pessoas ao seu redor, que ficavam muito felizes.

Quem não andava nada satisfeito com isso era o patrão, que estava enfarado de ouvi-lo tocar. Todo dia ele o humilhava diante de todos com palavras ásperas e safanões na cabeça.

– Eu lhe pago para trabalhar ou para ficar tocando flauta, vagabundo desgraçado? – gritou, certo dia, assim que o menino fez soar no ar a primeira nota musical.

– Estou tocando na minha hora de folga, e isso não interfere no meu trabalho – respondeu o flautista, cansado das injustas admoestações do patrão.

– O que foi, desaforado? Quer me enfrentar, é isso? Abaixe a cabeça e obedeça, lacaio miserável, ou mando açoitá-lo como a um cão raivoso!

Sem mais uma palavra, o patrão esbofeteou-o dos dois lados do rosto, deixando-lhe as marcas dos dedos grossos e sujos.

– Suma da minha frente, bastardo insolente, e pare de tocar flauta! – rosnou, tomando o instrumento das mãos de Aniz e pisoteando-o até ficar em cacos.

Soturno, Aniz afastou-se e vagueou pelas ruas, sem emprego e sem flauta, mas com lágrimas nada costumeiras escorrendo por seu rosto machucado. Fora de hábito um rapaz feliz, e agora era agredido sem motivo e despedido de mãos vazias.

– O que houve, garoto? – perguntou um velho, afagando-lhe a cabeça. – Quem são seus pais? Por que está aqui chorando sozinho?

– Sou um pastor, me chamo Aniz. Tiraram a flauta que eu costumava tocar, fui humilhado e despedido.
– Seque as lágrimas, rapaz, e erga a cabeça! Todos gostam de amigos fortes e inimigos fracos – disse-lhe o velho, gentilmente. – O desrespeito de alguém para conosco é um sinal de que devemos tomar a decisão de ir embora e seguir em frente. Agradeça por esta oportunidade. Confie e venha comigo!
O velho levou Aniz para sua casa e fez-lhe uma nova flauta com um pedaço de bambu, bem melhor do que a antiga. De quebra, deu-lhe lições de música, ensinando ao pastor técnicas que o levaram a tocar com perfeição. Aniz passou, assim, de um simples amador a um verdadeiro flautista. Agora, não apenas as pessoas vinham ouvir sua música, mas também os animais da floresta. Todos se postavam em volta dele, ouvindo-o em silêncio, fazendo dele um amigo que não os amedrontava e coibia às feras o impulso de devorá-lo.
Um dia, seu ex-patrão comunicou aos filhos:
– Sonhei esta noite com um coelho magnífico, branco como a neve e com uma mancha preta no topo da cabeça. Fiquei tão encantado com o bicho que não consigo esquecê-lo. Quero-o para mim. Um de vocês vai achá-lo, e garanto a este que será meu herdeiro.
– Pai, nunca ouvi falar de um coelho assim! – respondeu um dos filhos.
– Meu irmão tem razão, onde é que vamos encontrar um coelho branco com uma mancha preta no topo do crânio?
– Imbecis! Se existe no sonho, existe na realidade – exclamou o velho, fulo da vida. – Nunca ouviram falar em florestas? Vão imediatamente para lá e procurem por este coelho. Quem o achar, já disse, será meu único herdeiro quando eu morrer.
"Eu sou o filho primogênito e a herança é minha por direito, quer eu pegue o coelho ou não", pensou o filho mais velho, desassossegado com a proposta, pois seu pai não tinha o direito de dispor dos bens depois da morte. Sentindo na carne um princípio de injustiça, deu as costas e saiu a pensar.
– Eu vou! – adiantou-se o caçula, faiscando seus olhos de cobiça como os demais irmãos.
Ao ver isso, o primogênito ponderou: "Diante do que vejo, as coisas podem mudar de rumo: um ardente desejo vai fazer de meu irmão um lutador, e eu posso perder tudo".

Pelo sim, pelo não, para prevenir-se de uma surpresa desagradável, resolveu ele próprio buscar o maldito coelho.

– Irmãos, deixem comigo, vou atrás do coelho porque não tenho medo da floresta e quero ver o meu pai feliz!

O pai ficou pasmo com a decisão do filho, que colocou seu chapéu de cone e já partiu sem olhar para trás. Andou e andou com sua malemolência sem a mínima vontade de fazer nada, até sentar-se à beira da mata cerrada e ali ficar buscando coragem.

"Talvez o coelhinho passe por aqui", pensou, eximindo-se da desilusão de não ter vocação para o heroísmo. Aguardou pela passagem do animal que não vinha e deduziu: "Se eu quiser caçar um coelho branco com uma mancha preta na cabeça, seja de sonho ou de verdade, terei de sair daqui e ir à caça".

Esgueirou-se então entre a ramagem mata adentro, temerosa e covardemente. Deparou lá com um velho que lhe perguntou:

– Meu jovem, se me permite a intromissão, posso saber o que busca nesta mata com tamanho empenho?

– Procuro por um coelho branco com uma mancha preta na cabeça – respondeu-lhe o filho do senhorio.

– Siga, então, por este caminho – aconselhou-o o velho, apontando para uma trilha – e procure por um jovem pastor chamado Aniz, que está guardando o meu rebanho. Diga-lhe o que você quer, que ele é muito generoso e irá ajudá-lo, pois conhece todos os animais da floresta.

O rapaz foi andando na direção indicada e logo encontrou o pastor, contando-lhe a que vinha e pedindo sua ajuda.

– Procurou a pessoa certa – respondeu Aniz – Eu posso ajudá-lo, sim. Venha buscar o coelho esta noite, mas traga consigo mil sequências de dinheiro para pagar por ele.

– Combinado, voltarei à noite – disse ele, afastando-se com pressa.

"Em comparação com a propriedade que vou herdar, que são milhares de sequências de dinheiro, mil não é nada", pensou o filho do patrão, subindo e descendo troncos e pedras aos tropeços para chegar em casa rápido.

À noite, voltou para a floresta com todo o dinheiro e encontrou Aniz sentado em um tronco de árvore, com sua costumeira calma.

Assim que este o viu, tirou da sua aljava a flauta e insuflou sonoras melodias que se faziam ouvir por quase toda a floresta, juntando ao seu redor uma multidão de animais – entre os quais o coelho pedido.

Ao ver o bicho, o primogênito sentiu-se vitorioso e entregou o valor combinado para Aniz, que lhe alcançou o coelho com a seguinte recomendação:

– Eis o coelho que procurava, mas segure-o firme, pois é um animal rápido e escorregadio.

Na sua arrogância e prepotência, o ex-patrãozinho não iria dar ouvidos às recomendações de um simples pastor. Pegou o coelho já pago, segurou-o à sua maneira e seguiu em direção a sua casa.

"Como tenho firme nas mãos este coelhinho, sem trabalho algum, assim terei a herança do meu velho", pensou o rapaz enquanto retornava com a missão cumprida, já quase alcançando o fim da floresta.

Descuidado em meio a esses pensamentos, ouviu o som da flauta e, em seguida, o animalzinho despencou de suas mãos, sumindo em disparada mata adentro. O rapaz fez menção de correr atrás do coelho, mas perdeu-o de vista. Então, voltou para o pastor e comunicou, como a pedir contas:

– O coelho branco fugiu!

– E o que eu tenho a ver com isso, se o adverti a zelar pela sua posse? Sua chance se foi junto com o coelhinho – respondeu Aniz, taxativo, e prosseguiu tocando a sua flauta, dando o assunto por encerrado.

– Como um pastor tocador de flauta pode ser tão cruel? – criticou o filho do senhorio.

Diante da inércia do pastor, não encontrou outra alternativa a não ser retornar de mãos vazias e relatar sua triste história ao pai ávido de retorno positivo para sua busca.

– Não se preocupe, pai – disse o segundo filho, interpondo-se na conversa e animando-se quanto mais o irmão se desanimava. – Se o coelho existe, posso pegá-lo amanhã e, se não existe, eu o farei existir, nem que tenha que implantar uma mancha no seu cocuruto.

Partindo no dia seguinte, ao tentar a sorte o segundo filho encontrou o mesmo destino que seu irmão mais velho, isto é, desperdício de tempo e dinheiro. E assim sucessivamente foram-se os filhos e as milhares de sequências de dinheiro, em vão, até chegar a vez do caçula. Por ser o mais mimado e com a autoestima exagerada, partiu confiante de que a solução estava em suas mãos, pois sempre haviam-no feito acreditar que ele era o melhor. Ao cair de mais alto do que os demais, sua volta causou a última e mais grave desilusão ao pai, pois não tinha mais filho algum que tentasse a sorte, e seu dinheiro já escasseava em suas arcas.

Irritado por ver os filhos perderem tantas milhares de sequências de dinheiro, sem trazer-lhe um único fio do pelo do coelho preto e branco, o senhorio agora desacreditava da veracidade da existência do coelho. Culminando com a acusação de engodo da parte dos filhos, enraiveceu-se:

– Bando de inúteis! – esbravejou, atirando golpes e pontapés para todo lado. – Se quero que uma coisa seja feita, tenho eu mesmo de fazê-la, seus frouxos. Amanhã vou lá pessoalmente e juro que trago o maldito coelho do maldito flautista!

Decidido, assim que clareou o dia o senhorio entrou a passos largos na floresta. Quando Aniz avistou o tirano, antes que o velho abrisse a boca, tomou da flauta e passou a tocar. Aos primeiros toques acorreram todos os animais da floresta – ursos, cobras, lobos, raposas, tigres e toda espécie de estranhos e perigosos bichos e pássaros – e circundaram o senhorio, que perdeu a sua cor natural e parecia uma estátua sem uma gota de sangue no rosto. O velho déspota caiu de joelhos aos pés do flautista, suplicando em desespero:

– Faça alguma coisa com urgência, pelos céus de Tian. Eu sou muito rico, como sabe, e prometo dar-lhe tudo o que quiser! – dizia quase aos prantos enquanto o suor escorria-lhe pelo corpo todo.

– Senhorio – disse Aniz –, já comprovou que não sou nada do que disse no dia em que me despediu, e esta flauta tem um valor inestimável. Saiba que, com um único som, estes animais o devorarão vivo com se fosse uma lagosta.

– Como ficou cruel e perverso! – exclamou o déspota melindrado, na estranha situação de subjugado para quem só estava acostumado a mandar e ofender.

– Se quer salvar sua vida, precisa prometer que vai dividir seus bens terrenos entre os necessitados, ficando apenas com o que comer – disse o flautista friamente.

– Prometo, sim! Prometo qualquer coisa, mas tire estas feras de cima de mim. Ai de mim! Tenha dó de mim! – implorou o canalha, sentindo o bafo fétido dos animais peçonhentos a encará-lo.

– Desta vez, vou poupar sua vida, visto que virou um bom homem e vai cumprir a sua promessa. Mas se voltar a ameaçar qualquer criatura um dia, chamarei à sua presença, em qualquer lugar que esteja, todos os animais ferozes da floresta e juro que pagará tão caro que amaldiçoará o dia em que nasceu.

Tão logo os animais desapareceram, o senhorio esvaiu-se da floresta como um fantasma e, ao chegar em casa, cumpriu o prometido perante um juiz e presenteou com seus bens a todos o pobres da vizinhança, conforme as instruções de Aniz, ficando apenas com a sua moradia e parcos víveres para seu sustento.

Aniz, o flautista, além de popular que já era pelo seu dom de tocar flauta tão encantadoramente, tornou-se célebre pelo seu poder de persuasão e generosidade para com os menos privilegiados.

A SEDUTORA MULHER DA PINTURA DO QUADRO DA PAREDE SE TRANSFORMA EM MULHER DE VERDADE

O Grande Yang era um barqueiro que vivia, outrora, numa antiga e famosa cidade de Yangzhou. Era muito generoso e sabia colocar-se no lugar do outro, geralmente daqueles mais necessitados. Certa vez, foi extremamente gentil com um velho enquanto atravessavam o rio. Quando chegaram à margem, o velho passageiro lhe disse:
— Dificilmente um jovem é tão atencioso com um velho. Como agradecimento, quero que aceite esta pequena lembrança — disse o velho, estendendo-lhe um antigo quadro em que uma bela jovem bordava um par de sapatos de tigre feitos de pano que terminavam com biqueiras em formato de cabeça de tigre.
— O senhor é muito gentil! — disse o barqueiro, agradecendo o presente e olhando fascinado para o quadro.

Muito satisfeito, foi para casa e dependurou o quadro na parede logo acima de sua cama. Todas as noites, ficava olhando a bela mulher durante horas e horas.
— Como é linda, linda! Olhe para mim! Me ame! — ele dizia, sem tirar os olhos do quadro em que a mulher trabalhava seu bordado.

Tanto o Grande Yang olhou para a jovem da tela e declarou o seu amor que, certa noite, ela tirou os olhos de seu bordado e olhou para ele, olhos nos olhos. Após um olhar longo e apaixonado, ela largou o que fazia e saiu do quadro, pisando na cama macia. Ficaram juntos a noite inteira e, desde então, ela passou a sair do quadro todas as noites e dormir com ele. Algum tempo depois tiveram um filho, que trouxe muita felicidade para o casal.

Esta notícia se espalhou e chegou às autoridades. O oficial da cidade, que tinha ouvido falar na beleza da jovem do quadro, ficou curioso e foi averiguar. Assim que viu a tela da jovem, apaixonou-se por ela e mandou apreender a imagem mágica, querendo-a para si. Colocou o quadro na parede acima de sua cama e toda noite ordenava à jovem que saísse e dormisse com ele.

— Sou o oficial da cidade e estou mandando que saia do quadro — ordenava ele, vermelho de arrogância.

Autoridade, coerção e despotismo, porém, são péssimas armas em se tratando de amor e sedução. Para decepção do tirano, a bela permaneceu onde estava, isto é, imóvel no quadro, distante e indiferente como a tela que era.

Dia e noite, enquanto isso, o filho chorava de saudades da mãe, e seu pai repetia que ela fora para muito longe.

— Muito longe onde?
— Para o Oeste.
— Vou procurá-la — disse o filho, decidido.

Disse e fez. Viajou para o Oeste e, após uma exaustiva procura, ao atravessar uma floresta deparou com sua mãe tomando banho num lago, juntamente com outras fadas.

— Meu filho, você veio de tão longe à procura de sua mãe! — ela disse graciosamente, correndo para abraçá-lo banhada em lágrimas.

— Volte para nossa casa, mamãe — convidou o menino. — Eu estava morrendo de saudades de você, e meu pai também.

— Meu filho, isso só será possível quando você puder enfrentar o oficial que tem o meu quadro no quarto dele.

— Eu sou ainda um menino, mas vou enfrentar este homem, ainda que seja preciso morrer — disse o garoto, cerrando os punhos em pose de luta.

— Calce este par de sapatos de tigre que fiz e sua força se multiplicará como a de uma fera — orientou-o a mãe, acrescentando: — Feche os olhos agora e logo estará lá.

Depois de um turbilhão de vento forte, o filho ficou surpreso ao encontrar-se na casa do oficial. Ao deparar com o homem, o menino disse:

— Posso fazer com que a senhora da foto saia do quadro.

— Pois então o faça! — ordenou o homem, os olhos acesos de desejo, pois vivia obcecado para encontrar uma maneira de entrar em contato com a bela senhora. — Só espero que não esteja tomando meu precioso tempo em vão, seu pirralho! Se isto for um trote, mando cortar sua cabeça, pois não estou nem aí para o fato de ser uma criança.

Imediatamente, o menino foi levado para o quarto. Assim que se viu diante do quadro, disse:

– Senhora, por favor, peço-lhe que saia do quadro – ele chamou-a, com os olhos brilhando de amor.

Ouvindo o pedido do filho, a mãe saiu do quadro e fez menção de ir embora com ele.

– Nada de sair do meu território! – sentenciou o oficial, detendo-os pela força. – Eu a quero como minha concubina! E afaste este estorvo daqui, senão cortarei-lhe a cabeça, como já avisei!

– Vai ficar querendo, pois vou-me embora contra a sua vontade, e vou já! – retrucou a mulher, dando a mão para o filho e seguindo determinada a passos largos em direção à porta.

– Então, veremos! Você saberá quem manda aqui! Eu tenho o poder e a força a meu inteiro dispor! – respondeu grosseiramente o tirano, empurrando mãe e filho, um com cada mão: ela para dentro, e ele para fora.

O menino reagiu e avançou sobre oficial em defesa da mãe. No ímpeto de esganá-lo, os sapatos que agitava em seus pés foram transformando-o num amedrontador tigre, que atacou direto na jugular, subjugando o oficial. Seu berreiro de terror confundia-se com os rugidos da fera, assustando a todos os que ouviam no palácio e ecoando pela cidade afora. Mas tudo pouco durou, pois logo o canalha foi devorado pela fera e o menino voltou a seu estado normal, saindo de mãos dadas com a mãe ao encontro do pai, felizes e salvos pelo heroísmo e pelo amor – e a mãe nunca mais voltou para o quadro.

Foi assim que o sapato de tigre salvou mãe e filho, e a família ficou unida novamente. Desde então, os pais na China fazem sapatos com formato de pés de tigre para os filhos, acreditando que, ao usá-los, seus bebês ficam fortes e protegidos, conservando tal costume até hoje no interior do país.

DUAS FEIOSAS CONCUBINAS IMPERIAIS

BELEZA EM SEGUNDO LUGAR

Na China, os homens mais antigos escolhiam suas esposas pela bela aparência, principalmente os imperadores. Porém, durante o Período de Primavera e Outono duas mulheres feias se tornaram concubinas imperiais em sucessão num reino chamado Qi. A inteligência e o caráter de ambas substituíam, com vantagem, a beleza.

Uma delas era tão feia que, ao passar por ela, as pessoas viravam a cara. Seus olhos afundavam-se no rosto como os de uma morta, os cabelos eram tão ralos que nem cobriam a cabeça e sua pele era parda e grossa como a de um elefante. Ela nascera em Wu Yan, nome com o qual passou a ser chamada mais tarde, como pejorativo. Nunca conseguiu um marido, pois sua feiura chegava às raias da repulsa.

Naquela época as guerras eram feitas amiúde entre os reinos. Um dia, a horrenda Wu Yan foi ver o imperador Xuan. Apresentou-se e disse:

— Majestade, a China encontra-se em grande perigo e precisa de mim, por isso estou aqui.

— De onde tirou esta ideia de que o país está em perigo? — perguntou o imperador, espantado tanto com a notícia quanto com a cara da moça.

— Os dois reinos fortes que nos cercam, Qin e Chu, estão afundando em estado caótico, mas Vossa majestade parece não perceber tal perigo. Diante desta catástrofe que se aproxima, neste momento de grande e necessária tomada de decisões para salvar o país, eu vim ajudá-lo.

O imperador ficou mudo com aquelas palavras e tratou de investigar. Constatada a veracidade da situação e tomadas as devidas providências, contando com a ajuda de Wu Yan ele conseguiu salvar o país. Em retorno pelo crédito que ela oferecia em suas valiosas previsões, o imperador deu-lhe uma vida de luxo, partilhando com ela sua cama e o reino. Em cumplicidade, ambos empenharam-se arduamente em prol da prosperidade do país. Wu Yan não foi apenas a mulher do imperador, mas também sua melhor amiga e conselheira pelo resto de seus dias.

Por algum mistério dos deuses, tudo naquele reino sempre vinha em pares. Algumas gerações depois, vivia no mesmo reino de Qi outra garota muito feia, chamada Su Liu, que era, na verdade, hedionda. Além da feiura do rosto, tinha um tumor no pescoço que a tornava nefasta.

Certa vez, o imperador Min saiu em uma excursão para os subúrbios onde ela morava. Todas as pessoas se aglomeraram ao longo da estrada para vê-lo passar, enquanto Su Liu sequer ergueu os olhos, concentrada que estava em colher as mais belas folhas de amoreira que usava para alimentar o bicho da seda.

– Quem é aquela mulher que não veio me receber? – questionou o imperador, intrigado com a desfaçatez e refratário a toda a bajulação do povo.

"Só uma mulher muito consciente de seu valor pode agir desta maneira. Quem seria ela...", pensou ele, ordenando aos seus homens:
– Mandem que venha até mim imediatamente!

– Não vou a lugar algum, e daqui onde estou não arredo pé por imperador algum – foi a resposta seca da criatura diante dos mensageiros.

Só restou aos conselheiros, após inúteis tentativas, retornar com a missão não cumprida e relatar ao imperador a recusa da mulher, pois estava envolvida com seu trabalho e não se importava com mais nada no mundo nem ninguém, ainda que fosse uma ordem imperial.

"Que espécie de criatura dá uma resposta dessas ao imperador?", escamoteou o soberano, com a curiosidade roçando o seu espírito mais do que a indignação. "Ou é muito burra ou muita sábia..."

– Voltem lá e digam-lhe que vou levá-la comigo, estando ela de acordo ou não! – ordenou.

– Não vou tirar o pé da minha aldeia para acompanhar quem quer que seja. – foi a voluntariosa resposta que chegou aos ouvidos do imperador, vinda da boca da catadora de folhas e repetida pelos mensageiros.

– Vão lá e peçam-na em casamento em meu nome – foi sua última cartada.

– Devo pedir permissão a meus pais primeiro – foi a resposta inesperada da mulher, desconsiderando a sua meia-idade.

O imperador respeitou a sua vontade e comunicou aos pais o casamento. Em pouco tempo estavam casados, com pompa e circunstância. Dali em diante, trabalhadora e sensata como era, sabendo o valor de cada coisa e não desperdiçando o seu tempo, foi ela a assessora e o braço direito do imperador. E o fez com tal brilhantismo que trouxe a paz e a prosperidade ao país, e jamais o monarca se arrependeu de tê-la em seu reino e em seus braços.

OFERECER-SE COMO MAO SUI

A LENDA DO CÉLEBRE DITADO

Quando alguém se oferece para fazer qualquer coisa, os chineses dizem que está se oferecendo como Mao Sui, ou a própria pessoa pode dizer "Ofereço-me como Mao Sui para fazer esse serviço". Por exemplo, um pai aconselha o filho nestes termos:
– A empresa precisa de um gerente. Você, meu filho, que é formado em Economia, não quer ir lá e se oferecer como Mao Sui?

Essa expressão surgiu com um reles empregado da família do aristocrata Ping Yuan, do reino Zhao, um dos sete reinos combatentes. Ao fim de três anos trabalhando para essa família, Mao Sui não havia demonstrado qualquer talento e nem despertado a atenção. Era um joão-ninguém chinês.

No ano 257 a.C., as tropas do poderoso reino Qi cercaram o reino Zhao, e o aristocrata Ping Yuan recebeu ordens do rei para ir ter com ele. A fim de cumprir esta ordem, Ping Yuan escolheu, dentre os seus homens, dezenove que sobressaíam pelo talento nas letras ou nas armas para acompanhá-lo. No dia da partida, o até então obscuro Mao Sui foi ter com o patrão e ofereceu-se para integrar o grupo. O aristocrata estranhou a iniciativa de Mao Sui e disse-lhe:

– Ter como ajudante um homem talentoso é como ter no bolso uma sovela – disse, referindo-se a um instrumento usado para perfurar o couro. – Fura o pano e ela aparece. Você permaneceu aqui durante três anos e em nada se salientou. Hoje surgiu a oportunidade e você, surpreendentemente, se manifesta com o intuito de cooperar.

– Se tivesse me pedido alguma ajuda eu teria mostrado o meu talento, e a sovela teria furado o seu bolso – respondeu Mao Sui, fazendo o aristocrata sorrir e, de bom humor, aceitá-lo como membro da sua comitiva.

Chegando ao reino Chu, a delegação do reino Zhao entrou em negociações com o soberano daquele reino, mas este, temendo o enorme poder dos Qi, hesitava em mandar as suas tropas em socorro do reino Zhao que se encontrava em perigo.

As negociações que tinham começado ainda de madrugada prosseguiram até o meio-dia. Mao Sui, impaciente, acercou-se do rei de Chu e, empunhando a espada com uma mão e agarrando-o pela manga com a outra, falou-lhe com grande emoção e destemor da importância da coesão dos seus dois reinos, Chu e Zhao, na resistência ao poderoso e agressivo reino Qi. E com este empurrão o rei de Chu enviou suas forças para ajudar o reino Zhao.

O aristocrata Ping Yuan reconheceu então o talento de Mao Sui, por meio de sua atitude intempestiva, mas na hora certa, e o cumprimentou da seguinte forma:

– A atitude de Mao Sui é mais poderosa do que dezenas de milhares de soldados!

É esta a origem do provérbio chinês "oferecer-se como Mao Sui".

O ASTUTO ZONG QUE VENDEU UM FANTASMA

Esta lenda que é do século IV a.c. e originou-se no Soushenchi. Conta que numa bela noite Zong Dingbo, um jovem de Nanyang, encontrou um fantasma enquanto caminhava pela estrada.
– Quem é você? – perguntou.
– Um fantasma – respondeu-lhe. – E você, quem é?
– Um fantasma, também – Zong mentiu.
– Aonde vai? – perguntou o fantasma de verdade.
– Estou indo a Wanshi, e você?
– Eu também – e ambos seguiram caminhando juntos.
– É muito cansativo andar tantos li – disse o fantasma, referindo-se à medida chinesa, a certa altura. – Por que não nos intercalamos e carregamos um ao outro durante um tempo? Assim sempre teremos uma trégua para descansar.
– Boa ideia! – concordou Zong.

"Posso", pensou o vivo, numa inversão às ideias confucianas, "enquanto caminho na companhia deste fantasma imitar suas qualidades e defeitos, se isso me beneficiar". Assim, primeiro o fantasma carregou Zong por alguns li.
– Você é tão pesado! – disse o fantasma. – Você é realmente um fantasma?
– Morri há pouco tempo – disse Zong –, por isso ainda sou pesado.

Chegou a vez de Zong carregar o fantasma, o que era quase como não carregar nada.

Assim eles foram, revezando-se diversas vezes.
– Desde que morri, não sei o que é medo. Antes, tinha medo de viver, de morrer e de olhar dentro de mim. Os vivos estão sempre em busca de algo que não sabem o que é, correndo e desfazendo-se em compromissos exagerados, e partem para uma batalha sem inimigos – disse Zong a certa altura, e acrescentou, sondando o morto: – Fico me perguntando se fantasma sente medo.

– Nós não temos nada, exceto ser cuspido – o outro lhe respondeu.

Chegaram a um rio. Zong pediu para o espectro atravessá-lo primeiro. Ele prestou atenção e percebeu que este não havia feito barulho algum. Quando chegou a vez do vivo nadar, espirrou água para todo lado com seus movimentos, fazendo um barulho dos diabos.

– Nunca conheci um fantasma que fizesse tal estardalhaço – disse o morto.

– Ainda não aprendi a cruzar um rio tranquilamente, já que sou um fantasma novato – respondeu Zong.

Estavam se aproximando de Wanshi quando Zong colocou o fantasma em seu ombro, apertou-o com as mãos e disse:

– Por favor, fique quietinho.

– Largue-me! – esperneou o fantasma, apavorado.

Zong, no entanto, não lhe deu ouvidos. Quando colocou o fantasma no chão, ele tinha se transformado numa cabra. Cuspiu na cabra para que ela, por medo, não se transformasse em gente, conforme havia lhe informado o próprio fantasma, com o objetivo de vendê-la.

Zong Dingbo ganhou, assim, 1.500 moedas com a venda de um fantasma, coisa que nunca se dera em tempo algum.

TECELÃ DO CÉU CASA-SE COM UM MORTAL

YONG DON, O BOM FILHO

O rapaz era órfão de mãe desde criança e vivia com seu pai, trabalhando duro nos campos como o bom chinês que era. Assim foi crescendo, e o pai envelhecendo. Quando o velho não podia mais caminhar sozinho, o jovem o colocava em um carrinho pequeno e o puxava, seguindo a pé.

Um dia, o velho pai morreu, e o filho, que não tinha dinheiro nem para pagar o funeral, se dispôs a vender-se como escravo para conseguir a quantia. Fez isso a um patrão honrado, que, sabendo de sua situação e vendo nele um rapaz virtuoso, deu-lhe de presente 10 mil moedas e a liberdade.

– Vá para casa, meu filho – disse o velho patrão, que não gostava de escravizar e nem de ser escravizado.

Findo o ritual funerário, o rapaz se sentiu na obrigação de pagar sua dívida e resolveu retornar ao mestre para oferecer seus serviços. No caminho, porém, encontrou uma bela e doce mulher, que andou com ele e lhe disse:

– Estou disposta a me casar com você.

Ele aceitou no ato, e ela seguiu, naturalmente, caminhando ao seu lado até a casa do bondoso mestre.

– Graças a sua ajuda e generosidade – disse Dong – foi possível enterrar meu pai. Não posso aceitar um favor como esse de graça. Por ser um homem pobre, resolvi pagar com serviço.

– Dei-lhe aquele dinheiro sem nada esperar em troca – respondeu-lhe o mestre.

– Tenho certeza disso, mas me sinto melhor demostrando minha gratidão.

– Se insiste, estou de acordo. Vejamos, então... – respondeu o mestre, olhando para a mulher de Dong. – O que sua mulher sabe fazer?

– Ela sabe tecer – o rapaz respondeu.

O mestre ficou satisfeito.

– É uma boa profissão. Se quer mesmo fazer algo, por favor, peça a sua esposa para tecer uma centena de peças de seda para mim.

A mulher de Dong começou a trabalhar na casa do mestre. Dez dias depois, as cem peças estavam prontas. Quando ele saiu, ela disse a Dong.

– Eu sou uma tecelã dos deuses, e eles me enviaram para ajudá-lo a pagar sua dívida porque você foi movido pela piedade filial e se entregou em sacrifício para dar um enterro decente a seu pai.

Ditas essas palavras, ela voou para o céu e desapareceu.

Zhou Ji aconselha o rei Qi a aceitar crítica

ESPELHO, ESPELHO MEU!

Obras táticas dos Reinos Combatentes é um livro com mais de 2 mil anos, que registra muitos fatos históricos repletos de sabedoria. Esta lenda é um deles.

Primeiro-ministro do reino Qi, Zou Ji era um homem corpulento e elegante. Certa manhã, olhava-se no espelho depois de vestir-se com esmero.

– Quem é o mais belo, eu ou o senhor Xu, que mora na zona norte da cidade? – perguntou o ministro do rei para sua mulher.

– É o meu senhor, com toda a certeza! – respondeu a mulher imediatamente, como se a resposta estivesse na ponta da língua e a pergunta fosse sistemática.

O ministro do rei ficava feliz por saber que o que a mulher falava era a mais pura verdade. Porém, um dia o Zou Ji deparou com o senhor Xu, um sujeito que também acreditava ser o mais bonito e elegante, fazendo com que isso se espalhasse pelas redondezas e tornando-se célebre por isto. Zou olhou de soslaio para o bem-apessoado adversário e, desconfiado da resposta da esposa, foi tirar a dúvida com sua concubina. Fez-se humilde e cordato, fingindo aceitar as críticas, fossem quais fossem, mesmo que isso causasse uma reviravolta na sua vaidade.

– Concubina minha, será o senhor Xu mais belo do que eu? – perguntou-lhe, sem rodeios.

– O senhor é mais belo, com toda a certeza! – foi a resposta da concubina, sem ao menos pestanejar.

Mas o ministro não acreditou. Desassossegado, sua dúvida só crescia feito erva daninha. Chegou ao ponto de perguntar a um jovem que se encontrava em visita no palácio:

– Diga-me, ó bom jovem, será o senhor Xu mais belo do que eu?

– O senhor Xu faz uma boa figura, realmente, mas não chega aos pés do senhor – respondeu-lhe sem parar para pensar e sem ao menos fazer uma análise por mais rápida que fosse.

Como era visita e tentava agradá-lo, fez uma reverência tão profunda que quase lambeu-lhe os tamancos.

No dia seguinte, o bem-apessoado senhor Xu veio fazer-lhe uma visita, e Zou Ji observou-o atentamente. Quando o visitante se despediu, Zou voltou ao seu espelho e ficou olhando demoradamente a criatura lá de dentro.

– Zou Ji, você é rico, belo e talentoso. Será o senhor Xu algo que se assemelhe? – perguntou, embevecido, a si próprio, mas desta vez em alto e bom som.

Resposta alguma lhe veio, e Zou Ji chegou, sozinho, à triste conclusão de que, sim, o senhor Xu era muito mais belo do que ele. Restava-lhe acreditar nos talentos. Agora, a realidade era outra, e uma outra dúvida lhe obcecava a mente. À noite, já deitado, perguntava-se, com uma pulga atrás da orelha: "Por que será que a minha esposa, a minha concubina e o meu visitante insistem em dizer que sou mais belo que o senhor Xu?".

Buscou respostas nos sábios e nos monges, mas esses lhe davam pareceres omissos e descompromissados que despistavam das suas fúteis interrogações. Passou a refletir sobre o assunto por longo tempo e, certo dia, a verdade saltou-lhe aos olhos. Logo de manhã, foi pedir uma audiência ao rei e disse-lhe:

– Sei que não sou tão garboso como o sr. Xu, no entanto, minha esposa, minha concubina e meu visitante me garantiram que sou. Cheguei à conclusão de que assim afirmaram porque cada um tem seu motivo. Minha esposa me adora, a minha concubina depende de mim, e o meu visitante queria pedir-me um favor. Todos eles tinham uma segunda intenção, acima da verdade, e por isso me ludibriaram por algum tempo, mas caí na realidade antes de convencer-me – relatou, prosseguindo: – Nosso reino é grande. No palácio real, quem é que não adora o rei? Qual é o ministro ou general que não o teme? Dos súditos de todo o país, quem é que não pretende a sua proteção? Por isso, a maioria o bajula e não diz o que vai em seu coração. Assim, conjecturo que o rei viva cercado de gente que tenta enganá-lo, fazendo lisonjas e homenagens com o intuito de proveito próprio. Mas acredito também que Vossa majestade, muito mais treinado e menos crédulo do que eu, faça ouvidos moucos.

Aproveitando o ensejo, o rei publicou um decreto em todo o país, segundo o qual seria premiado "quem quer que desse um conselho proveitoso ou fizesse uma crítica construtiva ao rei".

Nos primeiros meses após a promulgação do decreto, acorreram tantos pretendentes que fizeram o pátio real assemelhar-se a uma feira. Um ano depois, não havia mais nada a criticar sobre o rei mesmo que se quisesse e que este estivesse disposto a ouvi-los. Inteirados todos do comportamento do soberano do reino Qi, cresceu tanto a admiração por sua postura e versatilidade que os reinos Zhao, Han e Wei enviaram emissários ao Qi para apresentar-lhe seus respeitos e cumprimentos.

Assim, de acordo com esta lenda, uma pessoa deve conhecer a si própria, e não ver-se com os olhos daqueles que a amam, ou a temem ou, simplesmente, precisam de seus favores.

Mo Zi, o filósofo chinês e suas convincentes metáforas

Fundador da escola moísta, Mo Zi é um filósofo chinês que viveu há 2 mil anos. Os seus estudos abarcaram a filosofia lógica, a ótica e a geometria. Era um homem de coragem, e certa vez desaconselhou o soberano do Chu a atacar o reino Song. No século V a.c., o Chu, situado no curso médio do rio Yangtsé, era vasto, e a sua população muito numerosa. O Song, que ficava ao norte do Chu, era pequeno e pobre. O rei do Chu convidou o carpinteiro Gongshu Ban a inventar e fabricar um artefato que permitisse transpor as fortalezas, chamado "escada das nuvens", para invadir o reino Song.

Ao saber da notícia, Mo Zi viajou a pé dez dias e dez noites até chegar ao reino de Chu, onde se avistou com o rei. Ali, eloquente que era, começou a fazer comparações absurdas:

– Se Vossa majestade conhecesse uma pessoa rica que quisesse deixar de lado seu carro de luxo para roubar o carro velho do vizinho, despisse sua roupa de seda para roubar as roupas velhas de saco de estopa de um mendigo e largasse o seu arroz miúdo e sofisticado banquete para roubar a "gororoba" de um miserável, o que pensaria dele?

– Que decerto deveria ser um cleptomaníaco – respondeu o rei.

– Majestade, o reino Chu atacar o reino Song – respondeu Mo Zi – é a mesma coisa, uma vez que Chu é rico e Song é pobre.

– Você pode ter razão – disse o rei –, mas continuo convencido de que devo invadir o reino de Song, pois Gongshu Ban já fabricou a escada das nuvens e não pretendo desperdiçar o seu trabalho e nem retroceder no meu plano.

Para ilustrar seu argumento, Mo Zi desamarrou seu cinturão e, diante do rei, com ele desenhou a muralha de Song. A seguir, simulou armas em ataque e defesa de uma cidade com pedaços de madeira. Pediu então ao carpinteiro Gongshu Ban que atacasse a sua cidade, a qual ele defendia, como num jogo. Em nove ataques, Gongshu Ban não ganhou uma única investida.

– Sei uma maneira de vencer – disse o carpinteiro, inventor da escada das nuvens, prosseguindo o jogo.

Demonstrando sua perspicácia e prevendo o que o adversário pretendia, Mo Zi logo o advertiu:

– Se sua intenção é me matar, não faz a menor diferença, pois tenho trezentos discípulos que estão agora guardando a muralha de Song. Se eu morresse, o meu método de defender a muralha não morreria comigo. Um de meus discípulos tomaria a dianteira, e depois outro, e depois outro, e assim sucessivamente.

Foi assim que, sabendo que não podia vencer o reino Song, o rei de Chu rendeu-se às evidências e abandonou seu projeto de guerra.

A PROMESSA NÃO CUMPRIDA QUE FEZ UMA NOIVA SE DIVIDIR EM DUAS

Esta lenda da dinastia Tang, datada de cerca de 690 d.C., conta sobre a vida de uma jovem chamada Ch'ienniang, filha de Chan Yi, um oficial em Hunan. Ela tinha um primo de nome Wang Chou, rapaz inteligente e bem-apessoado. Haviam sido criados juntos desde a infância e, como o pai dela gostava muito do garoto, afirmou que o faria seu genro. Ambos ouviram essa promessa na infância e, como se cumprissem uma profecia, estavam sempre juntos e cada dia mais se afeiçoavam um ao outro.

Na juventude, esta amizade tornou-se ainda mais forte e íntima e, quando deram por si, já estavam irremediavelmente apaixonados. Passeavam de mãos dadas entre risinhos, encostos fortuitos e segredos ao pé do ouvido, mas nada passava do permitido. Já lá se iam meses e anos, e as negociações sobre o casamento de ambos não evoluíam um passo: eles deveriam comportar-se como era o costume. Quase chegaram a cogitar uma fuga, mas nenhum teve ao menos a coragem de formular o pensamento completo. A esperança os mantinha dignos e confiantes.

Mas não se amarra desejos com faixas e recomendações. Como num gesto ensaiado e único, o casalzinho correu num belo dia para a sombra dos bambuzais e achou que o paraíso era ali. Retornaram suados e satisfeitos, e um só olhar de ambos dizia que teriam outra chance, nem que para isso tivessem de morrer depois.

– Vamos pegar estes bambus e fazer aqui nossa casa – disse ela, certo dia, num faz de conta.

E sonharam acordados juntos o mesmo sonho: cerraram os bambus, que se acumularam compondo um muro desordenado, e um de cada lado carregou as pilhas, leves como se de pluma fossem, cantando os mesmos cantos de outrora. E tiveram belos e saudáveis filhos e filhas, que herdaram o mesmo amor dos dois.

Mas voltaram à realidade quando, certo dia, o pai da jovem, já esquecido da promessa e nada percebendo, prometeu Ch'ienniang em casamento a um jovem oficial, sisudo e arrogante. Quando a jovem soube, ficou desesperada, dividida entre o amor pelo amigo e a obediência filial. Já o rapaz foi abatido de tal desgosto ante o desfecho que resolveu evadir-se do local para não ver sua amada casar-se com outro.

Inventou, assim, um pretexto e informou ao tio da necessidade de conseguir trabalho na capital, onde seria mais útil. O velho tentou, em vão, persuadir o sobrinho a ficar, oferecendo-lhe presentes e dinheiro para suprir o que ganharia na capital, pois gostava muito do rapaz, sem nem cogitar do segredo do casal. Mas, como nada o convencia a desistir, sentiu-se o tio honrado a preparar-lhe um banquete de despedida. Desesperado com a separação, Wang Chou não aproveitou a festa, pois o que se sobrepunha em sua mente era o fato de que sua amada compartilharia com outro os sonhos que tinham sido seus. Sentiu saudade dele próprio quando menino, tempo em que podia estar sempre com ela.

Nesse estado de espírito partiu Wang Chou num barco à tarde. A noite caiu após navegar algumas milhas, e ele solicitou ao barqueiro que ancorasse na praia para passarem a noite. Não conseguiu dormir e, por volta da meia-noite, ouviu passos ligeiros que se aproximavam. Em alguns minutos, o som parecia bem perto do barco.

– Quem está aí? – perguntou ele, erguendo-se de sobressalto.

– Sou eu, Ch'ienniang – foi a resposta.

Mais encantado do que surpreso, Wang Chou passou a mão em sua cintura sem nem questionar o motivo pelo qual ela estava ali. Mesmo assim, ela esclareceu que agia assim por não poder viver sem ele e porque seu pai não cumprira a promessa. Sofria, além disso, por sabê-lo só e triste, uma vez que a felicidade de ambos era estarem juntos por natureza e promessa. Iria segui-lo aonde quer que fosse.

– Agora acredito na proteção dos deuses, e essa sua decisão me faz mais forte. Com você junto a mim, não há mais barreiras neste mundo – disse ele.

Passaram-se cinco anos de uma felicidade que só não era completa pela saudade dos pais que ela sentia, sem ao menos saber se ainda viviam ou não. Tiveram, neste tempo, dois filhos. Certa noite, ela participou ao marido a angústia de ser filha única e considerar-se culpada por ter abandonado os velhos pais de maneira tão abrupta e sem explicação alguma.

– Estou de acordo em visitá-los, pois passado todo este tempo acho que esqueceram as mágoas e você, com este coração cheio de amor, fará com que se comovam e nos perdoem – disse-lhe o marido.

Ch'ienniang exultou de alegria e preparou a viagem com os filhos. Ao chegarem de barco à cidade natal, Wang Chou disse a Ch'ienniang:

– Não sabemos o que nos espera, então vou averiguar e preparáçlos para a sua chegada enquanto vocês me aguardam aqui no barco.

Ao vê-lo se aproximar, o sogro ajoelhou-se pedindo perdão, o que causou surpresa ao rapaz, que vinha apreensivo e contou o que ocorrera nestes cinco anos. Ao ouvir tudo aquilo, o sogro disse:

– De quem você está falando? Ch'ienniang jaz inconsciente em sua cama nesses últimos cinco anos, desde que você foi embora, e jamais abandonou o leito.

– Não pode ser, estou falando a verdade – disse Wang Chou. – Ela está muito bem de saúde e esperando por mim no barco. Temos dois filhos.

Chan Yi não sabia o que pensar, por isso mandou duas servas constatarem a veracidade de tão absurdas palavras. Obedecendo, elas viram Ch'ienniang sentada no barco, saudável e com os dois filhos ao seu lado.

– Como vão? – disse ela assim que viu as servas, dobradas numa lenta reverência, chamando-as pelo nome uma a uma e mandando-as dizerem a seus pais o quanto os amava.

Perplexas, as duas criadas correram para casa e contaram a boa nova, deixando a todos muito intrigados. Ao ouvir isso, aquela que estava na cama abriu os olhos esperançosos e levantou-se na hora, curada. Vestiu-se, mirou-se no espelho e encaminhou-se para o barco, sem proferir palavra. Enquanto caminhava às margens do rio encontrou sua outra metade, que vinha com as duas crianças. Quando se viram frente a frente, seus corpos fundiram-se numa só pessoa. As roupas se sobrepuseram e surgiu a antiga Ch'ienniang, tão jovem e encantadora como nunca.

Os pais, ao reencontrarem a filha saudável, bonita e inteira e, de brinde, trazendo dois netos, ficaram radiantes e quase não souberam agir de tanta e tão repentina felicidade, pois estavam habituados a ver a filha doente. Como não havia explicação para tudo isso, mantiveram a história em segredo e pediram aos servos que nada dissessem aos vizinhos, a fim de que não houvesse comentários maldosos.

Wang Chou e Ch'ienniang viveram como marido e mulher até o fim das suas vidas.

DAR AO INIMIGO UM RAIO DE ESPERANÇA FAZ BAIXAR AS SALVAGUARDAS

Em 206 a.c., Cao Cao, um grande estadista, artista de guerra e homem de letras, levou seu exército para atacar Huguan. Como a cidade era estrategicamente localizada e de difícil acesso, o exército de Cao Cao não podia invadi-la a despeito de grandes esforços. Buscou então recursos no célebre livro chinês de Sun Tzu, *A arte da guerra*, proclamando aos quatro ventos que iria enterrar os habitantes todos vivos.

Suas terríveis palavras foram espalhadas pela região. Como os aldeões temiam que isso realmente acontecesse, travaram uma oposição feroz e desesperada. Arrastaram-se meses de inúteis tentativas, deixando Cao perplexo com tão ferrenha resistência por parte dos habitantes da cidade. Foi, então, consultar-se com os seus generais. Em uma reunião, outro general, chamado Cao Ren, levantou-se e disse:

– *A arte da guerra* diz que não devemos pressionar o inimigo em um anel muito apertado, que não se encarnice contra um inimigo acuado, que, ao cercá-lo, devemos deixar uma saída para ele. Caso contrário, ele lutará até a morte. Essa é a verdadeira arte da guerra. O inimigo deve ser deixado com uma mínima chance de sobrevivência. O senhor jurou enterrá-los vivos assim que tomasse a cidade. Isso vai fortalecê-los, e lutarão desesperadamente até o fim, pois qualquer um prefere a morte em luta do que a morte hedionda de ser enterrado vivo. Devemos agora dar-lhes uma brecha de saída como esperança de sobrevivência, pois é muito provável que se rendam a nós, pois é certo que irão preferir isso e, assim, teremos a nossa vitória.

Cao Cao achou a ideia muito sensata, ordenando que fizessem como disse o general Cao Ren. Obtendo o resultado esperado, logo as tropas de defesa na cidade passaram para o lado de Cao Cao. E a cidade foi finalmente tomada, sem uma luta cruel.

COLOCAR UMA TRAVE ENTRE OS INIMIGOS

O ESPIÃO QUE ENGANOU UM GENERAL

O general Liu Yu, da dinastia Song do Sul (1127-1279), traiu seu país e o entregou ao imperador da Dinastia Jin (1115-1234), no norte. Em 1137, o general Yue Fei, dos Song do Sul, recebeu uma ordem para comandar a guerra contra o exército Jin que já estava preparada pelos altos comandos. Yue Fei sabia que não seria uma batalha difícil, agora que Liu e seu novo mestre formavam uma aliança. Mas ele também sabia que havia um conflito entre o General Liu e Jinwuzhu, um general de Jin. Yue Fei aproveitou-se disso para enfraquecer a força inimiga por interpor uma trave entre os dois generais. Mas como?

Yue Fei recebeu a informação de que um espião enviado por Jinwuzhu havia sido capturado. Ouvindo isso, Yue teve uma ideia e enviou mensagem de que iria vê-lo. Chamado à sua presença, Yue disse ao espião, num tom de censura:

— O que aconteceu com você, Zhang Bing? Alguns dias atrás, pedi-lhe para enviar uma mensagem a Liu Yu com a expectativa de aliar-me a ele para matar Jinwuzhu, mas você não me deu retorno. Onde esteve? Terei de mandar outro em seu lugar para completar a missão.

De súbito o espião ficou confuso, mas logo se refez, percebendo o engano de que Yue Fei o confundira com outra pessoa. E se propôs a tirar vantagem do fato, em prol do seu próprio general. Ajoelhou-se e suplicou:

— Perdoe-me, general. Isso não se repetirá mais. Se me der mais uma chance, prometo dar em mãos a mensagem ao general Liu, imediatamente.

— Terá uma nova chance, mas, se falhar desta vez, não escapa da morte — respondeu Yue Fei.

Escreveu uma carta com um elaborado esquema para matar Jinwuzhu e oficializou o plano de intermediação selando o invólucro

211

com uma bola de cera, completando este ato com um corte na perna do espião, que dava fidúcia à remessa, e ordenando que a levasse ao seu aliado.

O espião, animado por obter tão preciosa informação sem custo algum, correu para Jinwuzhu e lhe entregou a carta. Jinwuzhu ficou muito chocado quando soube que tinha sido Liu Yu que conspirara para assassiná-lo. Imediatamente comunicou o fato ao imperador, que depôs Liu Yu. Yue Fei conseguiu, assim, enfraquecer a força do inimigo e abrir caminho para derrotá-lo.

CAVALO MORTO x TALENTOS

A METÁFORA QUE LEVOU O REI À GENEROSIDADE

Durante o Período dos Reinos Combatentes (475-221 a.c.), o estado de Yan foi derrotado pelo estado de Qi. Quando o rei Zhao foi coroado também rei de Yan, estava decidido a fortificar o novo reino para rebater a humilhação. No entanto, se deu conta de que não tinha apoio. Um dia, ele pediu ao ministro Guo Wei:
– Teria informações de onde posso obter grandes talentos para fortificar meu reino?
– Vou contar-lhe uma história, majestade, que responderá por mim – disse Guo Wei. – Havia certa vez um rei que ofereceu centenas de onças de ouro por um cavalo alado, que pudesse correr quinhentos quilômetros por dia. Enviou um de seus homens para pesquisar país afora, mas só o que conseguiu foi um cavalo morto que um homem trazia e pedia por ele metade do preço do cavalo alado. O rei ficou indignado, mas o homem argumentou: "Quando as pessoas souberem que Vossa majestade pagou este valor por um cavalo morto, certamente vão aparecer cavalos de todo tipo, cor e raça". Assim, o rei conseguiu em menos de um ano três cavalos da forma que ele queria.

Terminada a história, o ministro disse ao rei:
– Como Vossa majestade está buscando melhores talentos, poderia demonstrar sua generosidade valorizando melhor seus ministros, ao modo do cavalo morto.

O rei Zhao levou em conta aquelas palavras, considerou Guo seu mestre e fez construir uma vila para ele, espalhando pelas redondezas o ocorrido. Aguardando os novos talentos que viriam, construiu uma plataforma e disponibilizou valiosos presentes para estes. Em alguns anos surgiram, como era esperado, grandes talentos, entre eles Ju Xin, Dai Su, Zou Yan e Le Yi, que vieram fazer parte e fortificar o seu reino.

Deste modo, o rei Zhao tornou-se logo, com a ajuda deles, um estado forte, e Yan derrotou Qi. O rei Zhao vingou-se, assim, da humilhação sofrida.

Ouvem-se melodias Chu pelos quatro cantos do mundo

A LENDA DO FAMOSO PROVÉRBIO

Quando uma pessoa, um país ou o que quer que seja se encontra isolado e cercado por adversários, os chineses descrevem esta situação com o provérbio "Ouvem-se melodias Chu pelos quatro cantos do mundo".

A origem do provérbio surgiu com a queda da dinastia Qin, quando o rei do Chu, Xiang Yu, e o do reino Han, Liu Bang, disputavam o poder no país. O primeiro estava em vantagem quanto ao número de soldados, mas o segundo contava com auxiliares de talento, e sua tática adequava-se bem às circunstâncias do momento.

No decorrer da guerra, que durou vários anos, Liu Bang aumentou as suas forças e ia derrotando, progressivamente, as tropas de Xiang Yu. Em dezembro do ano 202 a.C., Xiang Yu recuou até Haixia (atual distrito de Lingbi, na província do Anhui), onde foi cercado pelas tropas Han. Era uma noite de inverno, de um frio cortante. Xiang Yu dispunha de poucos homens, e os cereais estavam quase no fim. Deitado em sua tenda, onde estabelecera o seu quartel-general, ele matutava uma forma de sair airosamente da perigosa situação em que se encontrava.

De repente, começou a ouvir melodias Chu por todo o lado. Assustado, Xiang Yu disse para si próprio: "O que é isto? Como pode haver tantos Chu nas tropas Han? Acaso já terá Liu Bang ocupado o reino Chu, minha base e minha terra natal? Não tenho a força de um zangão com suas abelhas e, deixando as tropas de Han invadirem meu reino, a queda dos reinos será sistemática".

Sentindo que a sua vida estava se aproximando do fim, Xiang Yu começou a beber. Em sua companhia achava-se a sua concubina predileta, Yu Ji, e o seu cavalo de estimação, Bao Zhui. De súbito, o rei passou a cantar:

"Se a sorte me sorrisse eu conseguiria arrancar uma montanha e seria capaz de abalar o mundo. Mas, ai de mim, a sorte não me sorri, o meu cavalo Bao Zhui não consegue galopar. Que farei? Que farei de Yu, a minha concubina?"

No dia seguinte, Xiang Yu, sozinho, rompeu o cerco e chegou às margens do rio Wu, onde se suicidou.

Assim, a frase ouvem-se melodias Chu pelos quatro cantos do mundo ficou como provérbio de mau agouro para os chineses.

O BANQUETE DA CONSPIRAÇÃO CAUSA GUERRA DE QUATRO ANOS

Trata-se aqui de narrar um conto muito famoso na história chinesa. No ano 221 a.c., fundou-se a primeira dinastia feudal unificada na história chinesa, a dinastia Qin. No entanto, os governantes dessa dinastia adotavam políticas cruéis e intensificavam a exploração à população, o que provocou grande rebeldia em todo o país. Entre os grupos rebeldes, destacaram-se dois, dirigidos respectivamente pelo general Xiang Yu e por um aristocrata da camada inferior, Liu Bang.

Considerava-se que Xiang Yu era soberbo, mas gozava de fama pela valentia nos combates, enquanto Liu Bang, homem astuto, era famoso por saber reunir em si muitos talentos. Na guerra contra os Qin, Xiang Yu e Liu Bang se aliaram e fizeram um acordo: quem tomasse primeiro a capital Xianyang seria proclamado rei.

Em 207, as tropas de Xiang Yu derrotaram a força principal das tropas governamentais, enquanto os soldados de Liu Bang tomaram Xianyang. Aceitando os conselhos de assessores, Liu Bang mandou suas forças instalarem-se fora da cidade, fecharem os palácios imperiais e os cofres reais e tranquilizarem a população. Foi por isso aplaudido pelo povo, que esperava que Liu Bang subisse ao trono.

Inteirado da tomada de Xianyang por Liu Bang, Xiang Yu ficou irritado e chegou a Hongmen, perto de Xianyang, dirigindo sua força composta de 400 mil soldados para disputar Xianyang com Liu Bang e tirá-la de suas mãos. O conselheiro militar de Xiang Yu, Fan Zeng, disse:

– Liu Bang tinha cobiçado muito a fortuna e as artes. Mas agora, depois de tomar Xianyang, não busca nada disso, e sim o poder. Aí se vê que ele tem um grande plano em mente. Devemos matá-lo enquanto sua força ainda é pequena, antes que atinja sua meta.

A notícia da conspiração chegou aos ouvidos de Liu Bang, que tinha um exército de apenas 100 mil soldados. Um conselheiro dele,

Zhang Liang, sugeriu que evitasse enfrentar diretamente as forças de Xiang Yu. Assim, um dia, Liu Bang foi visitar Xiang Yu em Hongmen com Zhang Liang e Fan Kuai. Lá, disse a Xiang Yu que entrara em Xianyang como guarda e estava esperando a chegada dele para coroá-lo rei.

Xiang Yu acreditou nas palavras de Liu Bang e ofereceu-lhe um banquete, durante o qual Fan Zeng insinuou várias vezes a Xiang Yu que matasse Liu Bang. Mas ele sempre se fazia de desentendido.

– Agora este bastardo vai entender o que eu digo – disse Fan Zeng, referindo-se a Xiang Yu, e mandou um general apresentar uma "dança de espada" perante Liu Bang, com o intuito de matá-lo.

Naquele momento, o tio de Xiang Yu, percebendo a enganosa manobra, levantou-se e participou da "dança" para proteger Liu Bang. Posteriormente, este saiu do banquete com o pretexto de lavar as mãos e fugiu com sua comitiva. O conselheiro Fan Zeng queixou-se com Xiang Yu, acusando-o de deixá-los escapar, e anteviu que Liu Bang retornaria com novas forças para conquistar o poder.

Depois do banquete de Hongmen, Xiang Yu e Liu Bang travaram uma guerra de quatro anos. Em 202 a.C., Liu Bang armou um bloqueio contra Xiang Yu. De fato, como Fan Zeng previra, Liu Bang voltou e perseguiu as tropas de Xiang Yu, que, vencido, se viu obrigado a suicidar-se. Liu Bang subiu então ao trono, estabelecendo a segunda dinastia feudal unificada da China – a dinastia Han.

Batalha de Baiju

A FORÇA ESTÁ EM CONHECER O INIMIGO

O reino Wu e o reino Chu eram os dois principais Estados existentes durante o período da Primavera e Outono, no século VI a.c., e travaram dez guerras de grande envergadura durante setenta anos (584-514 a.c.) em busca do poder hegemônico.

No ano 515 a.c., o príncipe do reino Wu subiu ao trono e estava determinado a conquistar a hegemonia. Adotou uma série de medidas em busca do desenvolvimento econômico e militar, nomeando Sun Wu como general das forças armadas, evidenciando a tendência de prosperidade do reino Wu.

O reino Chu era poderoso no Sul e anexou muitos reinos. No entanto, com a ascensão ao poder do rei Zhao (516 a.c.), manteve relações hostis com os vizinhos. Assim, surgiram muitas denúncias de corrupção no interior do país, e o reino começou a decair. Em 512 a.c., o reino Wu declarou guerra ao Chu, após eliminar dois pequenos reinos.

Sun Wu levava em consideração o fato de o reino Chu deter um maior território e concentrar uma população mais numerosa, mantendo poderosas forças armadas. O reino Wu havia promovido durante anos a guerra e enfrentava um déficit nos materiais bélicos. Por isso, deveria aguardar uma melhor oportunidade. Nessas análises, Sun Wu sugeriu dividir o exército dos Wu em três contingentes, a fim de promover incursões às tropas Chu de maneira rotativa.

O rei Wu aceitou a proposta de Sun Wu e regularmente ordenava que uma tropa atacasse a fronteira do reino Chu. Este, sem perceber a tática do inimigo, desgastava-se ao enviar sempre uma força poderosa para enfrentar a invasão. Quando as tropas do Chu eram vencidas, os soldados Wu retornavam para o reino. Quando o exército Chu se retirava, outras tropas Wu invadiam a fronteira. Após seis anos de lutas, o exército Chu estava exausto, pois havia consumido grandes recursos humanos e materiais, enquanto via os cofres públicos minguarem.

No ano 506 a.C., Sun Wu concluiu que havia condições para efetuar um ataque sustentável e definitivo, e não mais brincar de gato e rato como vinha fazendo há seis anos. Decidiu fazer um ataque-relâmpago contra o inimigo enfraquecido. Selecionou uma força de elite e dirigiu-a pessoalmente em marcha rápida na invasão a Chu. O soberano deste reino estava desprevenido e desfalcado, mas, mesmo assim, contra-atacou, enviando os generais Nang Wa e Shen Yinshu para enfrentar os invasores.

Ambas as partes – o exército Chu, composto por 200 mil soldados, e o exército Wu, com 30 mil homens – travaram uma batalha decisiva em Baiju (na atual província do Hubei). Shen Yinshu fez uma proposta a Nang Wa para que ele dirigisse a força principal do Chu contra as linhas de defesa centrais, enquanto Shen flanquearia as tropas inimigas e as atacaria pela retaguarda: assim, agiriam simultaneamente em duas frentes para derrotar as tropas Wu. Nang Wa aceitou a proposta.

Após a partida da força comandada por Shen Yinshu, Nang Wa acreditou nas avaliações de seus subordinados de que Shen poderia, desta forma, alcançar maiores méritos após a eventual vitória. Como ele iria lutar com um exército pequeno, seus méritos seriam maiores se vencessem. Assim sendo, mudou unilateralmente a estratégia de combate, sem comunicar ao general Shen, conforme o combinado, traindo-o e deixando que prosseguisse em um ataque que vinha desfechando sem o devido preparo e sem o respaldo do lado de Nang. Acabou, então, derrotado pelo general Sun Wu.

Tendo recebido uma falsa notícia da derrota de Nang Wan, Shen Yinshu voltou para socorrer a força principal do seu pequeno exército, bloqueado pelo de Sun Wu. Impossibilitado de vencer, o general Shen pediu honrosamente a um de seus subordinados que lhe cortasse a cabeça para entregá-la ao rei Chu.

Ao receber a notícia da derrota do seu exército, o rei Chu fugiu da capital, levando consigo alguns familiares. Essa notícia chegou à frente de combate, provocando a debandada do exército Chu, que até então estava sendo comandada por Nang.

Pouco tempo depois, o exército Wu entrava triunfalmente na capital Chu, e Nang, o traidor do general companheiro, ficou sem honra, sem exército e sem o seu reino.

CRIME E ARREPENDIMENTO

ÓDIO GERA ÓDIO E GENTILEZA GERA GENTILEZA

Era uma vez uma jovem chamada Lin, que se casou e foi viver com o marido junto com a sogra. Mas esta sogra era do tipo que estava longe de servir arrozinho na boca de hóspedes, muito menos em se tratando da nora. Mal a hóspede pôs o pé na soleira da porta já se deu conta de que não era nada bem-vinda na casa alheia. A coisa foi piorando dia a dia e, passado algum tempo, tornou-se intolerável. Não tinham afinidade alguma, e o tempo, que ou ameniza ou estraga, desta vez trouxe consigo o ódio e a intolerância.

Segundo as tradições da China, a nora precisa estar sempre a serviço da sogra e obedecer-lhe em tudo. Mas Lin chegou ao ponto de abominar as tradições e mandar tudo para o inferno. Por outro lado, se a sogra era um demônio, o filho era um anjo. Tinha em si toda a pureza que faltava à mãe. Nesta sinuca de bico, a jovem se decidiu por eliminar o problema pela raiz: amar o filho e matar a mãe dele.

Sem vacilar, foi consultar um mestre, velho amigo do seu pai chamado Huang, para conseguir um veneno que fizesse o serviço por ela. Depois de ouvir a jovem, o mestre Huang pegou um pacote de ervas e disse-lhe:

— Para se livrar da sogra não deve usar tudo de uma só vez, pois poderia causar suspeitas. Deve misturá-las com a comida, pouco a pouco, dia após dia, e assim ela irá se envenenando e definhando lentamente. Para ter a certeza de que, quando ela morrer, ninguém suspeitará de você, deverá ter muito cuidado em tratá-la sempre com simpatia. Não discuta com ela e ajude-a como puder.

— Obrigada, mestre Huang — respondeu Lin já apertando contra o coração as ervas venenosas —, farei tudo o que me recomendou.

Muito feliz, Lin agradeceu ao senhor Huang e voltou apressadamente para dar início ao projeto que a livraria da velha de uma vez por todas. O tempo ia passando e, dia sim, dia não, Lin colocava um pouco das ervas no alimento da velha. Quando surgia alguma contrariedade entre as duas, Lin se deleitava internamente, pensando: "Vá falando, sua megera, que logo estará morta e muda para todo o sempre". E sorria com um prazer rancoroso, porém sem contrariá-la.

Como é sabido, quando um não quer, dois não brigam. Assim, a velha foi cansando de ver suas implicâncias sendo totalmente ignoradas, e logo as discussões foram escasseando até acabarem definitivamente.

– É o céu! – disse o marido de Lin vendo a mãe e a mulher conversando amigavelmente pela primeira vez em muitos anos e ajudando-se mutuamente nos afazeres. – Agora, sim, dá gosto voltar para casa.

Durante esse tempo todo, elas não tiveram mais discussões, e ambas achavam mais fácil lidar uma com a outra. As atitudes da sogra também mudaram e, após seis meses, as duas até riam juntas e agiam como se fossem mãe e filha.

Um dia, Lin foi procurar o senhor Huang, consternada:

– Mestre, por favor, me ajude a evitar que o veneno mate minha sogra. É que ela mudou tanto! Nem parece mais a mesma. Transformou-se numa pessoa agradável e já gosto dela como se fosse minha mãe. Não quero mais que ela morra. Por favor, senhor Huang, tem que haver um modo de deter este processo de envenenamento. Preciso de um antídoto.

– Lin, não se preocupe, a sua sogra não mudou. Quem mudou foi você. A pessoa que ama os outros também será amada – disse o senhor Huang, sorrindo e acenando com a cabeça. – As ervas que lhe dei eram remédio para melhorar a saúde de sua sogra. O veneno estava na sua mente e na sua atitude, mas foi jogado fora e substituído pelo respeito e pela afeição que você passou a dedicar a ela. O plantio é opcional, mas a colheita é obrigatória. Por isso, você agiu bem e houve retribuição. O nosso inimigo não é aquele que nos odeia, mas aquele a quem nós odiamos.

Assim, formaram uma família feliz, graças à instrução de um sábio que lhes deu a chance de terem um belo começo – ou recomeço.

A CINDERELA CHINESA

OS OSSOS MÁGICOS DE PEIXE

Esta lenda chinesa é a mais antiga história de Cinderela – o que, convenhamos, é coerente: qual país já deu tanto valor ao tamanho do pé de uma donzela como a China?[6]

Esta versão chinesa do século IX, escrita por Tuan Ch'eng-shih, que morreu em 863 da era cristã, foi extraída de Yuyang Tsatsu, um livro de fundo histórico sobre contos sobrenaturais e histórias mágicas.

Certa vez, antes de Ch'in (222-206 a.C.), em Han havia um chefe de tribo, nas cavernas da montanha, a quem os nativos chamavam chefe Wu. Ele se casou com duas mulheres, uma das quais morreu deixando-lhe uma menina de nome Yeh Hsien. Ela era muito inteligente e habilidosa no bordado a ouro, além de muito amada. Quando o chefe Wu veio a falecer, no entanto, ela viu-se maltratada pela madrasta, que seguidamente a forçava a cortar lenha e a mandava a lugares perigosos para buscar água de poços profundos.

Um dia, Yeh Hsien pescou um peixe com mais de duas polegadas de comprimento, de barbatanas vermelhas e olhos dourados. Trouxe-o para casa e o pôs numa vasilha com água. O peixe tanto cresceu que a vasilha não lhe serviu mais. A menina levou-o, então, a uma lagoa que havia atrás de sua casa, e lá costumava alimentá-lo com as sobras de sua comida. Quando chegava à lagoa, o peixe se aproximava e descansava a cabeça na margem, mas só fazia isso com a garota, e nunca para estranhos.

---

6. Na corte do século XI, teve início o costume – que durou oitocentos anos – de se amarrar os pés das meninas chinesas, durante todo o seu crescimento, com faixas bem apertadas, deformando-os e transformando-os em garras de oito centímetros de comprimento, os chamados "pés de lótus". A menina que não tivesse os pés enfaixados era considerada uma camponesa grosseira e dificilmente conseguiria um bom marido.

Esse hábito curioso foi notado pela madrasta, que esperou o peixe sem que este lhe aparecesse. Um dia, lançou mão da astúcia e disse à enteada:

– Você anda trabalhando bastante, Yeh Hsien, e merece uma roupa nova. Ei-la, vista-a e vá buscar água no poço – ordenou, referindo-se ao local que ficava a vários quilômetros dali.

Mal a jovem virou as costas e a velha vestiu imediatamente suas roupas, ocultando uma faca afiada na manga da blusa e dirigindo-se em seguida para a lagoa, chamando o peixe conforme fazia sua enteada. O peixinho veio imediatamente e, quando pôs a cabeça para fora d'água, ela o matou. Por essa ocasião, o animalzinho já media mais de dez pés de comprimento e, depois de cozido, mostrou ter sabor mil vezes melhor do que qualquer outro peixe. Quando acabaram de comer, a madrasta enterrou seus ossos num monturo.

No dia seguinte, Yeh Hsien voltou e, ao aproximar-se da lagoa, verificou que o peixe desaparecera. Desesperada, foi correndo esconder-se na mata para dar vazão à sua dor. Estava chorando, quando um homem de cabelo desgrenhado e coberto de andrajos desceu dos céus e lhe disse, à guisa de consolo:

– Não chore, pois nem tudo está perdido. O peixe não veio porque sua madrasta o matou e comeu, mas seus ossos foram enterrados num monturo perto de sua casa. Vá até lá e leve-os para o seu quarto às escondidas. Tudo o que você quiser, peça aos ossos que lhe será concedido.

Yeh Hsien seguiu o conselho do velho e foi pedindo à medida que se fazia necessário. Em pouco tempo, dispunha de um enxoval com joias, ouro e roupas finas. Na noite de uma festa tradicional chinesa, Yeh Hsien recebeu ordens da madrasta para ficar em casa tomando conta do pomar. Quando a jovem viu que a madrasta iria longe, meteu-se num belíssimo vestido de seda verde e seguiu-a até o local da festa. A irmã, quando a viu, virou-se para a mãe dizendo:

– Não acha aquela jovem estranhamente parecida com minha irmã mais velha?

A madrasta teve a mesma impressão. Quando Yeh Hsien percebeu que a observavam correu, mas com tal pressa que perdeu um dos sapatinhos, que foi cair nas mãos de estranhos. Quando a madrasta voltou para casa, encontrou a enteada dormindo com suas vestes miseráveis, e assim pôs de lado qualquer suspeita.

O sapatinho perdido foi achado e vendido, indo parar no Reino T'o Huan, que ficava perto das cavernas. O rei que governava, protegido por forte exército, as doze ilhas com suas águas territoriais que cobriam vários milhares de li veio ter em suas mãos o dito sapatinho. Testou-o nos pés nas damas da sociedade do seu império, mas o acessório não serviu em nenhuma, nem mesmo naquela que tinha os menores pés.

Alargou, então, sua busca para fora do reino, mas ninguém conseguiu calçá-lo. O rei estava tão intrigado que passava as noites acordado, suspirando pela dona do sapato:

– Ah, que sapatinho minúsculo! Quem terá um pezinho assim?

O monarca suspeitou, então, de que o homem que o trouxera o tivesse obtido por meios mágicos e mandou aprisioná-lo e torturá-lo para que confessasse sua origem. Mas o pobre infeliz nada pôde dizer sobre a sua procedência. Enviou então o rei mensageiros de casa em casa para descobrir quem quer que fosse que tivesse o outro sapatinho.

Encontraram a jovem Yeh Hsien, que, além de calçar o sapato perfeitamente, tinha também o outro pé. Encantada com o seu sapatinho, aprumou-se também com o vestido verde, parecendo uma princesa, o que chegou aos ouvidos do rei. Este mandou buscá-la e ela foi, feliz, levando seu enxoval – e os ossos do peixe.

Yeh Hsien foi levada ao palácio, e a madrasta e a irmã que queriam impedi-la foram mortas a pedradas. O povo apiedou-se delas, sepultando-as numa cova e erigindo um túmulo a que deram o nome de Túmulo das Arrependidas. Acreditando neste sugestivo nome, passaram a reverenciá-las como espíritos casamenteiros, e elas realmente atendiam aos pedidos – como para se redimir perante os deuses e os homens.

O rei levou-a até sua ilha e fez de Yeh Hsien sua esposa. Porém, durante o primeiro ano de seu casamento, cresceu a sua cobiça e fez pedidos desmesurados aos ossos do peixe. E foram tantos jades, pérolas e pedras preciosas que os ossos se recusaram a atendê-lo. Temendo ficar sem suas preciosidades, ele enterrou-as junto com os ossos à beira do mar, para um caso de emergência.

Quando seus soldados se rebelaram contra ele, foi até o lugar em que os enterrara – mas a maré os levara, e nunca mais foram encontrados.

A QUEDA DE UM ESTADO

A LENDA DO CÉLEBRE DITADO

O poderoso imperador Liu Che, da Dinastia Han, foi um bem-sucedido soberano que não era apenas um político, mas também um talentoso poeta. Ele começou o conservatório oficial, famoso por coletar e compor música popular e baladas. Um maestro dali, chamado Liyannian, era muito bom nas duas especialidades. Um dia, ele mostrou ao imperador uma nova canção e disse:

– No norte esta música é uma beleza única entre os seus conterrâneos. Um olhar na sua composição pode causar a queda de uma cidade; outro, a queda do seu estado. Quem sabe aonde o encanto pode chegar? E esta música é a melhor que há.

O imperador gostou demais da música, que lhe despertou grande emoção e sentimento estético, e suspirou com pesar:

– Ah, se existisse uma mulher tão maravilhosa como esta música!

Ao ouvi-lo, a irmã do imperador mandou os súditos em busca de uma esposa que preenchesse todos os quesitos de beleza, de corpo e alma. Após apurada busca, encontraram a perfeição procurada na irmã do maestro.

– Esta, sim, é a mulher ideal para ser imperatriz – exclamou ao vê-la a irmã do imperador, sugerindo que, num banquete, dançasse diante do irmão.

Era tão delicada e encantadora que fez o imperador acompanhar sua dança com olhos vidrados e, no fim, disse:

– Bem, minha doce jovem, o país certamente está caído por tamanha beleza e habilidade!

Desde então, a expressão "A queda de um Estado" tem sido utilizada para descrever uma bela e encantadora mulher.

Teorias não ganham guerras

A EMBOSCADA

Filho do famoso general Zhao She, do reino de Zhao, Zhao Kuo começou a estudar bem cedo a arte militar. Era muito jovem e, quando falava sobre táticas e estratégias de guerra, mostrava uma eloquência raramente vista e afirmava com convicção teórica ser ele o mais genial estrategista militar do mundo.

Certa vez, ao discutir com o pai alguns problemas relacionados ao comando de operações militares, utilizou argumentos de tanto peso que nem o general foi capaz de rebatê-los. Porém, o velho pai não lhe dirigiu um único elogio e nem mesmo um olhar de admiração. Era muita empáfia para pouca experiência.

– Na teoria, a prática é outra – disse-lhe o velho rei. – E as surpresas zombam das conjecturas.

Quando a esposa do general perguntou pelos progressos do filho, o marido respondeu sem entusiasmo:

– A guerra é uma coisa muito complicada, e a mais perigosa de todas. Mas para nosso filho, que é um visionário, tudo é simples e fácil. Se o reino Zhao não entregar a ele o comando das tropas, tudo correrá bem. Caso contrário, será ele próprio a arruinar o exército de Zhao e a si mesmo.

Após a morte do general Zhao She, que ocorreu no ano 262 a.C., o poderoso reino Qin invadiu o reino Zhao. Sob a ordem do rei Zhao, o general Lian Bo foi enfrentar os invasores, mas as tropas perderam as primeiras batalhas. O general Lian Bo decidiu, então, alterar sua tática e ordenou a construção de fortalezas para defender o reino.

A guerra durou nada menos do que três anos. Com o tempo, as tropas invasoras foram ficando com o moral cada vez mais baixo e cada vez menos comida. Foi então que o chefe dos Qin mandou agentes seus ao território de Zhao, para espalhar rumores de que as tropas dos Qin não temiam ninguém a não ser Zhao Kuo, que convencia a todo mundo de sua capacidade menos o próprio pai, o general Zhao She, já falecido. O rei Zhao acreditou no boato e pretendia substituir o general Lian Bo por Zhao Kuo. O primeiro-ministro Lin Xiangru, que se encontrava enfermo, tentou persuadir o rei a desistir dessa ideia, e a viúva do general Zhao She escreveu ao rei, dizendo que Zhao Kuo só sabia vangloriar-se e não amava os seus soldados, além de não ter experiência de vida nem prática de guerra, pelo que o rei não podia entregar-lhe o comando das tropas.

O rei, porém, não lhes deu ouvidos e nomeou Zhao Kuo comandante das tropas. Logo que chegou à frente da batalha, Zhao Kuo mudou a estratégia do general Lian Bo e ainda substituiu grande número de oficiais. Ao ser informado do sucedido, o comandante das tropas inimigas dos Qin ficou esperançoso e, numa noite propícia, ordenou que, numa operação surpresa, os seus soldados atacassem os quartéis dos Zhao.

Sem muito analisar a situação, Zhao Kuo, à frente das suas tropas, saiu imediatamente em perseguição, caiu numa emboscada e foi morto na primeira leva, e a maioria dos seus 400 mil homens se passou para o lado dos Qin.

O SONHO DO BÊBADO QUE VIROU DITADO

Quando alguém alimenta uma esperança praticamente irrealizável, costumamos dizer, no Ocidente, que a tal criatura "vive nas nuvens" ou que "faz castelos no ar". Os chineses, no entanto costumam dizer "Sonhar com a província do Galho do Sul".

A origem da expressão remonta a um conto escrito por Li Gongzuo no período da dinastia Tang, que decorreu entre os anos de 618 e 907 da nossa era. Segundo esta história, havia um homem de nome Chunyu Fen que morava numa casa pobre tendo em frente uma Sófora, árvore de grande porte que produzia uma excelente sombra. No dia do seu aniversário, o homem pegou uma garrafa de vinho e foi bebê-la sob a árvore.

Já meio embriagado, adormeceu e teve um sonho maravilhoso, em que viajava para o reino da Sófora, casava-se com a princesa e era nomeado governador da província do Galho do Sul. No sonho, o homem viveu durante vinte anos num grande palácio, cercado de flores, belas mulheres e joias preciosíssimas, bebendo bons vinhos e coberto de lisonjas e glórias por parte dos seus vassalos.

Que felizes foram aqueles tempos como governador, em que ele e a princesa tiveram cinco filhos varões e duas meninas! A felicidade, porém, não durou mais de vinte anos, pois a princesa morreu. Ele caiu em desgraça e foi escorraçado a pontapés, tendo de regressar à sua terra natal.

Foi então que Chunyu Fen acordou, esfregou os olhos e olhou para a garrafa, que continuava a seu lado, e depois para o sol, que já começava a desaparecer no horizonte. Percebeu, então, que nunca tinha saído de debaixo da grande árvore onde se encontrava, e os vinte anos como governador não tinham passado de um sonho. Ao procurar por vestígios da sua vida encantada, não encontrou mais do que um grande formigueiro ao lado do tronco da sófora. Afinal, era tudo muito simples: o reino em que viajara era apenas o formigueiro, e a província do Galho do Sul era somente um galho da sófora que se estendia nessa direção.

É desnecessário dizer que a história não passa de uma ficção; mas dela ficou este provérbio chinês, "Sonhar com a província do Galho do Sul". Assim, quando alguém sonha alto demais, os chineses dizem que está sonhando com a província do Galho do Sul.

O MISTÉRIO DOS DEDOS DAS MÃOS

A ALIANÇA DE CASAMENTO

De acordo com esta lenda chinesa, o anel de noivado e casamento é usado no quarto dedo da mão pela seguinte razão: os polegares representam os pais; os indicadores, os irmãos e amigos; o dedo médio, você mesmo; o dedo anular (quarto dedo) representa o cônjuge; e o dedo mindinho representa os filhos.

Para comprovar a teoria, é só juntar as mãos, palma com palma, e uni-las como em oração de forma que fiquem os nós com os nós. Agora tente separar as extremidades dos polegares, indicadores, médios e mindinhos, um por um, e verá que facilmente eles se separam, por representarem, respectivamente, os pais, os irmãos e amigos, e os filhos.

Os anulares, contudo não querem se separar, porque representam o casal destinado a viver junto até o fim.

NINGUÉM ENGANA UMA RAPOSA

A MISTERIOSA CARTA

Wang observou que duas raposas estavam postadas sobre as patas traseiras e apoiadas numa árvore. Uma delas segurava uma folha de papel, e ambas riam como se compartilhassem um engraçadíssimo segredo. Ele tentou enxotá-las, mas elas se mantiveram impávidas. Disparou então uma flecha, ferindo uma delas no olho, e conseguiu levar consigo o papel.

Na estalagem, contou aos outros hóspedes a sua aventura e mostrou o papel com caracteres indecifráveis. Enquanto falava, um cavalheiro entrou. Ele observou que o sujeito tinha um olho ferido e escutava com interesse seu relato. Depois, pediu que lhe mostrasse o papel. Wang estava prestes a atendê-lo quando o dono da estalagem, percebendo que o recém-chegado tinha cauda, gritou:

– É uma raposa!

Imediatamente, o cavalheiro se transformou em uma e fugiu. Ainda assim, a raposa não desistiu e continuou na tentativa de recuperar o tal papel, sem nunca conseguir.

Wang resolveu voltar à sua casa e, no caminho, encontrou-se com toda a sua família, que se dirigia à capital. Disseram-lhe que estavam de mudança porque ele próprio havia ordenado essa viagem, e sua mãe mostrou a carta em que lhe pedia que vendesse todas as propriedades e se reunisse a ele na capital.

– Não escrevi carta alguma – disse Wang, examinando o papel e constatando que estava em branco. – Voltemos para casa, a venda deve ter sido tão falsa como esta carta.

Todos juntos em casa viram chegar um jovem, ninguém menos que o irmão mais jovem tido como morto. Este perguntou pelas novidades da família, e Wang contou-lhe tudo. Quando, porém, Wang chegou na história das raposas e da carta, o irmão exclamou:

– Eis aí a raiz de todo o mal.

Assim que Wang mostrou o documento, o outro arrancou-o de suas mãos, reteve-o para si e desapareceu, transformado numa raposa.

FEZ PORQUE NÃO SABIA QUE ERA IMPOSSÍVEL

A LEALDADE FORTIFICA

Numa tarde nublada e fria, duas crianças estavam patinando em cima de um lago congelado quando, de repente, o gelo se quebrou e uma delas caiu na água. Vendo que o amiguinho se afogava, a outra criança pegou uma pedra e começou a golpear o gelo com todas as suas forças, conseguindo quebrá-lo e salvando o amigo, mesmo às custas de ficar todo machucado. Então, alguém chegou para socorrê-los:
– É inacreditável que uma criança tão pequena tenha quebrado o gelo!

Nesse instante, apareceu um ancião, que disse:
– Eu sei como ele conseguiu – e todos olharam para ele, aguardando a continuação da resposta.

O ancião então acrescentou:
– Não havia ninguém ao seu redor para dizer-lhe que ele não era capaz, e então ele o fez, salvando o amigo.

A TRISTE SEPARAÇÃO

JUNTAR OS PEDAÇOS DO ESPELHO QUEBRADO

Nos últimos anos do período da Dinastia Sul e Norte, que decorreu entre 420 e 589 d.C., o primeiro-ministro Yan Jian, do império Zhou do Norte, matou o imperador Jing e estabeleceu a dinastia Sui. Suas bem treinadas forças armadas marcharam para o Sul, onde o trono era ocupado pelo imperador Chen Shubao. Este era um homem corrupto, e o seu império estava seriamente ameaçado. Sua irmã mais nova, a princesa Le Chan, e seu marido, Su Deyang, já previam esta queda. Ele disse:

– Se o nosso país for subjugado, você, como princesa que é, será capturada e levada para o Norte e teremos de nos separar. No caso de conseguirmos sobreviver, espero que um dia venhamos a encontrarmo-nos novamente.

Dito isso, o marido pegou um espelho redondo, partiu-o em dois pedaços e ficou com um deles para si, entregando o outro à esposa. O casal combinou então que na primeira Festa das Lanternas (festa que os chineses comemoram no 15º dia do primeiro mês do calendário lunar) após a separação se procurariam, fingindo vender espelhos. A metade que cada um levaria consigo seria o sinal para se reconhecerem, e o lugar de encontro seria a capital do império vencedor, ou seja, a cidade de Chang'an.

Após a derrubada da dinastia Chen do Sul, a princesa, tal como o casal previra, foi capturada e levada para Chang'an, onde foi obrigada a tornar-se concubina do aristocrata Yan Su. No dia da Festa das Lanternas, conforme haviam combinado, o marido percorreu longa distância e conseguiu chegar à capital do império. Andou pelas ruas mais movimentadas, à procura da outra metade do espelho. E não foi em vão, pois encontrou um velho vendendo espelhos antigos, entre os quais descobriu a sua metade que ficara com a princesa.

De fato, o velho criado da família do aristocrata Yan Su fora incumbido pela princesa de ir para a rua vender espelhos, à procura

233

de Su Deyang. Sabendo pelo velho que a esposa havia se tornado concubina do aristocrata, o marido ficou decepcionado e escreveu na metade do espelho que pertencia à mulher o seguinte poema:

A pessoa e a outra metade do espelho foram-se! Agora que o espelho reaparece, a pessoa não regressa... A lua continua a brilhar, mas a sua divindade desapareceu para sempre.

Assim que o nobre Yan Su soube do ocorrido, comoveu-se com os profundos sentimentos do casal e devolveu a princesa ao seu legítimo esposo, Su Deyang. Eis a origem do provérbio "Juntar os pedaços do espelho partido", ou, numa versão talvez mais feliz, "Recompor o espelho partido".

Ainda hoje este provérbio continua a ser muito usado entre os chineses para significar a reconciliação de um casal, ou o seu reencontro. Assim, em vez de dizer que o casal reconciliou-se, os chineses usam o eufemismo "o casal juntou os pedaços do espelho partido".

UMA HONRA TER O NOME PICHADO NA GRANDE TORRE DE GANSO BRAVO

Na dinastia Sui, no século VIII, foi criado o sistema de exames imperiais para selecionar pessoas competentes aos cargos de funcionários, e esse sistema teve seu aperfeiçoamento na dinastia Tang: através dele, intelectuais do povo podiam ascender a cargos de funcionários do palácio.

Na dinastia Tang, esses exames imperiais dividiam-se em três categorias: Xiucai, Juren e Jinshi. Depois de diversos níveis de testes, os classificados enfrentavam um exame diante do próprio imperador. Os intelectuais procuravam ser classificados para a categoria de Jinshi, pois consideravam esta o primeiro passo para atingir os cargos mais próximos do imperador. Os exames eram naturalmente difíceis para estes postos, e apenas de 10% a 20% conseguiam a classificação.

Os exames de Jinshi eram realizados anualmente, em janeiro, em Chang'an (atual Xi'an), capital do país na dinastia Tang, com a publicação do resultado em fevereiro. No verão seguinte, o imperador costumava oferecer um grande banquete no Jardim Imperial de Qujiang aos novos Jinshi. O Jardim Imperial de Qujiang se situava no sudeste da cidade de Chang'an, onde havia um grande tanque, e sítios como o Templo de Ci'en, a Grande Torre de Ganso Bravo e a Pequena Torre de Ganso Bravo também ficavam ali. No banquete, os Jinshi faziam um jogo que consistia no seguinte: colocavam um copo de vinho na superfície de água do tanque e o deixavam seguir com a correnteza. Aquele em frente a quem parava o copo deveria beber o vinho e fazer um poema.

Num certo ano, os Jinshi foram passear no jardim após o banquete e, chegando à Grande Torre de Ganso Bravo, um deles, por impulso, escreveu seu nome na parede. Isso virou um costume dos Jinshi e, nas gerações seguintes, eles escolhiam o que tinha a letra mais bonita para escrever o nome de todos na parede da torre – e aquele que assumisse o cargo de general ou de primeiro-ministro pintaria o nome em tinta vermelha.

    Na dinastia Tang, os intelectuais sentiam orgulho se recebessem o convite para o banquete de Qujiang e tivessem o nome gravado na parede da Grande Torre de Ganso Bravo. O sistema de exames imperiais da dinastia Tang possibilitava aos intelectuais de origem da camada inferior social ascenderem a camadas sociais superiores e participarem dos assuntos estatais. Por fim, esse sistema foi se tornando corrupto e acabou na sociedade feudal.

    O costume retornou no século XIX, especialmente nas dinastias Ming e Qing, porém com muito mais vigilância, seguindo os ditames de Confúcio.

O GRANDE GUERREIRO CAÇA O REI DOS TIGRES

Esta lenda chinesa que se originou na Mongólia, conta que viveu outrora, na Terra dos Khans, um pobre pastor chamado Alad. Sua esposa deu à luz três filhos, mas todos morreram.

Num inverno, a mulher do pastor deu à luz um estranho menino que crescia a olhos vistos, e a cada hora que passava estava maior. Deram-lhe o nome de Ku Nan, que significa "antigo sul".

– Como vamos criar este filho se possuímos apenas uma vaca e duas cabras, que praticamente não têm valor? – perguntou o marido.

Enquanto o pai falava, o menino devorou uma cabra inteira, deixando os dois embasbacados e sem resposta. E, no dia seguinte, comeu a outra. Em dois dias, o bebê tornara-se tão alto que não cabia mais na casa. Com tal fúria devoradora, ficaram preocupados que neste ritmo ele devoraria a vaca no terceiro dia e não sobraria mais nada, morrendo todos de fome.

Mas, no dia seguinte, Ku Nan disse à sua mãe:
– Somos muito pobres e temos apenas uma vaca. Vou-me embora antes de devorá-la. Encontrarei algum trabalho e assim serei útil.

A mãe olhou para a figura alta e robusta do seu filho e, pegando em sua imensa mão, disse com uma voz chorosa:
– Meu filho, que trabalho você poderia fazer?
– Poderia ir até o chefe dos Khan – disse o pai, que era mais prático. – Com ele você conseguirá trabalho.

Ku Nan concordou e partiu. Andou um bocado, sentindo um buraco no estômago, e no caminho encontrou um lobo faminto que quis devorá-lo, mas levou a pior, pois fome igual à dele nem o lobo tinha. Satisfeito, prosseguiu o seu caminho e ao anoitecer chegou ao Khan, que era um velho astuto. Este convidou-o para comer um boi assado inteiro, e o rapaz não se fez de rogado: atacou o boi e comeu até os ossos, ao modo do Thor nórdico.

De boca aberta e estômago vazio, o Khan só conseguiu pronunciar algumas palavras convidando-o a ser seu assistente pessoal e guarda-costas, garantindo-lhe que não lhe faltaria carne para comer.

237

Seguidamente, Ku Nan caçava com Khan e seus servos na floresta, retornando com quantidades exageradas de caça. Um dia, quando se aprofundaram dentro da floresta, saltou sobre eles um enorme tigre. Todos fugiram apavorados, exceto Ku Nan, que pegou a fera pelas pernas traseiras e tanto bateu-a contra uma árvore que quase a despedaçou. Colocou o tigre com a barriga estraçalhada nas costas e foi embora cantarolando.

Quando chegaram à tenda, o chefe ainda estava em tal estado de choque que não podia desmontar do cavalo. Seus servos vieram em seu auxílio e apearam-no. Nesse momento, Ku Nan chegou com o tigre nas costas. O chefe entrou em pânico e correu histérico para trancar-se na tenda, sem ao menos reconhecer um tigre morto.

– Depressa! Todos vocês, protejam a porta! – ele gritou. – Não deixem que o tigre entre!

Já mais calmo, reconheceu que o bicho estava morto e escalpelado e que Ku Nan o matara. Reuniu, então, toda a sua coragem e saiu de seu esconderijo. Espumando de raiva, amaldiçoou e praguejou contra o herói, tomando a pele do tigre para fazê-la de colchão. Não satisfeito com esta façanha, decidiu que queria um casaco feito da pele do rei dos tigres, que vivia na floresta.

Ordenou a Ku Nan que fosse caçá-lo no prazo de três dias e não estragasse em nada a pele. Se ele viesse a falhar na sua missão, Khan o executaria. Ku Nan sentiu-se muito desanimado. Como haveria de encontrar o rei dos tigres? Havia rumores de que a temível fera vivia em uma remota caverna nas montanhas do norte, com muitos tigres nas redondezas. Mas ninguém sabia informar como chegar ao local.

O céu escureceu, e Ku Nan voltou para a casa de seus pais se sentindo muito infeliz e contando-lhes o que tinha acontecido. O casal de velhos estava em um dilema. Se pretendessem impedi-lo de ir, temiam que o Khan mandasse executá-lo. Mas, se o deixassem ir, quem poderia garantir sua segurança? Marido e mulher sentaram-se de frente um para o outro e choraram amargamente, sem chegar a qualquer solução. De repente, uma velha entrou em sua cabana e disse a Ku Nan:

– Meu rapaz, não se deixe abater. O rei tigre, como tudo neste mundo, tem medo de um homem corajoso e atrevido. Contanto que mantenha sua terra natal e os seus entes queridos em mente, você será capaz de superar qualquer dificuldade. Vá em frente! Tome de presente este cavalo malhado – disse, mostrando-o pela porta –, ele vai auxiliá-lo na sua missão e lhe trazer sorte!

A velha beijou levemente Ku Nan na testa e desapareceu. Quando ele saiu, aproximou-se do animal, que relinchava em sua direção. Ku Nan aguardou, aflito, o amanhecer. Quando o céu clareou, deu adeus aos pais e, após assegurar-se de que seu arco, flecha e espada estavam com ele, subiu no cavalo, que já considerava seu aliado, e partiu a galope para cumprir sua missão, convicto de que a cumpriria a contento.

O animal correspondia à sua pressa como se entendesse seus propósitos e seu perigo. Após percorrer um longo caminho, o animal diminuiu a marcha e Ku Nan pôde ver de perto um lobo prestes a atacar uma menina. Sem pestanejar, atingiu o lobo com uma flecha certeira. A avó da criança correu para fora da tenda e, ao ver o animal morto, percebeu que Ku Nan havia salvado a sua neta. Convidou-o a entrar e ofereceu-lhe, como gratidão, uma tigela de leite para matar a fome e um saco de ossos de carneiro na sua partida, dizendo:

– Leve estes ossos, meu jovem, que lhe serão de grande utilidade no futuro.

Com o presente na mão, Ku Nan montou no cavalo malhado e continuou seu caminho para o norte. Troteava à rédea solta pela estrada quando deparou com um largo rio que interrompia seu caminho. De repente, as águas subiram e formaram ondas gigantes. Eis que ele viu surgir das águas uma enorme tartaruga, que veio nadando até as margens.

– Meu rapaz – disse ela –, é melhor você voltar para trás. Nunca vai atravessar este rio.

– Ah, vou, com certeza – respondeu Ku Nan. – Todas as dificuldades podem ser superadas.

– Você é muito corajoso! – respondeu a tartaruga. – Ajude-me, então, que este meu olho esquerdo dói tanto. Preciso retirá-lo e substituí-lo por um novo. Por favor, faça isso por mim.

– Deixe-me ver e farei o que puder.

Assim que Ku Nan colocou a mão no olho da tartaruga, este se transformou em uma brilhante pérola. Após olhar para o olho, agora esta preciosidade, a vista de Ku Nan tornou-se tão apurada que ele pôde até mesmo ver uma tribo ao longe. Então, tornou a montar no seu cavalo, que caiu em seguida na água, mostrando entender a intenção de seu dono.

Tão logo a água tocou a pérola preciosa que segurava na mão, dividiu-se em duas e formou uma parede transparente de ambos os lados, deixando um caminho seco ao centro. Ku Nan atravessou ileso o rio até a margem oposta, e logo as correntezas seguiram seu curso. Aproximou-se da tribo que vira à distância e deparou com um velho pastor desesperado, que chorava baixinho. Era uma visão tão triste que Ku Nan desceu de seu cavalo e foi até ele.

– O que houve, por que está chorando? – perguntou. – Por favor, diga-me, talvez eu possa ajudá-lo.

– Meu jovem – respondeu o velho pastor, enxugando os olhos –, mesmo que eu contasse você não teria condições de ajudar.

– Tente. De qualquer maneira, sempre é bom desabafar.

– Tem razão – disse ele num longo suspiro. – É que ontem minha filha foi levada pelo rei tigre, e não sei se ela está viva ou morta agora – e o velho rompeu outra vez em soluços de cortar o coração.

– Meu velho, não perca a esperança – consolou-o Ku Nan. – Tenho certeza de que sua filha não está morta. Eu estou procurando o rei tigre e, quando o encontrar, resgatarei sua filha.

O velho pastor se animou um pouco e, ainda com lágrimas nos olhos, convidou o recém-chegado para que entrasse em sua barraca, oferecendo-lhe chá e orientando-o sobre a moradia do tigre. Após o chá, Ku Nan agradeceu o velho e partiu em busca do rei tigre. De longe, podia ver a caverna de pedra em cima da montanha, conforme a orientação do pastor. Na entrada, estavam mais de dez tigres de guarda. Quando Ku Nan se aproximou da caverna, pegou os ossos de carneiro do bolso e jogou-os para os tigres. Enquanto eles se distraíam com os ossos, Ku Nan entrou sorrateiramente e encontrou logo a filha do pastor, que espionava uma possibilidade de fuga.

Ela deu a ele todas as informações sobre o tigre rei, que saíra cedo e ainda não retornara. Pensou em esconder Ku Nan, mas ele se recusou, dizendo que viera resgatá-la a pedido de seu pai. Assim, os dois montaram no cavalo malhado e saíram da caverna sem problemas, pois os tigres ainda estavam às voltas com os ossos. O cavalo, por sua vez, correu morro abaixo como um redemoinho.

O rei tigre era um ogro com cabeça de tigre e corpo de homem – como lhe descrevera a donzela –, todo coberto de pelos dourados. Ku Nan pôde reconhecê-lo na rajada de vento que sentiu em seguida de sua partida. Virando-se mais que depressa, acertou-lhe uma flecha no olho esquerdo. Ferido, o animal rugiu escandalosamente e, num pataço, arrancou Ku Nan de sua montaria. Este defendeu-se com um rápido golpe de sua adaga, ferindo mortalmente o tigre rei no peito, tendo em mente que não poderia danificar a pele.

Pegou o morto e, de um golpe, jogou-o sobre a garupa do cavalo e amarrou-o bem, para ter certeza de que não ressuscitaria e o atacaria de repente. O casal seguiu para a casa do pastor que, ao vê-los, ficou radiante. Como gratidão, ofereceu a sua filha em casamento. Passaram a noite na tenda do pastor, aguardando que o dia clareasse para partirem no seu heroico cavalo, levando o tigre para Khan, que teria assim como finalizada a missão.

Prontos para partir, ouviram terríveis rugidos vindos com o vento do Norte. Ku Nan deu-se conta de que eram os dez tigres guardiões que vinham em sua perseguição. Apressadamente, mandou que sua esposa entrasse e fechasse a tenda. Com uma flecha certeira matou o líder do grupo, e com a espada avançou sobre os demais. Um combate furioso se seguiu. Em um instante ele matou sete deles, mas os últimos dois atacaram com ferocidade redobrada. Completamente exausto e à beira de um colapso, o herói foi socorrido pelo pastor, que vinha com mais dez jovens munidos de tacos, pois previra o que poderia ocorrer.

Eles ajudaram Ku Nan a matar os dois tigres restantes e livraram--no do perigo. Agradecido pelo socorro, Ku Nan presenteou-os com todos os tigres mortos, menos o tigre rei. Montou em seu cavalo malhado e foi dar conta de sua missão.

Quando Khan viu que Ku Nan tinha matado o rei tigre e trouxera para casa uma linda esposa, tomou posse da pele, mas ficou enciumado da força física do jovem e com a força do amor com que a vida o brindara. Ordenou, então, que a recém-casada lhe fizesse uma capa da pele do rei tigre, sem perder um único fio de pelo. Com a permissão de seu marido, ela cumpriu a tarefa.

Quando Khan viu o manto pronto, ficou extremamente orgulhoso, como se ele próprio tivesse caçado o tigre, e vestiu-a para sair nas redondezas e mostrar o seu poder. Mandou montar uma plataforma bem alta em frente à sua tenda e convocou os súditos, sua fiel plateia, mandando convidar toda a terra dos Khan para comer, beber e festejar a sua glória.

Acorreram pessoas de todos os lados para conferir a proeza, desacreditando dele por ser um conhecido fanfarrão.

Em seguida, enquanto a música tocava, Khan aprumou-se sobre a plataforma com um ar de autossatisfação e, com um gesto, fez com que lhe trouxessem o pacote amarelo. Abriu-o à vista de todos com gestos pausados e tirou dele o manto da pele do rei tigre, que agora parecia mais dourado do que antes. Colocou-o sobre os ombros, com a ajuda dos lacaios, e desfilou pomposamente, aguardando os aplausos. Mal deu alguns passos e se viu transformado em um tigre feroz. Para pânico geral, num barulho ensurdecedor, saltou da plataforma e atacou a multidão, devorando o que podia. Apavorados, todos desapareceram numa diáspora sem precedentes. Quem tinha montaria e o cavalo já não havido fugido se deu melhor; os outros correram com quantas pernas tinham.

Nesse exato momento, Ku Nan chegou ao local e percebeu que o tigre ameaçava as pessoas. Sem pestanejar, mesmo desprovido de armas, atacou-o num repente, pegando-o pelo rabo e despedaçando-o em mil batidas no chão, sem ao menos se dar conta de que era a pele do rei tigre, antes tão protegida. Desta vez, destroçou-a o quanto pôde e percebeu que não sobrara ninguém para assistir à sua nova façanha, o que pouco lhe importava.

Foi enterrado com honrarias, por ter sido o Khan.

Ku Nan, livre da opressão, passou a viver confortavelmente com sua mulher, fazendo suas caçadas aos tigres com seus poderoso cavalo e repartindo a caça com todos, livrando assim o povo do medo. Tornou-se um herói em seu meio por estas façanhas e também por curar as pessoas que sofriam dos olhos ou eram cegas, usando a pérola preciosa que saíra do olho da tartaruga.

Graças a tudo isso, a população retomou os seus cantos de agradecimento à vida.

ASTÚCIAS DIPLOMÁTICAS

UM POLÍTICO DIGNO

Nas épocas em que os estados da China viviam em lutas de ruptura e coalisão, era comum o aparecimento de filósofos viajantes para darem a sua contribuição intelectual a este ou àquele. Somente nos períodos da primavera e outono dos Reinos Combatentes (722 a 221 a.c.) existiram possibilidades para que estes atingissem uma alta posição, após viajarem muito por sua conta e risco em busca disso.

Como os estados se empenhavam continuamente em vencer as guerras que surgiam de um lado e de outro, os seus governantes ansiavam por novas ideias. Alguns destes letrados de então pretendiam sinceramente solucionar as questões da época; outros, no entanto, não passavam de simples aventureiros. Mas tinham, por vezes, influências consideráveis sobre os acontecimentos.

Dois desses filósofos, chamados Su Qin e Zhang Yi, tornaram-se célebres pelas suas influências diplomáticas durante os anos dos Reinos Combatentes. A história de Zhang Yi e Su Qin resumia o conflito entre as duas importantes opções políticas da época: seguir o poderoso estado de Qin, que tentava anexar os outros seis maiores estados no leste, chamados de Aliança Vertical, ou unir-se com os outros estados na oposição contra Qin, a Aliança Horizontal.

Su Qin defendia a primeira, e Zhang Yi, a segunda. Por isso, eram conhecidos como os filósofos opostos no pensamento, apesar de ambos terem origem pobre e haverem sido disciplinados pelo mesmo renomado polemista.

Su Qin (em 310 a.C.) não tinha, no princípio, intenção de contrariar o estado de Qin. Deslocou-se da sua terra natal em Luoyang para este lugar, e suas ideias não foram aceitas. Voltou para casa, derrotado e pobre, pois gastara todos os seus recursos em vão e ainda teve de ouvir de sua mãe:

– Viu, viu? Se tivesse seguido os meus conselhos, teria sido um comerciante honrado e respeitado, sem estar agora nesta situação humilhante. Quis ser oficial e veja no que deu!

Sentada ao lado do seu tear, a esposa o ignorou e sequer levantou a cabeça para cumprimentá-lo.

– Por favor, me consiga algo para comer. Estou cansado e faminto – suplicou Su Qin à cunhada.

– Nem lenha temos para cozinhar, muito menos comida! – retorquiu ela, com desprezo. – Se quer comer, trabalhe, seu preguiçoso!

Desolado, humilhado e afrontado no primeiro dia de sua chegada, e logo por sua família, Su Qin planejou uma nova forma de subir na política. Conformou-se em viver uma vida miserável momentaneamente enquanto investia os dois anos seguintes num intenso estudo de sucessos e fracassos políticos e militares de todos os estados existentes. Trabalhava com afinco até altas horas da noite e, para afastar o sono, picava-se até sangrar com uma sovela.[7]

Concluía então que, da primeira vez, estivera enganado e que o melhor seria unir os seis estados contra Qin. Com seu poder de argumentação, convenceu o duque de Yan de que a sua nova teoria tinha fundamento e traria resultado seguro. Este o enviou como embaixador especial do duque para outros estados. Quando a aliança liderada por Su Qin se formou, em 333 a.C., Su foi nomeado primeiro-ministro do estado de Zhao. Devido à eficácia da sua autoridade, tomou posse da chancela de primeiro-ministro de cada um dos outros estados.

Desta vez, quando regressou a Luoyang, o rei, sobrevivendo à moribunda dinastia de Zhou, mandou varrer as estradas e enviou um ministro seu para recepcioná-lo à altura. Ao saber de sua chegada e com tal fausto, a velha mãe de Su Qin saiu para a rua para dar as boas-vindas ao filho, agora homem respeitável, de roupas luxuosas e exuberantes. A cunhada ajoelhou-se diante dele e fez-lhe uma reverência até alcançar a cabeça no chão.

– Por que me trata agora com tanta deferência se em épocas de carestia me humilhou? – perguntou Su Qin à cunhada.

– Porque tem agora uma posição alta e muito dinheiro – atreveu-se a confessar a parenta.

---

7. Instrumento usado pelos sapateiros para furar o couro.

– Que triste figura é a sua, sem alma! – suspirou Su Qin, pesaroso, enquanto metia a cunhada e a mãe na carruagem de regresso a casa.

Desprendido como é comum às pessoas de bem, ele construiu--lhes uma magnífica morada e distribuiu o dinheiro disponível entre os que tinham compartilhado da sua vida pobre e ajudado-o de alguma maneira.

* * *

Zhang Yi, seu adversário de teoria política, também teve um início inauspicioso. Viajou até o estado de Chu e foi, certa vez, convidado a um banquete no qual foi injustamente acusado de roubo.

Foi assim: quando o rei de Chu (a maioria dos duques sob o domínio da dinastia Zhou vangloriavam-se de serem reis) mostrava uma preciosa peça de jade aos convidados, caiu de repente uma chuvarada, e a pedra desapareceu. Sendo a pessoa mais humilde e mais modestamente vestida entre os hóspedes, Zhang Yi foi detido como suspeito de tê-la roubado. Torturaram-no desumanamente para forçá-lo a confessar o roubo, mas ele negou até o fim.

Voltou para casa quase morto e com o corpo coberto de feridas. Ainda por cima, foi recebido assim pela esposa:

– Viu no que dá ser filósofo? Se não pretendesse obter fama e honra, não estaria neste estado deplorável. Veja se aprendeu a lição e fique em casa, bem quietinho, indo trabalhar sem pretensões.

– A minha língua ainda está no lugar? – perguntou Zhang Yi, abrindo a boca.

– Claro que está – respondeu a esposa.

– Pois enquanto eu tiver língua para expor as minhas ideias, hei de fazê-lo – retrucou ele, calmamente.

Depois dessa decepcionante recepção, saiu em busca do seu velho companheiro de estudo, Su Qin, para lhe pedir ajuda. Quando Zhang Yi chegou lá, Su Qin tratou-o friamente, o que muito o surpreendeu. Ele estava dando uma festa e entretinha-se com os seus hóspedes, fazendo-o esperar em pé no corredor por longo tempo. Via de longe os convivas e seus manjares exóticos, mas a ele só trouxeram a comida simples que serviam aos criados.

Finalmente, Su Qin foi ter com ele:

– Você é mais competente do que eu, mas eu tive sorte. Bastam algumas palavras minhas de recomendação para lhe arranjar um cargo alto. Contudo, se você não seguir as minhas orientações à risca, vai pôr a perder a minha reputação.

Ofendido, Zhang Yi levantou-se e foi embora sem dizer palavra. Estava determinado a experimentar a sua sorte no outro lado, no estado de Qin. Pouco depois, Su Qin contou a um dos seus assistentes de confiança que, de acordo com as regras básicas de Sun Tzu, de *A arte da guerra*, usara a estratégia da provocação e tentara deliberadamente enfurecer Zhang Yi e empurrá-lo para o lado de Qin para utilizá-lo posteriormente.

Su Qin enviou esse assistente secretamente para Qin, levando consigo uma grande soma de dinheiro com o propósito de criar, no estado de Qin, as condições necessárias à ascensão de Zhang Yi. Foi assim que Zhang Yi se tornou um ministro de confiança do duque de Qin. Quando o homem de Su Qin lhe revelou a real intenção desse, Zhang Yi ficou tão comovido que não pôde conter as lágrimas.

– Su Qin é mais inteligente do que eu – disse ele –, jamais esquecerei do que fez por mim. Enquanto viver, tudo farei para que o seu plano seja bem-sucedido.

Não obstante, Su Qin foi assassinado, pouco mais tarde, por um dos seus rivais no estado de Qi. Após a sua morte, Zhang Yi começou a pôr em prática um plano próprio, que consistia em minar a união dos seis maiores estados, para sujeitá-los ao domínio de Qin. A aliança de Su rebatera com sucesso durante algum tempo o ataque de Qin. Mas, no fim das contas, foi Zhang Yi quem ofereceu um plano de triunfo a Qin que conquistaria os outros estados, um após o outro.

Outras histórias acerca das astúcias diplomáticas de Su Qin e Zhang Yi, como as inseridas nas *Intrigas dos Reinos Combatentes* e *Memórias históricas*, de Sima Qian, continuam a apaixonar os leitores através das gerações e dos séculos, desde os tempos imemoriais até hoje.

Glossário

A arte da guerra – Célebre obra de Sun Tzu sobre estratégias de guerra.

A batalha de Jingjing – Famosa guerra entre Chu e Han, que durou cinco anos e na qual o general Han Xin provou sua excelente arte de combate.

A Escada das Nuvens – Artefato que o rei de Chu pretendia mandar fabricar, com a intenção de invadir o reino Song.

A Tumba dos Três Reis – Túmulo onde foram enterradas três cabeças juntas por não saberem identificar qual entre elas seria a do rei.

Almenara – Farol ou facho que se acendia nas torres e castelos para dar sinal ao longe. Forma exata, em vez de minarete.

Ancião da Montanha do Norte – Velho de noventa anos de idade, chamado Yu Gong, que resolveu retirar com as próprias mãos uma montanha bloqueando seu caminho para o Sul.

Aniz – Tocador de flauta mágica com o dom de atrair animais da floresta.

As Quatro Montanhas Sagradas – São as montanhas nas quais os quatro grandes budas (Manjusri, Samantabhadra, Avalokitesvara e Ksitigarbha) professavam sua crença: Wutai, Putuo, Jiuhua e Emei.

Bai Juyi – Grande poeta da antiguidade chinesa que descreveu a beleza do Lago Oeste em seus versos.

Bai Qi – Conhecido pela arte da guerra, conquistou a fama de general invencível.

Bai Suzhen – Serpente que se transformou em uma jovem.

Bao Si – Concubina favorita do rei You, o último soberano da dinastia Zhou, no século VIII a.C.

Bao Zhui – Cavalo de estimação de Xiang Yu, o rei covarde que morreu bêbado por medo de ser derrotado na guerra.

Bentem – Deusa da misericórdia.

Bian He – Sujeito que conseguiu uma pedra bruta de jade na montanha Chu e ofereceu-a a três reis, ganhando por isso terríveis punições dos dois primeiros soberanos e reconhecimento do último.

Bola de Bordado – Jogo popular no império chinês.

Buda Manjusri – Foi graças a ele que ocorreu uma benéfica mudança no clima da Montanha Wutai, que se chamava em tempos idos Montanha Wufeng (Cinco Picos).

Cânhamo – Nome que indica a fibra produzida por espécie da planta do gênero *Cannabis*, usada na indústria têxtil, de papel e também como forragem para os animais. Das sementes dela se extrai um óleo muito usado em cosméticos e também para a produção de tintas, vernizes e lubrificantes. (Não confundir com *Cannabis sativa*, a maconha, cujo teor de THC é superior ao do cânhamo.)

Cao Cao, Liu Bei e **Sun Quan** – Poderosos militares que, durante a famosa batalha do Incêndio de Chibi, guardavam as fronteiras e ocupavam respectivamente as planícies centrais, a região de Bashu e a região de Jiangdong. Cao Cao era o mais poderoso e prestigiado dentre os três.

Cao Gui – Civil da antiguidade chinesa, no período dos Reinos Combatentes, em 684 a.C, dirigiu os exércitos para enfrentar uma invasão e obteve uma gloriosa vitória contra o reino Qi, um dos mais poderosos da época.

Chan Yi – Oficial de Hunan e pai de Ch'ienniang, a jovem que se dividiu em duas para ficar com seu amado.

Chang – Menino que salvou a vida de um velho e, devido à sua bondade, foi presenteado com um quadro mágico.

Changan – Capital de mais de dez dinastias na China, chegou a ser uma das cidades mais populosas do mundo.

Changshao – A atual província do Shandong.

Chen Shubao – imperador corrupto dos últimos anos do período da Dinastia Sul, que se passou entre os anos de 420 e 589.

Cheng Wuyu – Ministro do rei que se aproveitou da vaidade dos três valentes para provocá-los, a fim de derrubar o reino Qi e usurpar o poder.

Chibi – Atual província do Hubei, que fica às margens do rio Yangtsé.

Chibi – Filho do ferreiro Gangjiang e de Mo Ye.

Ch'ienniang – Filha de Chan Yi, oficial em Hunan, que se dividiu em duas para ficar com o homem que amava.

Chunyu Fen – Bêbado cujo sonho virou um ditado.

Chunyu Kun – Sábio ministro do reino Qi, que aconselhava o rei Wei.

Dinastia Han – Criada no século II a.C.

Dinastia Qin – Data do ano 206 a.C.

Dinastia Qing – Período em que foi publicada a maioria das lendas chinesas.

Dinastia Sui – Período que antecede à dinastia Tang e que logrou reunificar o país, em 581, após quase quatro séculos de fragmentação política.

Dinastia Tang – Período da China entre 618-907, fundada por Sui Li Yuan, oficial pertencente à dinastia que havia reunificado a China entre 581 e 618.

Dinastias do Norte e do Sul – De 589 a 420 a.c., na qual viveu Zhang Seng-Zuong, célebre pintor extremamente valorizado e respeitado pelo imperador Liang Wu.

Dixi – Inventor da fórmula de um vinho que deixava quem o consumia bêbado durante mil dias.

Dongfang Shuo – Literato da dinastia Han, no século III a.C., famoso na China, onde contam-se diversas lendas sobre ele.

Dongguo – Erudito retrógrado que costumava agir baseado nas teorias de seus livros.

Dous – Medida de volume usada antigamente na China.

Espada Gangjiang – Espada masculina com o nome de seu forjador.

Espada Mo Ye – Espada feminina com o nome da esposa do ferreiro que a forjou.

Fa Hai – Prior do templo Jinshan que descobriu que a jovem Bai Suzhen era uma serpente transformada em uma bela jovem.

Feng Xuan – Coletor de impostos justo e bondoso que assessorava Meng Changjun, primeiro ministro do estado de Qi.

Festa das Lanternas / Festa do Barco Dragão – Festejo em que a jovem metamorfoseada em serpente foi descoberta ao beber vinho.

Fu Hsing – Deus da sorte e da riqueza.

Fu Jian – Rei do estado de Qianqin, no norte da China, que liderou no ano 383 um exército de 870 mil homens para invadir o Jin oriental (317-420).

Gangjiang – Ferreiro que vivia com a mulher, Mo Ye, no estado de Chu e foi decapitado pelo rei por ter sido solicitado a forjar duas espadas e ter entregado apenas uma.

Gengis Khan – Conquistador, guerreiro e imperador mongol. Estrategista brilhante e um dos comandantes militares mais bem-sucedidos da história da humanidade. Foram atribuídas a ele mais mortes do que a qualquer criatura do mundo. Venceu a Grande Muralha da China e foi o imperador que mais territórios conquistou na história.

Gongshu Ban – Carpinteiro convidado pelo rei do Chu para que fabricasse um artefato que o permitisse transpor fortalezas, chamado "a escada das nuvens", por meio do qual pretendia invadir o reino Song.

Guan Yin – Deusa da compaixão.

Grande Muralha da China – Incomensurável estrutura de arquitetura militar construída no tempo da China Imperial.

Grande Yang – Barqueiro que viveu na antiga cidade de Yangzhou e presenteou um jovem, devido a sua honradez, com um quadro mágico.

Guardiã do Elixir Mágico da Vida – Poderosa alquimista que se encontrava na Montanha Kun Lun.

Guo Wei – Ministro eloquente e conselheiro do rei de Yan, no período dos Reinos Combatentes (475-221 a.C.), conseguiu uma promoção valendo-se de uma lenda metafórica.

Haixia – Atual distrito de Lingbi, na província do Anhui.

Han Xin – Célebre general do final da dinastia Qin, a primeira dinastia feudal chinesa, no século II a.C.

Hashi – Palito usado para comer.

Huang Cai – Brilhante estrategista militar que, na famosa batalha do Incêndio de Chibi, ordenou que se lançassem flechas incendiárias nos barcos do inimigo.

Huang Pu Mi – Conceituado crítico literário que avaliou a obra *Três capitais*, de Zuo Si, e considerou-a brilhante.

Jiang Ziya – Estranho pescador que morava às margens do rio Weishui.

Ku Nan – Guerreiro audaz que matou o rei tigre com as mãos nuas.

Kua Fu – Gigante que um dia decidiu descobrir para onde o sol ia à noite e pretendeu subjugá-lo.

Kun Lun – Montanha onde se encontrava o elixir da imortalidade.

Lago Oeste de Huangzhou – Área famosa por suas belíssimas paisagens, localizada em Hangzhou, no leste da China, com as montanhas que seguem três direções.

Laoshan – Montanha à beira-mar, na qual vive um imortal.

Le Chan – Princesa, esposa de Su Deyang, que foi separada dele e levada como concubina do aristocrata Yan Su quando seu país foi subjugado, após a derrubada da dinastia Chen do Sul.

Liang Wu – Imperador que governou no período 589-420 a.C.

Liao Zhai Zhi Yi – Famosa coletânea de contos da China sobre imortais e demônios.

Lin – Jovem que pretendeu matar a sogra com as ervas venenosas do mestre Huang.

Língua Afiada – Jovem que salvou uma aldeia da fome devido à sua astúcia e eloquência.

Língua Solta – vide Língua Afiada.

Liu Bang – Comandante militar do final da dinastia Qin, a primeira dinastia feudal chinesa, no século II a.c.

Liu Che – Bem-sucedido imperador da Dinastia Han e talentoso poeta.

Liu Xuanshi – Foi quem provou o vinho de Dixi e ficou em coma alcoólico durante mil dias.

Liu Yu – General da dinastia Song do Sul (1127-1279) que traiu seu país e o entregou ao imperador da Dinastia Jin (1115-1234) do Norte.

Livro do Mestre Lie – Livro do taoista Liezi, que faz parte de uma coletânea de contos e lendas populares produzidas por volta no século IV a.C.

Lu Ji – Erudito invejoso que se preparava também para escrever uma obra sobre as três capitais, escrita por Zuo Si, e acabou por desistir após muita crítica ao verdadeiro autor.

Luoyang – uma das três capitais.

Mar de Bohai – Às suas margens Yu Gong pretendia colocar os entulhos da montanha que bloqueava seu caminho para o Sul.

Meng Changjun – Primeiro-ministro do estado de Qi.

Meng Chiang-nu – Esposa de Wan Hsi-liang-se, causou o desmoronamento da Grande Muralha da China quando ainda em construção.

Mestre Huang – Feiticeiro que salvou a vida de uma mulher com supostas ervas venenosas.

Mo Ye – Esposa do ferreiro Gangjiang, decapitado pelo rei.

Mo Zi – Fundador da escola moísta e filósofo chinês que viveu há 2 mil anos.

Montanha de Cinco Picos – Montanha Wufeng (Cinco Picos), que passou a se chamar depois Wu Tai (Cinco Plataformas).

Montanha Taihang e **Wang Wu** – Montes cujas circunferências eram de 7 mil li e 100 mil pés de altura cada um, situados ao sul de Jizhou e ao norte de Heyang.

Montanha Wu Tai – Atualmente um parque famoso por suas pitorescas paisagens de valor cultural e histórico, possui 42 templos antigos, construídos na dinastia Tang, há mais de 1.200 anos.

O incêndio de Chibi – Um conto sobre a mais famosa batalha da Antiguidade Chinesa, do final do século II, ocorrida no regime do Han, no Leste.

O Lobo de Zhongshan – Sábio provérbio chinês que mostra a ingratidão de uma criatura cuja natureza é conhecidamente traiçoeira.

O Reino Wu – Juntamente com o Reino Chu, formou os dois principais estados do período da Primavera e Outono no século VI a.C. Travaram dez sangrentas guerras durante setenta anos (584 a 514 a.C.) em busca do poder hegemônico.

Obras táticas dos Reinos Combatentes – Obra literária com mais de dois mil anos, que registra fatos históricos repletos de sabedoria.

Oito Imortais – Grupo de sábios heróis taoístas, extremamente populares, composto de sete homens e uma mulher. Surgiram,pela primeira vez descritos na Dinastia Yuan e, a partir de então, suas personalidades e feitos foram explorados em inúmeras lendas e mitos chineses. Representam a masculinidade, a feminilidade, a aristocracia, o povo, a velhice, a juventude, a fortuna e a pobreza. O poder de cada um deles pode ser transferido a um artefato, dando-lhe a força de destruir o mal. Os oito vivem na Montanha Penglai e são He Xiangu, Cao Guojiu, Tie Guaili, Lan Caihe, Lu Dongbin, Han Xiang Zi, Zhang Guo Lao e Zhongli Quan.

Os Três Reinos Principais – Três reinos existentes no território chinês, por volta do século III a.C.: reino Wei, reino Shu e reino Wu.

Os Três Valentes – Três poderosos guerreiros (Tian Kaiqiang, Gu Yezi e Gongsu Jie) célebres no reino Qi.

Pan Hu – Arqueiro que aconselhou Yang Youji, cuja habilidade em usar arco e flecha era imbatível.

Pang Tong – Famoso estrategista da Antiguidade chinesa, do final do século II.

Período dos Reinos Combatentes – De 475 a 221 a.C., foi uma época de sangrentas e sucessivas batalhas entre os chineses.

Pi Xie – Descendente de dragões que tinha tal apetite por ouro que chegava a devorá-lo.

Primavera e Outono – Período que se passou entre 770 e 446 a.C. e recebeu esta denominação graças às crônicas históricas chinesas de Confúcio. Período também dos Reinos Combatentes.

Pu Songling – Escritor que registrou as lendas chinesas ouvidas da boca dos viajantes que passavam pela sua casa, incentivava os peregrinos a contarem histórias fantásticas que tivessem acontecido com eles.

Qi – Manifestação da energia vital do ser humano.

Qilin (em japonês, kirin) – Animal imaginário que traz boa sorte e é erroneamente chamado de unicórnio chinês. Originalmente, sua aparência remete à girafa.

Qin Shi Huang – Imperador que começou a construção da Grande Muralha da China.

Quimono do Dragão de Fogo – Roupa feita pela Rainha do Céu Ocidental a partir da pele do Dragão de Fogo que, segundo seu dono, esquentava mesmo no frio mais rigoroso.

Rainha do Céu Ocidental – Alquimista e guardiã dos pêssegos da imortalidade, foi quem supostamente teceu um quimono feito da pele do Dragão de Fogo.

Rei Dragão do Mar Meridional – Soberano que possuía uma pedra mágica com poder de modificar o clima de seco para úmido. Manjusri transformou-se num monge e foi até ele solicitar a pedra emprestada.

Reino Chu – Juntamente com o reino Wu foram os dois principais estados do Período da Primavera e Outono, no século VI a.c. Travaram dez sangrentas guerras durante setenta anos (de 584 a 514 a.C.) em busca do poder hegemônico.

Reino Qi – Um dos mais poderosos no período dos Reinos Combatentes.

Reino Song – Reino pequeno e pobre do período V a.C., que ficava ao norte do reino Chu.

Reino Wei – Pertencente aos Três Reinos (184-283), a Dinastia Wei foi fundada por Cao Pi, cujo pai, Cao Cao, teve enorme importância em sua fundação.

Reino Zhao – Estado chinês durante o período dos Reinos Combatentes.

Reino Zhou – Chamado, também, de dinastia Chou, Chow, Jou ou Cheu, foi uma das primeiras dinastias chinesas.

Rio Amarelo – Rio absorvido pelo gigante Kua Fu na sua imensa sede ao perseguir o sol.

Rio Zhang – Rio situado no distrito Ye da província do Henan em que ocorriam calamitosas inundações e em cujas águas os nobres e as feiticeiras ofereciam virgens em sacrifício ao deus do rio, fazendo o povo acreditar que assim apaziguariam a sua ira.

Serpente Branca – Cobra que se transformou em humana.

Sima Yi – Comandante de Exército que foi derrotado por uma astuta estratégia de Zhuge Liang.

Sovina – Nome dado a um impiedoso e mesquinho senhorio. Também chamado de Avarento.

Su Deyang – Esposo da princesa Le Chan, separada dele e levada como concubina do aristocrata Yan Su quando seu país foi subjugado, após a derrubada da dinastia Chen do Sul.

Su Dongpo – Grande poeta da antiguidade chinesa que descreveu a beleza do Lago Oeste em seus versos.

Sun Bin – Funcionário perspicaz do reino Wei, no século IV a.C., no período dos Reinos, sobre quem há várias lendas incluindo suas estratégias para vencer corridas de cavalo.

Sun Tzu – Célebre general, estrategista militar e filósofo chinês, de 544 a 456 a.c., autor da famosa obra *A arte da guerra*.

Tael – Unidade do sistema chinês de pesos e moedas.

Taigong Diaoyu, Yuanzhe Shanggou – Ditado chinês que descreve alguém que voluntariamente cai em uma armadilha: Diaoyu significa "pesca", Yuanzhe significa "uma pessoa disposta" e Shanggou significa "ficar obcecado".

Tao Yuanming – Intelectual nascido em 365 e um dos maiores literatos da antiguidade chinesa.

Tecelã dos deuses – Jovem enviada dos céus para ajudar Dong, rapaz que se tornou seu esposo.

Tian Ji – General que aprendeu com Sun Bin, funcionário do império Wei, a arte de guerra.

Torre de Ganso Bravo – Local onde os estudantes pichavam seus nomes no século VIII, tornando-se uma honra ter o nome escrito em suas paredes.

Torre Leifeng – Situada ao lado do Lago Oeste, em Hangzhou, na China.

Três Genjias – Três personagens que moravam na mesma aldeia, tinham o mesmo nome e se envolveram na mesma trama: um era carpinteiro, o outro mordomo e o terceiro patrão de ambos.

Três Reinos – Período na história da China que faz parte da época da desunião chamada Seis Dinastias.

Tu Di Gong – Deus das boas colheitas.

Vale do Frescor e **Montanha do Frescor** – Nome dado a Wu Tai (Cinco Plataformas) após o monge Manjusri conseguir a pedra mágica que transformou o clima da montanha.

Velho Sábio da Curva do Rio – Apelido dado a um velho que zombou do Ancião da Montanha ao pretender se desfazer de uma montanha que trancava seu caminho ao Sul.

Wan Hsi-liang-se – Construtor, marido de Meng Chiang-nu e pivô indireto do desmoronamento da Muralha da China quando ainda estava em construção.

Wang Chou – Jovem por quem Ch'ienniang dividiu-se em duas para poder permanecer ao seu lado.

Wang Qi – Discípulo de um do Oito Imortais que pretendeu aprender a atravessar paredes, mas, como era muito preguiçoso e arrogante, não conseguiu.

Wei – Rei do reino de Qi.

Wu Tai – Montanha situada na província do Shanxi, centro da China, composta por cinco cumes planos ao modo de um planalto, outrora tinha um clima terrível e chamava-se Wufeng (Cinco Picos).

Xiakou – Atual província do Hubei.

Xiang Yu – Comandante militar do final da dinastia Qin, a primeira dinastia feudal chinesa, no século II a.C.

Xiang Yu – Rei covarde que morreu bêbado por medo de ser derrotado na guerra.

Xiang Yu (Chu) e **Liu Bang (Han)** – Comandantes de dois grupos militares que disputavam o poder do país.

Xiao Qing – Cobra que se transformou em jovem donzela.

Xiaowu – Imperador que comandou três generais (Xie Shi, Xu Yan e Xie Xuan) para que resistissem, com seus exércitos de 80 mil guerreiros, às invasões muito mais numerosas do inimigo.

Ximen Bao – Magistrado do distrito Ye, justo e bondoso, que acabou com o costume de sacrificar virgens no Rio Zhang.

Xu – Sujeito que se acreditava o mais belo e elegante da China, tornando-se célebre por este motivo.

Xu Xian – Homem belo e culto por quem uma serpente, metamorfoseada em mulher, apaixonou-se à primeira vista.

Yan Jian – Primeiro-ministro do império Zhou do Norte que matou o imperador Jing e estabeleceu a dinastia Sui.

Yan Su – Aristocrata que tomou a princesa Le Chan como concubina, após a derrubada da dinastia Chen do Sul.

Yan Ying – Primeiro-ministro do reino Qi.

Yang Youji – Arqueiro tão hábil que podia acertar, com extrema exatidão, folhas de álamo a cem passos da árvore.

Yangping – Atual província do Shaanxi.

Yangtsé – Rio na China às margens do qual o soberano do reino Wei mobilizou seu exército, aguardando para atacar o reino Wu.

Yanluo – Governante do Inferno (forma abreviada do sânscrito Yama Raja).

Yaochi – Morada dos Imortais.

Yeh Hsien – Cinderela chinesa.

Ying – Significa "complicado" e é o nome de um personagem trapaceiro.

Yintu – Onde o ancião Yu Gong pretendia colocar os entulhos da montanha que bloqueava seu caminho para o Sul.

You – O último rei da dinastia Zhou, no século VIII a.C.

Yu Gong– Ancião da Montanha do Norte que resolveu retirar, com as próprias mãos, uma montanha que bloqueava seu caminho para o Sul.

Yu Ji – Concubina predileta de Xiang Yu, o rei covarde que morreu bêbado por medo de ser derrotado na guerra.

Yuans – Moeda oficial da República Popular da China.

Yue Fei – General dos Song do Sul que recebeu ordem para comandar a guerra contra o exército Jin, que já estava preparada pelos altos comandos.

Zhan Heng – Inventor de um cata-vento que detecta terremotos, viveu no período do Han do Leste.

Zhan Zai e **Liu Kuei** – Eruditos que avaliaram a obra *Três capitais*, de Zuo Si, e a consideraram genial.

Zhang Seng Zuong – Célebre pintor que viveu no período 589-420 a.C. e era muito valorizado e respeitado pelo imperador Liang Wu.

Zhao – Rei de Yan que pretendeu fortificar o reino para rebater a humilhação passada.

Zhao Gongming – Deus chinês da riqueza cuja montaria era um tigre.

Zhao Kuo – filho do célebre general Zhao She, do reino de Zhao, derrotado por possuir muita vaidade teórica e nenhuma experiência militar.

Zhao She – Célebre general do reino de Zhao.

Zhao Xixu – Ministro muito temido do estado de Chu.

Zhi Sou – Significa "velho sábio", em chinês, apelido dado a um ancião que zombou do Velho da Montanha quando este pretendeu desfazer-se de uma montanha que trancava seu caminho ao Sul.

Zhongshan – Cidade da província de Guangdong.

Zhou Yafu – General que barrou a entrada do imperador e de sua corte ao seu acampamento militar, obrigando-o a mostrar a carta imperial.

Zhou Yu – Comandante em chefe das forças armadas de Sun Quan e Zhuge Liang, conselheiro militar de Liu Bei na famosa batalha do Incêndio de Chibi.

Zhou Yu – General do reino Wu.

Zhu – Ave de mau agouro.

Zhuge Liang – Brilhante estrategista e diplomata do período dos Três Reinos (220-265).

Zhuge Liang – Estrategista audaz e inteligente, foi primeiro-ministro e comandante em chefe do reino Shu quando este se encontrava em guerra contra o reino Wei.

Zou Ji – Ministro que se considerava o mais belo do reino, mas duvidou disso ao se deparar com Xu, sujeito que também se acreditava o mais belo.

Zuo Si – Autor da obra capital do reino de Ji e da obra *Três capitais*, que trata das capitais dos reinos de Wei, de Shu e de Wu, viveu no período de 250-305.

Referências

ABREU, Antonio Dantas. *Mitologia chinesa: quatro mil anos de história através das lendas e dos mitos chineses.* São Paulo: Landy Editora, 2000.

ANTÓNIO M. de Campos. *Tao Te King: Livro do caminho e do bom caminhar.* Tradução direta do Chinês para o Português, comentários, introdução à filosofia taoísta. São Paulo: Relógio d'Água, 2010.

BASTOS, A. J. Pinto, *Cruzador S. Gabriel: viagem de circum-navegação.* Lisboa: Livraria Ferreira, 1912.

BERNSTEIN, Thomas P.; LU, Xiaobo. *Taxation without representation in rural China.* Cambridge: Cambridge University Press, 2008.

BHALLA, A. S.; QIU, Shufang. *The employment impact of China's WTO accession.* London: Routledge Curzon, 2004.

BLOFELD, John. *A deusa da compaixão e do amor: O culto místico a Kuan Yin.* Trad. Antonio de Pádua Danesi e Gilson César Cardoso de Sousa. São Paulo: Ibrasa, 1994.

BORGES, Jorge Luis; GUERRERO, Margarida. *O livro dos seres imaginários.* São Paulo: Globo, 1996.

BOTTON, Alain de. *As consolações da filosofia.* Rocco/L&PM: Rio de Janeiro/Porto Alegre, 2013.

BRASÃO, Eduardo. *Apontamentos para a história das relações diplomáticas de Portugal com a China: 1516-1753.* Lisboa: Divisão de Publicações e Biblioteca, Agência Geral das Colónias, 1949.

BRAUTIGAM, Deborah. *The dragon's gift: the real story of China in Africa.* Oxford: University Press, 2009.

BREAN, Donald J. S. Ed. *Taxation in modern China.* New York: Routledge, 1998.

BUTEL, Paul. *L'opium.* Paris: Perrin, 1995.

CALDEIRA, Carlos José. *Apontamentos d'uma viagem de Lisboa a China e da China a Lisboa.* Lisboa: Typographia de Castro & Irmão, 1853.

CAMPANELLA, Thomas J. *The concretedragon: China's urban revolution and what it means for the world.* New York: Princeton Architectural Press, 2010.

CAMPBELL, Joseph. *O herói de mil faces.* São Paulo: Pensamento, 2002.

CAMPBELL, Joseph. *O poder do mito*. São Paulo: Palas Athenas, 1990.

CAMPOS, António M. *Tao Te King. Livro do caminho e do bom caminhar: comentários, introdução à filosofia taoista*. Tradução do chinês para o Português. São Paulo: Relógio d'Água, 2010.

CARR, Caleb. *Le diable blanc*. Paris: Presses de la Cité, 1999.

CHAY, Geraldine; Y.N. Han. *Cultura chinesa*. São Paulo: Roca, 2007.

CHEN, Weixing. *The political economy of rural development in China: 1978-1999*. London: Praeger, 1999.

CHIU, Becky; LEWIS, Mervyn. *Reforming China's state-owned enterprises and banks*. Cheltenham, UK : Edward Elgar Pub, 2006. (New Horizons in Money and Finance).

CONFÚCIO. *Os analectos; 7ª edição*. Tradução do inglês Caroline Chang e do chinês D.C.Lau. Porto Alegre: L&PM POCKET, 2007.

COOK, Sarah; MAURER-FAZIO, Margaret. *The workers' state meets the market, labour in China's transition*. London: Frank Cass, 1999.

CORDIER, Henri. *Histoire génerale de la Chine et de ses relations avec les pays étrangers: depuis les plus anciens jusqu'à la chute de la dynastie Mandchoue, depuis l'avènement de Tao Kuang (1821) jusqu'à l'époque actuelle*. Paris: Librairie Paul Geuthner, 1921.

CRESPO, Joaquim Heliodoro Calado. *A China em 1900*. Lisboa: Manuel Gomes, 1901.

DICKSON, Bruce J. *Red capitalists in China: the party, private entrepreneurs and prospects for political change*. Cambridge: Cambridge University Press, 2006.

DIKÖTTER, Frank. *Mao's Great Famine. The History of China's Most Devastating Catastrophe, 1958-1962*. 448 pág. Walker & Company, 2010.

DU HALDE, Jean Baptiste. *Description geographique, historique, chronologique, politique, et physique de l'Empire de la Chine et de la Tartarie Chinoise*. Paris: P. G. Le Mercier, 1735.

ENGLAND, Robert Stowe. *Aging China: the demographic challenge to China's economic prospects*. London: Praeger, 2005.

FERRAZ, Guilherme Ivens. *O cruzador República na China em 1925, 1926 e 1927: subsídios para a história da guerra civil da China e dos conflitos com as potências*. Lisboa: Imprensa da Armada, 1932.

FRIEDMAN, John Block. *The Monstrous Races in Medieval Art and Thought*. Massachusetts: Harvard University Press, 1981.

GALLAGHER, Mary Elizabeth. *Contagious capitalism, globalization and the politics of labor in China.* Princeton: Princeton University Press, 2005.

GERTH, Karl. *China made: consumer culture and the creation of the nation.* Cambridge: Harvard University Asia Center, 2004.

GUO, Xiaoqin. *State and society in China's democratic transition: confucionism, leninism, and economic development.* Nova York: Routledge, 2003.

HALL, James. *Dictionary of Subjects and Symbols in Art.* New York: Harper & Row Publishers, 1996.

HART-LANDSBERG, Martin; BURKETT, Paul. *China and socialism: market reforms and class struggle.* New York: Monthly Review Press, 2005.

HARVEY, David. *A brief history of neoliberalism.* Oxford: Oxford University Press, 2011.

HO, Peter. *Institutions in transition: land ownership, property rights, and social conflict in China.* Oxford: Oxford University Press, 2006.

HUANG, Yasheng. *Capitalism with Chinese characteristics: entrepreneurship and the state.* Cambridge: Cambridge University Press, 2010.

HUI, Wang. *China's new order: society, politics, and economy in transition.* Editor: Theodore Huters. Cambridge: Harvard University Press, 2006.

HUNG, Dr. Cho Ta. *Exercícios chineses para a saúde: a antiga arte do Tsa Fu Pei.* Editora Pensamento: São Paulo, 1985.

IKELS, Charlotte. *The return of the god of wealth: the transition to a market economy in urban China.* Stanford: Stanford University Press, 1996.

JEREMY Roberts. *Chinese Mythology A to Z,* 2004.

KAHN, Harold. *Monarchy in the emperor's eyes: image and reality in the Chien-lung reign.* Cambridge: Harvard University Press, 1971.

KELLIHER, Daniel Roy. *Peasant power in China: the era of rural reform, 1979-1989.* New Haven: Yale University Press, 1992.

KHAN, Azizur Rahman; RISKIN, Carl. *Inequality and poverty in China in the age of globalization.* Oxford: Oxford University Press, 2001.

LAO Tse, *Tao-te King: texto e comentário de Richard Wilhelm.* São Paulo, Ed. Pensamento.

LÉVY, André. *Novas cartas edificantes e curiosas do Extremo Ocidente por viajantes chineses na Belle Époque: 1866-1906.* São Paulo: Cia das Letras, 1988.

LAI, T. C., *The Eight Immortals*. Swindon Book Co., 1972.

LI, Jun. Financing *China's rural enterprises*. Hawai: University of Hawai Press, 2002.

LOTI, Pierre. *Os últimos dias de Pequim*. Porto: Livr. Lello, 1934.

MA, Shu-Yun. *Shareholding system reform in China: privatizing by groping for stones*. Cheltenham, U. K: Edward Elgar, 2010.

MACHADO, Joaquim José. *Missão na China: 1909-1910*. Macau: Fundação de Macau, 1999.

MASLOW, A. H. *Introdução à psicologia do ser*. 2. Rio de Janeiro: Eldorado.

MENG, Xin. *Labour market reform in China*. Cambridge: Cambridge University Press, 2000.

MURET, Maurice. *Le crépuscule des nations blanches*. Paris: Payot, 1926.

NYBERG, Albert; ROZELLE, Scott. *Accelerating China's rural transformation*. Washington, D.C.: World Bank, 1999.

OI, Jean Chun. *Rural China takes off: institutional foundations of economic reform*. Berkeley: University of California Press, 1999.

OI, Jean Chun. *State and peasant in contemporary China: the political economy of village government*. Berkeley: University of California Press, 1991.

PEYREFITTE, Roger. *O império imóvel ou o choque dos mundos*. Lisboa: Gradiva, 1988.

PU YI. *El último imperador: autobiografia del hombre que perdió el trono imperial chino*. Madrid: Globus Comunicación, 1990.

PUN, Ngai. *Made in China: women factory workers in a global workplace*. Londres: Duke University Press, 2005.

REVILLA, Federico. *Diccionario de Iconografía y Simbología*. Madrid: Ediciones Cátedra, 1995.

RICCI, Matteo. *S.I. Storia dell'introduzione del cristianesimo in Cina*. Roma: La Libreria dello Stato, 1949.

RIJCKENBORGH, Jan Van. *Gnosis Chinesa: Comentário sobre o Tao te King*. Rosacruz: Atual Pentagrama Publicações, 2006.

RISKIN, Carl; ZHAO, Renwei; LI, Shi. *China's retreat from equality: income distribution and economic transition*. Armonk, N.Y: M.E. Sharpe, 2001. (Asia and the Pacific).

RODRIGUES, Francisco. *Jesuítas portugueses astrônomos na China, 1583-1804*, Porto: Porto Médico, 1925.

SATO, Hiroshi. *The growth of market relations in post-reform China: a micro-analysis of peasants, migrants, and peasant entrepreneurs*. London: RoutledgeCurzon, 2003. (RoutledgeCurzon Studies on the Chinese Economy).

SELDEN, Mark. *The political economy of Chinese development*. Nova York: M.E. Sharpe, 1993 (Socialism and Social Movements).

SHAMBAUGH, David L. *China's Communist Party: atrophy & adaptation*. Berkeley: University of California Press , 2010.

SHAMBAUGH, David L. Ed. *Is China unstable?: assessing the factors*. Nova York: M.E. Sharpe, 2000. (Studies on contemporary China).

SHAOGUANG, Wang; ANGANG, Hu. *The political economy of uneven development: the case of China*. Nova York: M.E. Sharpe, 1999. (Asia and the Pacific).

SHUE, Vivienne . *The reach of the state: sketches of the Chinese body politic*. Stanford: Stanford University Press, 1998.

SOLINGER, Dorothy J . *Contesting citizenship in urban China: peasant migrants, the state, and the logic of the market*. Berkeley: University of California Press, 1999.

SPALDING, Tassilo Orpheu. *Dicionário das mitologias*. São Paulo: Cultrix, 1973.

SPENCE, Jonathan D. *Emperor of China, self-portrait of K'ang-shi*. New York: Vintage Books, 1998.

SPENCE, Jonathan. *Em busca da China moderna: quatro séculos de história*. São Paulo: Cia das Letras, 1996.

STARR, John Bryan. *Understanding China: a guide to China's economy, history and political culture*. Nova York: Hill and Wang, 2010.

STEINFELD, Edward S. *Forging reform in China: the fate of state-owned industry*. Cambridge: Cambridge University Press, 2007.

TSE, Lao. *Tao Te King Livro do caminho e do bom caminhar*. São Paulo: Relógio D'água, 2011, 232 págs.

TZU, Sun. *A arte da guerra*. Tradução para o Inglês por Samuel B. Griffith; Tradução para o português por Gilson César Cardoso de Souza, Klauss Brandini Gerhardt. São Paulo: Paz e Terra, 1996.

WANG, Hui. *The end of the revolution: China and the limits of modernity*. London: Verso, 2009.

WU Jyh Cherng, *Tao Te Ching: O livro do caminho e da virtude de Lao Tse*, tradução do Chinês para o português. Mauad. 1996.

YANG, Dali L. *Beyond Beijing: liberalization and the regions in China.* London: Routledge, 2007.

ZHANG, Li. *Strangers in the city: reconfigurations of space, power, and social networks within China's floating population.* Califórnia: Stanford University Press, 2001.

ZHANG, Mei. *China's poor regions: rural-urban migration, poverty, economic reform, and urbanization.* Londres: RoutledgeCurzon, 2003.

ZHANG, Xiao-Guang. *China's trade patterns and international comparative advantage.* Nova York: Palgrave Macmillan, 2003

ZHUO, Dr. Dahong. *A ginástica chinesa.* São Paulo: Record, 2ª Edição.

LAI, T. C., *The Eight Immortals.* London:Swindon Book Co., 1972.

IMPRESSÃO:

Pallotti
GRÁFICA EDITORA
IMAGEM DE QUALIDADE

Santa Maria - RS - Fone/Fax: (55) 3220.4500
www.pallotti.com.br